आर. गुप्ता® कृत

राजस्थान सामान्य ज्ञान

–एक परिचय

वस्तुनिष्ठ प्रश्नोत्तर तथा
समसामयिक घटनाचक्र सहित

राजस्थान की सभी प्रतियोगी परीक्षाओं हेतु उत्तम पुस्तक

2021
EDITION

रमेश पब्लिशिंग हाउस, नई दिल्ली

प्रकाशक

ओ॰पी॰ गुप्ता, **रमेश पब्लिशिंग हाउस**

प्रशासनिक कार्यालय

12-H, न्यू दरियागंज रोड, ऑफिसर्स मेस के सामने, नई दिल्ली-110002 ① 23261567, 23275224, 23275124

E-mail: info@rameshpublishinghouse.com
Website: www.rameshpublishinghouse.com

विक्रय केन्द्र

● बालाजी मार्किट, नई सड़क, दिल्ली-6 ① 23253720, 23282525
● 4457, नई सड़क, दिल्ली-6, ① 23918938

Book Code: R-1018

ISBN: 978-81-7812-614-2

HSN Code: 49011010

राजस्थान सामान्य ज्ञान

— एक परिचय

व्यक्ति परिचय

राजस्थान मंत्रिमण्डल

अशोक गहलोत

राज्यपाल	मुख्यमंत्री
कलराज मिश्र	अशोक गहलोत

कैबिनेट मंत्री

अशोक गहलोत	मुख्यमंत्री, वित्त, आबकारी, आयोजना, सामान्य प्रशासन, नीति आयोजना, कार्मिक, राजस्थान राज्य अन्वेषण ब्यूरो, सूचना प्रौद्योगिकी और संचार, गृह मामलात और न्याय ।
सचिन पायलट	उप मुख्यमंत्री, सार्वजनिक निर्माण, ग्रामीण विकास, पंचायती राज, विज्ञान एवं प्रौद्योगिकी, सांख्यिकी ।
बुलाकी दास कल्ला	ऊर्जा, जनस्वास्थ्य अभियांत्रिकी; भू-जल, कला, साहित्य, संस्कृति और पुरातत्व ।
शांति कुमार धारीवाल	स्वायत्त शासन, नगरीय विकास एवं आवासन, विधि एवं विधिक कार्य और विधि परामर्शी कार्यालय, संसदीय मामलात ।
परसादी लाल	उद्योग, राजकीय उपक्रम ।
मास्टर भंवरलाल मेघवाल	सामाजिक न्याय एवं अधिकारिता, आपदा प्रबंधन और सहायता ।
लालचन्द कटारिया	कृषि, पशुपालन एवं मत्स्य ।
रघु शर्मा	चिकित्सा एवं स्वास्थ्य, आयुर्वेद एवं भारतीय चिकित्सा, चिकित्सा और स्वास्थ्य सेवाएं (ESI), सूचना एवं जनसंपर्क ।
प्रमोद भाया	खान, गौपालन ।
विश्वेन्द्र सिंह	पर्यटन, देवस्थान ।
हरीश चौधरी	राजस्व, उपनिवेशन, कृषि सिंचित क्षेत्रीय विकास और जल उपयोगिता ।
रमेश चन्द मीणा	खाद्य एवं नागरिक आपूर्ति, उपभोक्ता मामले ।
अंजना उदयलाल	सहकारिता, इंदिरा गांधी नहर परियोजना ।
प्रताप सिंह खाचरियावास	परिवहन, सैनिक कल्याण ।
शाले मोहम्मद	अल्पसंख्यक मामलात, वक्फ, जन अभियोग निराकरण ।

राज्य मंत्री (स्वतंत्र प्रभार एवं राज्य मंत्री)

गोविन्द सिंह डोटासरा	शिक्षा (प्राथमिक एवं माध्यमिक शिक्षा) (स्वतंत्र प्रभार), पर्यटन, देवस्थान ।
ममता भूपेश	महिला एवं बाल विकास (स्वतंत्र प्रभार), जन अभियोग निराकरण, अल्पसंख्यक मामलात, वक्फ ।

अर्जुन सिंह बामनिया	जनजाति क्षेत्रीय विकास (स्वतंत्र प्रभार), उद्योग, राजकीय उपक्रम।
भंवर सिंह भाटी	उच्च शिक्षा (स्वतंत्र प्रभार), राजस्व, उपनिवेशन, कृषि सिंचित क्षेत्रीय विकास और जल उपयोगिता।
सुखराम विश्नोई	वन एवं पर्यावरण (स्वतंत्र प्रभार), खाद्य एवं नागरिक आपूर्ति, उपभोक्ता मामले।
अशोक	युवा मामले एवं खेल विभाग और कौशल, नियोजन एवं उद्यमिता (स्वतंत्र प्रभार), परिवहन, सैनिक कल्याण।
टीकाराम जूली	श्रम और कारखाना एवं बायलर्स निरीक्षण (स्वतंत्र प्रभार), सहकारिता, इंदिरा गांधी नहर परियोजना।
भजनलाल जाटव	गृह रक्षा एवं नागरिक सुरक्षा और मुद्रण एवं लेखन सामग्री (स्वतंत्र प्रभार), कृषि, पशुपालन, मत्स्य।
राजेन्द्र सिंह यादव	आयोजना (जनशक्ति) और स्टेट मोटर गैराज एवं भाषा (स्वतंत्र प्रभार), सामाजिक न्याय एवं अधिकारिता, आपदा प्रबन्धन एवं सहायता।
डॉ. सुभाष गर्ग	तकनीकी शिक्षा एवं संस्कृत शिक्षा (स्वतंत्र प्रभार), चिकित्सा एवं स्वास्थ्य, आयुर्वेद और भारतीय चिकित्सा, चिकित्सा एवं स्वास्थ्य सेवाएं (ESI), सूचना एवं जन सम्पर्क।

राजस्थान के राज्यपाल

सवाई मानसिंह महाराज, जयपुर (राजप्रमुख)	30-03-1949	से	31-10-1956
सरदार गुरुमुख निहालसिंह	01-11-1956	से	15-04-1962
डॉ. सम्पूर्णानन्द	16-04-1962	से	15-04-1967
सरदार हुकुम सिंह	16-04-1967	से	19-11-1970
जगत नारायण (कार्यकारी)	20-11-1970	से	23-12-1970
सरदार हुकुम सिंह	24-12-1970	से	30-06-1972
सरदार जोगेन्द्र सिंह	01-07-1972	से	15-02-1977
वेदपाल त्यागी	15-02-1977	से	11-05-1977
रघुकुल तिलक	17-05-1977	से	08-08-1981
के.डी. शर्मा (कार्यकारी)	08-08-1981	से	05-03-1982
ओम प्रकाश मेहरा	06-03-1982	से	04-01-1985
पी. के. बनर्जी (कार्यवाहक)	05-01-1985	से	31-01-1985
ओम प्रकाश मेहरा	01-02-1985	से	03-11-1985
डी.पी. गुप्ता (कार्यवाहक)	04-11-1985	से	20-11-1985

बसन्तराव पाटिल	20-11-1985	से	15-10-1987
जगदीश शरण वर्मा (कार्यवाहक)	15-10-1987	से	20-02-1988
सुखदेव प्रसाद	20-02-1988	से	02-02-1989
जगदीश शरण वर्मा (कार्यवाहक)	03-02-1989	से	19-02-1989
सुखदेव प्रसाद	20-02-1989	से	02-02-1990
मिलापचन्द जैन (कार्यवाहक)	03-02-1990	से	14-02-1990
देवीप्रसाद चट्टोपाध्याय	14-02-1990	से	25-08-1991
डॉ. स्वरूप सिंह (अति. प्रभार)	26-08-1991	से	04-02-1992
डॉ. एम. चेन्ना रेड्डी	05-02-1992	से	30-05-1993
धनिक लाल मण्डल (अति. प्रभार)	31-05-1993	से	27-06-1993
बलिराम भगत	30-06-1993	से	01-05-1998
दरबारा सिंह	01-05-1998	से	24-05-1998
नवरंग लाल टिबरेवाल (कार्यवाहक)	25-05-1998	से	15-01-1999
अंशुमान सिंह	16-01-1999	से	13-05-2003
निर्मल चंद जैन	14-05-2003	से	21-09-2003
कैलाशपति मिश्र (अति. प्रभार)	22-09-2003	से	13-01-2004
मदन लाल खुराना	14-01-2004	से	01-11-2004
टी.वी. राजेश्वर (अति. प्रभार)	01-11-2004	से	08-11-2004
प्रतिभा पाटिल	08-11-2004	से	21-06-2007
ए. आर. किदवई (अति. प्रभार)	22-06-2007	से	06-09-2007
शैलेन्द्र कुमार सिंह	06-09-2007	से	01-12-2009
प्रभा राव	02-12-2009	से	26-04-2010
शिवराज पाटिल (अति. प्रभार)	26-04-2010	से	28-04-2012
मागरिट अल्वा	28-04-2012	से	05-08-2014
राम नाइक (अति. प्रभार)	06-08-2014	से	03-09-2014
कल्याण सिंह	04-09-2014	से	09-09-2019
कलराज मिश्र	09-09-2019	से	– – – –

राजस्थान के मुख्यमंत्री

हीरालाल शास्त्री	07-04-1949	से	05-01-1951
सी.एस. वेंकटाचारी	05-02-1951	से	26-04-1951
जयनारायण व्यास	26-04-1951	से	03-03-1952
टीकाराम पालीवाल	03-03-1952	से	31-10-1952
जयनारायण व्यास	01-11-1952	से	12-11-1954

मोहनलाल सुखाड़िया	13-11-1954 से	11-04-1957
मोहनलाल सुखाड़िया	13-04-1957 से	11-03-1962
मोहनलाल सुखाड़िया	12-03-1962 से	13-03-1967
मोहनलाल सुखाड़िया	26-04-1967 से	08-07-1971
बरकतुल्ला खाँ	09-07-1971 से	11-10-1973
हरिदेव जोशी	11-10-1973 से	29-04-1977
भैरोंसिंह शेखावत	22-06-1977 से	15-02-1980
जगन्नाथ पहाड़िया	06-06-1980 से	13-07-1981
शिवचरण माथुर	14-07-1981 से	23-02-1985
हीरालाल देवपुरा	23-02-1985 से	10-03-1985
हरिदेव जोशी	10-03-1985 से	20-01-1988
शिव चरण माथुर	20-01-1988 से	04-12-1989
हरिदेव जोशी	04-12-1989 से	04-03-1990
भैरोंसिंह शेखावत	04-03-1990 से	15-12-1992
भैरोंसिंह शेखावत	04-12-1993 से	01-12-1998
अशोक गहलोत	01-12-1998 से	08-12-2003
वसुंधरा राजे	08-12-2003 से	13-12-2008
अशोक गहलोत	13-12-2008 से	13-12-2013
वसुंधरा राजे	13-12-2013 से	17-12-2018
अशोक गहलोत	17-12-2018 से	– – – –

राजस्थान के विधानसभा अध्यक्ष

नरोत्तमलाल जोशी	31-03-1952 से	24-03-1957
राम निवास मिर्धा	25-03-1957 से	11-03-1962
राम निवास मिर्धा	12-03-1962 से	02-05-1967
निरंजननाथ आचार्य	03-05-1967 से	19-03-1972
रामकिशोर व्यास	20-03-1972 से	17-07-1977
महारावल लक्ष्मण सिंह	18-07-1977 से	24-09-1979
गोपाल सिंह आहोर	25-09-1979 से	17-06-1980
पूनमचन्द्र विश्नोई	18-06-1980 से	09-03-1985
हीरालाल देवपुरा	20-03-1985 से	16-10-1985
गिरिराज प्रसाद तिवाड़ी	31-01-1986 से	15-03-1990
हरिशंकर भाभड़ा	16-03-1990 से	06-04-1993
हरिशंकर भाभड़ा	28-12-1993 से	06-10-1995

9

शांतिलाल चपलोत	07-10-1995	से	23-06-1998
समर्थलाल मीणा	24-07-1998	से	27-12-1998
परसराम मदेरणा	06-01-1999	से	14-01-2004
सुमित्रा सिंह	15-01-2004	से	01-01-2009
दीपेंद्र सिंह शेखावत	02-01-2009	से	25-01-2014
कैलाश मेघवाल	26-01-2014	से	15-01-2019
सी.पी. जोशी	16-01-2019	से	- - - - -

राजस्थान के संसद सदस्य

लोकसभा सदस्य-2019

	लोकसभा सदस्य	क्षेत्र	पार्टी		लोकसभा सदस्य	क्षेत्र	पार्टी
1.	सुभाष चन्द्र बहेरिया	भीलवाड़ा	भाजपा	15.	दीया कुमारी	राजसमंद	भाजपा
2.	हनुमान बेनिवाल	नागौर	आरएलपी	16.	अर्जुनलाल मीणा	उदयपुर	भाजपा
3.	भगीरथ चौधरी	अजमेर	भाजपा	17.	जसकौर मीणा	दौसा	भाजपा
4.	ओम बिरला	कोटा	भाजपा	18.	अर्जुन राम मेघवाल	बीकानेर	भाजपा
5.	रामचन्द्र बोहरा	जयपुर	भाजपा	19.	बालक नाथ	अलवर	भाजपा
6.	पी.पी. चौधरी	पाली	भाजपा	20.	देवजी मानसिंह राम पटेल	जालौर	भाजपा
7.	निहाल चन्द चौहान	गंगानगर	भाजपा	21.	मनोज राजोरिया	करौली-ढोलपुर	भाजपा
8.	कैलाश चौधरी	बाड़मेर	भाजपा	22.	राज्यवर्धन सिंह राठौर	जयपुर-ग्रामीण	भाजपा
9.	सुखबीर सिंह जौनपुरिया	टोंक-सवाई माधोपुर	भाजपा	23.	सुमेधानंद सरस्वती	सीकर	भाजपा
10.	चन्द्र प्रकाश जोशी	चित्तौड़गढ़	भाजपा	24.	गजेन्द्र सिंह शेखावत	जोधपुर	भाजपा
11.	राहुल कासवान	चुरू	भाजपा	25.	दुष्यंत सिंह	झालावाड़-बरान	भाजपा
12.	कनकमल कटारिया	बांसवाड़ा	भाजपा				
13.	रंजीता कोली	भरतपुर	भाजपा				
14.	नरेंद्र कुमार	झुंझुनू	भाजपा				

राज्यसभा सदस्य

1.	डॉ. किरोड़ीलाल मीणा	भाजपा		6.	नारायण लाल पंचारिया	भाजपा
2.	डॉ. मनमोहन सिंह	कांग्रेस		7.	ओम प्रकाश माथुर	भाजपा
3.	भूपेंद्र यादव	भाजपा		8.	के.जे. एल्फोंस	भाजपा
4.	राम नारायण डूडी	भाजपा		9.	राम कुमार वर्मा	भाजपा
5.	विजय गोयल	भाजपा		10.	हर्षवर्धन सिंह डूंगरपुर	भाजपा

विधानसभा सदस्य (चुनाव-2018)

विधानसभा सदस्य	क्षेत्र	पार्टी	विधानसभा सदस्य	क्षेत्र	पार्टी
1. गुलाब चंद कटारिया	उदयपुर	भाजपा	33. महादेव सिंह	खंडेला	निर्दलीय
2. वासुदेव देवनानी	अजमेर (उ.)	भाजपा	34. अशोक	खण्डार	कांग्रेस
3. अनिता भदेल	अजमेर (द.)	भाजपा	35. जीतेंद्र सिंह	खेतड़ी	कांग्रेस
4. प्रमोद भाया	अंता	कांग्रेस	36. दयाराम परमार	खेरवाड़ा	कांग्रेस
5. संतोष	अनूपगढ़	भाजपा	37. गोविंद राम	खाजूवाला	कांग्रेस
6. टीकाराम जूली	अलवर (ग्रा.)	कांग्रेस	38. नरेंद्र नागर	खानपुर	भाजपा
7. संजय शर्मा	अलवर (श.)	भाजपा	39. नारायण बेनिवाल	खींवसर	रालोपा
8. रफीक खान	आदर्श नगर	कांग्रेस	40. राज कुमार गौड़	गंगानगर	निर्दलीय
9. सतीश पूनियां	आमेर	भाजपा	41. रामकेश	गंगापुर	निर्दलीय
10. गोपीचंद्र मीणा	आसपुर	भाजपा	42. हेमाराम चौधरी	गुड़ा मालानी	कांग्रेस
11. जब्बर सिंह सांखला	आसीन्द	भाजपा	43. कैलाशचंद्र मीणा	गढ़ी	भाजपा
12. छगनसिंह	आहोर	भाजपा	44. प्रताप लाल भील (गमेती)	गोगून्दा	भाजपा
13. फूलसिंह मीणा	उदयपुर (ग्रा.)	भाजपा			
14. राजेन्द्रसिंह गुढा	उदयपुर वाटी	बसपा	45. हरेंद्र निनामा	घाटोल	भाजपा
15. दिव्या मदेरणा	ओसियां	कांग्रेस	46. राजेंद्र राठौड़	चूरू	भाजपा
16. रघु शर्मा	केकड़ी	कांग्रेस	47. वेद प्रकाश सोलंकी	चाकसू	कांग्रेस
17. बाबूलाल	कठूमर	कांग्रेस	48. चंद्रभान सिंह आक्या	चित्तौड़गढ़	भाजपा
18. अर्जुन लाल जीनगर	कपासन	भाजपा	49. रामलाल शर्मा	चोमू	भाजपा
19. सुरेंद्र सिंह राठौड़	कुम्भलगढ़	भाजपा	50. राजकुमार रोत	चौरासी	भाट्रापा
20. गुरमीत सिंह कुनर	करणपुर	कांग्रेस	51. पदमाराम	चौहटन	कांग्रेस
21. लाखन सिंह	करौली	बसपा	52. प्रताप सिंह	छबड़ा	भाजपा
22. रमीला खड़िया	कुशलगढ़	निर्दलीय	53. अविनाश	जैतारण	भाजपा
23. चंद्रकांत मेघवाल	केशोरायपाटन	भाजपा	54. गोपाल लाल मीना	जमवा रामगढ़	कांग्रेस
24. जाहिदा खान	कामां	कांग्रेस	55. रूपाराम	जैसलमेर	कांग्रेस
25. अमीन कागजी	किशन पोल	कांग्रेस	56. गोपी चंद्र मीणा	जहाजपुर	भाजपा
26. निर्मला सहरिया	किशनगंज	कांग्रेस	57. मंजु देवी	जायल	कांग्रेस
27. सुरेश टाक	किशनगढ़	निर्दलीय	58. जोगेश्वर गर्ग	जालोर	भाजपा
28. दीपचंद्र	किशनगढ़ बास	बसपा	59. मनीशा पंवार	जोधपुर	कांग्रेस
			60. बृजेंद्र सिंह ओला	झुनझुनू	कांग्रेस
29. राजेंद्र सिंह यादव	कोटपूतली	कांग्रेस	61. बाबु लाल	झाड़ोल	भाजपा
30. शांति कुमार धारीवाल	कोटा उत्तर	कांग्रेस	62. वसुन्धरा राजे	झालरापाटन	भाजपा
			63. लालचंद कटारिया	झोटवाड़ा	कांग्रेस
31. संदीप शर्मा	कोटा दक्षिण	भाजपा	64. सचिन पायलट	टोंक	कांग्रेस
32. भंवर सिंह भाटी	कोलायत	कांग्रेस	65. पृथ्वीराज	टोडाभीम	कांग्रेस

विधानसभा सदस्य	क्षेत्र	पार्टी	विधानसभा सदस्य	क्षेत्र	पार्टी
66. कालूराम	डग	भाजपा	102. शाले मोहम्मद	पोखरण	कांग्रेस
67. गणेश घोघरा	डूंगरपुर	कांग्रेस	103. हाकम अली खां	फतेहपुर	कांग्रेस
68. विजयपाल मिर्धा	डेगाना	कांग्रेस	104. निर्मल कुमावत	फुलेरा	भाजपा
69. विश्वेन्द्र सिंह	डीग कुम्हेर	कांग्रेस	105. पब्बाराम	फलौदी	भाजपा
70. चेतन सिंह चौधरी	डीडवाना	कांग्रेस	106. बिधुरी राजेंद्र सिंह	बेगूं	कांग्रेस
71. नरेंद्र बुडानिया	तारानगर	कांग्रेस	107. गंगा देवी	बगरू	कांग्रेस
72. संदीप कुमार	तिजारा	बसपा	108. ललित कुमार ओस्तवाल	बड़ी सादड़ी	भाजपा
73. कान्ति प्रसाद	थानागाजी	निर्दलीय			
74. बाबूलाल नागर	दूदू	निर्दलीय	109. अशोक डोगरा	बून्दी	भाजपा
75. हरीश चंद्र मीना	देवली उनियारा	कांग्रेस	110. अमर सिंह	बयाना	कांग्रेस
76. वीरेंदर सिंह	दांतारामगढ़	कांग्रेस	111. शंकर सिंह रावत	ब्यावर	भाजपा
77. मुरारी लाल	दौसा	कांग्रेस	112. खिलाड़ी लाल बैरवा	बसेड़ी	कांग्रेस
78. गोतम लाल	धरियावद	भाजपा	113. लक्ष्मण मीणा	बस्सी	निर्दलीय
79. परसराम मोरदिया	धोद	कांग्रेस	114. बलजीत यादव	बहरोड़	निर्दलीय
80. शोभारानी कुशवाह	धोलपुर	भाजपा	115. महेन्द्रजीत सिंह मालवीया	बागीदोरा	कांग्रेस
81. वाजिब अली	नगर	बसपा			
82. जोगिंदर सिंह अवाना	नदबई	बसपा	116. मेवाराम जैन	बाड़मेर	कांग्रेस
83. राजकुमार शर्मा	नवलगढ़	कांग्रेस	117. गिरराज सिंह	बाड़ी	कांग्रेस
84. रामस्वरूप लाम्बा	नसीराबाद	भाजपा	118. गजराज खटाणा	बांदीकुई	कांग्रेस
85. मोहन राम चौधरी	नागौर	भाजपा	119. शकुन्तला रावत	बानसूर	कांग्रेस
86. सीपी जोशी	नाथद्वारा	कांग्रेस	120. इन्द्रा	बामनवास	कांग्रेस
87. महेंद्र चौधरी	नावां	कांग्रेस	121. हरीश चौधरी	बायतू	कांग्रेस
88. अंजना उदयलाल	निम्बाहेड़ा	कांग्रेस	122. पानाचन्द मेघवाल	बारां-अटरू	कांग्रेस
89. प्रशांत बैरवा	निवाई	कांग्रेस	123. पुष्पेन्द्र सिंह	बाली	भाजपा
90. सुरेश मोदी	नीम का थाना	कांग्रेस	124. अर्जुन सिंह बामनिया	बांसवाड़ा	कांग्रेस
91. बिहारीलाल	नोखा	भाजपा	125. हीराराम	बिलाड़ा	कांग्रेस
92. अमित चाचाण	नोहर	कांग्रेस	126. सिद्धी कुमारी	बीकानेर (पू.)	भाजपा
93. मदन प्रजापत	पचपदरा	कांग्रेस	127. बुलाकी दास कल्ला	बीकानेर (प.)	कांग्रेस
94. रामलाल	प्रतापगढ़	कांग्रेस	128. सुभाष गर्ग	भरतपुर	रालोद
95. रामनिवास गावड़िया	परबतसर	कांग्रेस	129. बलवान पूनियाँ	भादरा	सीपीआई (मार्क्ससिस्ट)
96. सुरेश सिंह रावत	पुष्कर	भाजपा			
97. ज्ञानचंद पारख	पाली	भाजपा	130. पूराराम चौधरी	भीनमाल	भाजपा
98. समा राम ग्रासिया	पिंडवाड़ा आबू	भाजपा	131. सुदर्शन सिंह रावत	भीम	कांग्रेस
99. जे.पी. चन्देलिया	पिलानी	कांग्रेस	132. विट्ठल शंकर अवस्थी	भीलवाड़ा	भाजपा
100. रामनारायण मीना	पीपल्दा	कांग्रेस	133. पुखराज	भोपालगढ़	रालोपा
101. धर्मेंद्र कुमार	पीलीबंगा	भाजपा	134. रूपा राम	मकराना	भाजपा

विधानसभा सदस्य	क्षेत्र	पार्टी	विधानसभा सदस्य	क्षेत्र	पार्टी
135. इन्दिरा देवी	मेड़ता	रालोपा	168. दीपेन्द्र सिंह	श्रीमाधोपुर	कांग्रेस
136. रीटा चौधरी	मंडावा	कांग्रेस	169. आलोक बेनीवाल	शाहपुरा	निर्दलीय
137. मंजीत धर्मपाल चौधरी	मुण्डावर	भाजपा	170. कैलाश चंद्र मेघवाल	शाहपुर	भाजपा
138. गोविंद प्रसाद	मनोहर थाना	भाजपा	171. अमीन खां	शिव	कांग्रेस
139. राकेश पारीक	मसूदा	कांग्रेस	172. गुरदीप सिंह	संगरिया	भाजपा
140. ओम प्रकाश हुडला	महवा	निर्दलीय	173. मास्टर भंवरलाल मेघवाल	सुजानगढ़	कांग्रेस
141. रामलाल जाट	माण्डल	कांग्रेस	174. रमेश चंद मीना	सपोटरा	कांग्रेस
142. गोपाल लाल शर्मा	माण्डलगढ	भाजपा	175. जोराराम कुमावत	सुमेरपुर	भाजपा
143. खुशवीर सिंह	मारवाड़ जंक्शन	निर्दलीय	176. सुभाष पूनिया पुत्र लोकराम पूनिया	सूरजगढ़	भाजपा
144. कन्हैया लाल	मालपुरा	भाजपा	177. रामप्रताप कासनियां	सूरतगढ़	भाजपा
145. कालीचरण सराफ	मालवीय नगर	भाजपा	178. अशोक गहलोत	सरदारपुरा	कांग्रेस
146. धर्मनारायण जोशी	मावली	भाजपा	179. भंवरलाल शर्मा	सरदारशहर	कांग्रेस
147. अभिनेश महर्षि	रतनगढ़	भाजपा	180. सूर्यकांता व्यास	सूरसागर	भाजपा
148. जगसी राम	रेवदर	भाजपा	181. अमृतलाल मीणा	सलूम्बर	भाजपा
149. जौहरीलाल मीना	राजगढ़-लक्ष्मणगढ़	कांग्रेस	182. दानिश अबरार	सवाई माधोपुर	कांग्रेस
150. किरण माहेश्वरी	राजसमन्द	भाजपा	183. कैलाश चंद्र त्रिवेदी	सहाड़ा	कांग्रेस
151. रोहित	राजाखेड़ा	कांग्रेस	184. रामप्रसाद	सागवाड़ा	भाट्रापा
152. नारायण सिंह देवल	रानीवाड़ा	भाजपा	185. अशोक लाहोटी	सांगानेर	भाजपा
153. मदन दिलावर	रामगंज मण्डी	भाजपा	186. भरत सिंह कुंदनपुर	सांगोद	कांग्रेस
154. बलवीर सिंह लूथरा	रायसिंग नगर	भाजपा	187. सुखराम विश्नोई	सांचोर	कांग्रेस
155. गोविन्द सिंह डोटासरा	लक्ष्मणगढ़	कांग्रेस	188. कृष्णा पूनियां	सादुलपुर	कांग्रेस
156. सुमित गोदारा	लूणकरनसर	भाजपा	189. जगदीश चन्द्र	सादुलशहर	कांग्रेस
157. महेंद्र विश्नोई	लूणी	कांग्रेस	190. ममता भूपेश	सिकराय	कांग्रेस
158. मुकेश कुमार भाकर	लाडनूं	कांग्रेस	191. संयम लोढ़ा	सिरोही	निर्दलीय
159. कल्पना देवी	लाडपुरा	भाजपा	192. हमीर सिंह भायल	सिवाना	भाजपा
160. परसादी लाल	लालसोट	कांग्रेस	193. प्रताप सिंह खाचरियावास	सिविल लाईन्स	कांग्रेस
161. किसनाराम विश्नोई	लोहावट	कांग्रेस			
162. भजन लाल	वैर	कांग्रेस	194. राजेन्द्र पारीक	सीकर	कांग्रेस
163. गजेन्द्र सिंह शक्तावत	वल्लभ नगर	कांग्रेस	195. शोभा चौहान	सोजत	भाजपा
164. नरपत सिंह राजवी	विद्याधर नगर	भाजपा	196. विनोद कुमार	हनुमानगढ़	कांग्रेस
165. इन्द्राज सिंह गुर्जर	विराटनगर	कांग्रेस	197. डॉ महेश जोशी	हवा महल	कांग्रेस
166. मीना कंवर	शेरगढ़	कांग्रेस	198. अशोक	हिण्डोली	कांग्रेस
167. गिरधारीलाल	श्रीडूंगरगढ़	सीपीआई (मार्क्ससिस्ट)	199. भरोसी लाल	हिन्दौन	कांग्रेस
			200. शफिया जुबैर	रामगढ़	कांग्रेस

भारत सरकार

- **राष्ट्रपति :** राम नाथ कोविंद
- **उपराष्ट्रपति :** एम. वैंकेया नायडू

मंत्रिपरिषद्*

नरेन्द्र मोदी : प्रधानमंत्री, कार्मिक, लोक शिकायत और पेंशन, परमाणु ऊर्जा व अंतरिक्ष विभाग एवं वे सभी विभाग जो किसी दूसरे को आवंटित नहीं किए गए हैं।

कैबिनेट मंत्री

अमित शाह : गृह

राजनाथ सिंह : रक्षा

नितिन गडकरी : सड़क, परिवहन एवं राजमार्ग, सूक्ष्म, लघु एवं मध्यम उद्यम

डी वी सदानंद गौड़ा : रसायन एवं उर्वरक

निर्मला सीतारमण : वित्त एवं कार्पोरेट मामले

रविशंकर प्रसाद : विधि एवं न्याय, संचार, इलेक्ट्रॉनिक्स और सूचना प्रौद्योगिकी

रामविलास पासवान : उपभोक्ता मामले, खाद्य एवं सार्वजनिक वितरण

नरेंद्र सिंह तोमर : कृषि एवं किसान कल्याण, ग्रामीण विकास, पंचायती राज

हरसिमरत कौर बादल : खाद्य प्रसंस्करण उद्योग

थावरचंद गहलोत : सामाजिक न्याय एवं अधिकारिता

एस जयशंकर : विदेश

रमेश पोखरियाल निशंक : मानव संसाधन विकास

स्मृति ईरानी : महिला एवं बाल विकास, कपड़ा

अर्जुन मुंडा : आदिवासी मामले

डॉ. हर्षवर्धन : स्वास्थ्य एवं परिवार कल्याण, विज्ञान और प्रौद्योगिकी, पृथ्वी विज्ञान

प्रकाश जावड़ेकर : पर्यावरण, वन एवं जलवायु परिवर्तन, सूचना एवं प्रसारण मंत्री, भारी उद्योग एवं लोक उद्यम का अतिरिक्त प्रभार।

पीयूष गोयल : रेलवे, वाणिज्य एवं उद्योग

धर्मेंद्र प्रधान : पेट्रोलियम एवं प्राकृतिक गैस, स्टील

मुख्तार अब्बास नकवी : अल्पसंख्यक मामले

प्रह्लाद जोशी : संसदीय कार्य, कोयला, खनन

महेंद्र नाथ पांडेय : कौशल विकास और उद्यमिता

गिरिराज सिंह : पशुपालन, डेयरी एवं मत्स्य पालन

गजेंद्र सिंह शेखावत : जल शक्ति

राज्यमंत्री (स्वतंत्र प्रभार)

संतोष कुमार गंगवार : श्रम एवं रोजगार

इंद्रजीत सिंह राव : सांख्यिकी एवं कार्यक्रम कार्यान्वनयन, योजना

श्रीपद येसो नाइक : आयुष (स्वतंत्र प्रभार), (आयुर्वेद, योग, प्राकृतिक चिकित्सा, यूनानी, सिद्ध एवं होम्योपैथी), रक्षा राज्यमंत्री

डॉ. जितेंद्र सिंह : पूर्वोत्तर विकास (स्वतंत्र प्रभार), पीएमओ में राज्य मंत्री (कार्मिक, लोक शिकायत और पेंशन, परमाणु ऊर्जा, अंतरिक्ष)

किरण रिजिजू : खेल एवं युवा मामले (स्वतंत्र प्रभार), अल्पसंख्यक मामले के राज्यमंत्री

प्रहलाद पटेल : पर्यटन एवं संस्कृति

राजकुमार सिंह : ऊर्जा, नवीन और नवीकरणीय ऊर्जा (स्वतंत्र प्रभार), कौशल विकास एवं उद्यमिता राज्यमंत्री

हरदीप सिंह पुरी : आवास एवं शहरी विकास, नागरिक उड्डयन (स्वतंत्र प्रभार), वाणिज्य एवं उद्योग राज्यमंत्री

मनसुख मंडाविया : जहाजरानी (स्वतंत्र प्रभार), रसायन एवं उर्वरक राज्यमंत्री

राज्यमंत्री

फग्गन सिंह कुलस्ते : इस्पात

अश्विनी कुमार चौबे : स्वास्थ्य एवं परिवार कल्याण

अर्जुन राम मेघवाल : संसदीय मामले, भारी उद्योग एवं लोक उद्यम

कृष्णपाल गुर्जर : सामाजिक न्याय एवं अधिकारिता

जन. (रिटा.) वी.के. सिंह : सड़क परिवहन एवं राजमार्ग

राव साहेब दानवे : उपभोक्ता मामले, खाद्य एवं सार्वजनिक वितरण

जी. किशन रेड्डी : गृह

पुरुषोत्तम रूपाला : कृषि एवं किसान कल्याण

रामदास अठावले : सामाजिक न्याय एवं अधिकारिता

साध्वी निरंजन ज्योति : ग्रामीण विकास

बाबुल सुप्रियो : पर्यावरण, वन एवं जलवायु परिवर्तन

संजीव बालियान : पशुपालन, दुग्ध एवं मत्स्य पालन

संजय शामराव धोत्रे : मानव संसाधन, संचार, इलेक्ट्रॉनिक्स और सूचना प्रौद्योगिकी

अनुराग सिंह ठाकुर : वित्त एवं कार्पोरेट मामले

सुरेश चन्ना बासप्पा आंगड़ी : रेलवे

नित्यानंद राय : गृह

रतन लाल कटारिया : जल शक्ति, सामाजिक न्याय एवं अधिकारिता

वी. मुरलीधरन : विदेश, संसदीय कार्य

रेणुका सिंह सरुता : आदिवासी मामले

सोम प्रकाश : वाणिज्य एवं उद्योग

रामेश्वर तेली : खाद्य प्रसंस्करण

प्रताप चंद्र सारंगी : सूक्ष्म, लघु एवं मध्यम उद्यम, पशुपालन, डेयरी एवं मत्स्य

कैलाश चौधरी : कृषि एवं किसान कल्याण

देबाश्री चौधरी : महिला एवं बाल विकास

---

* 10 जनवरी, 2020 तक।

भारत की जनगणना-2011

भारत में 1881 से प्रारंभ करके हर दसवें साल जनगणना होती रही है। 2011 में हुई जनगणना के अंतिम आंकड़ों के अनुसार भारत की कुल जनसंख्या 1,210,854,977 (62.3 करोड़ पुरुष और 58.7 करोड़ महिलाएं) थी।

राज्य तथा केन्द्रशासित प्रदेश

भारत के राज्य	राजधानी	प्रमुख भाषाएं	क्षेत्रफल (वर्ग कि॰मी॰)	जनसंख्या 2011
1. अरुणाचल प्रदेश	इटानगर	मोंपा, मिजी	83,743	13,83,727
2. आन्ध्र प्रदेश	हैदराबाद	तेलुगू, उर्दू	1,60,229	4,93,86,799
3. असम	दिसपुर	असमिया	78,438	3,12,05,576
4. बिहार	पटना	हिन्दी	94,163	10,40,99,452
5. गोवा	पणजी	कोंकणी, मराठी	3,702	14,58,545
6. गुजरात	गांधीनगर	गुजराती	1,96,024	6,04,39,692
7. हरियाणा	चण्डीगढ़	हिन्दी	44,212	2,53,51,462
8. हिमाचल प्रदेश	शिमला	हिन्दी, पहाड़ी	55,673	68,64,602
9. कर्नाटक	बंगलुरु	कन्नड़	1,91,791	6,10,95,297
10. केरल	तिरुवनंतपुरम	मलयालम	38,863	3,34,06,061
11. मध्य प्रदेश	भोपाल	हिन्दी	3,08,000	7,26,26,809
12. महाराष्ट्र	मुम्बई	मराठी	3,07,713	11,23,74,333
13. मणिपुर	इम्फाल	मणिपुरी	22,327	28,55,794
14. मिजोरम	एज़ल	मिजो, अंग्रेजी	20,987	10,97,206
15. मेघालय	शिलांग	खासी, गारो, अंग्रेजी	22,429	29,66,889
16. नगालैण्ड	कोहिमा	अंगामी, आबो	16,579	19,78,502
17. ओडिशा	भुवनेश्वर	ओडिया	1,55,707	4,19,74,218
18. पंजाब	चण्डीगढ़	पंजाबी	50,362	2,77,43,338
19. राजस्थान	जयपुर	हिन्दी, राजस्थानी	3,42,239	6,85,48,437
20. सिक्किम	गंगटोक	लेपचा, भोटिया	7,096	6,10,577
21. तमिलनाडु	चेन्नई	तमिल	1,30,058	7,21,47,030
22. त्रिपुरा	अगरतला	बंगला, कोकबरक, मणिपुरी	10,491	36,73,917
23. उत्तर प्रदेश	लखनऊ	हिन्दी और उर्दू	2,40,928	19,98,12,341
24. प॰ बंगाल	कोलकाता	बंगला	88,752	9,12,76,115
25. छत्तीसगढ़	रायपुर	हिन्दी	1,35,191	2,55,45,198
26. उत्तराखंड	देहरादून (अस्थाई)	हिन्दी, गढ़वाली	53,483	1,00,86,292
27. झारखंड	राँची	हिन्दी, संथाली	79,714	3,29,88,134
28. तेलंगाना	हैदराबाद	तेलुगू, उर्दू	1,14,840	3,51,93,978

केन्द्रशासित प्रदेश

1. अण्डमान निकोबार	पोर्ट ब्लेयर	हिन्दी, निकोबारी	8,249	3,80,581
2. चण्डीगढ़	चण्डीगढ़	हिन्दी, पंजाबी	114	10,55,450
3. दादर व नगर हवेली	सिलवासा	गुजराती, हिन्दी	491	3,43,709
4. दिल्ली	दिल्ली	हिन्दी, उर्दू, पंजाबी	1,483	1,67,87,941
5. दमन व दीव	पणजी	गुजराती	112	2,43,247
6. लक्षद्वीप	कावारत्ती	मलयालम	32	64,473
7. पुडुचेरी	पुडुचेरी	तमिल, फ्रेंच, तेलुगु, अंग्रेजी, मलयालम	480	12,47,953
8. जम्मू-कश्मीर	श्रीनगर/जम्मू	कश्मीरी, डोगरी	2,22,236[1]	1,25,41,302[2]
9. लद्दाख	लेह	लद्दाखी	—	—

प्रमुख तथ्य

राज्यः

(i) सबसे अधिक जनसंख्या	उत्तर प्रदेश
(ii) जनसंख्या का सबसे अधिक घनत्व	बिहार
(iii) जनसंख्या का सबसे कम घनत्व	अरुणाचल प्रदेश
(iv) क्षेत्रफल में सबसे बड़ा राज्य	राजस्थान
(v) सबसे अधिक साक्षरता	केरल
(vi) सबसे कम जनसंख्या	सिक्किम
(vii) क्षेत्रफल में सबसे छोटा राज्य	गोवा
(viii) सबसे पहले 100% विद्युतीकरण का लक्ष्य पूरा करने वाला राज्य	हरियाणा
(ix) सबसे कम साक्षरता	बिहार

केन्द्रशासित प्रदेशः

(i) सबसे अधिक जनसंख्या	दिल्ली
(ii) सबसे कम जनसंख्या	लक्षद्वीप
(iii) सबसे पहले 100% साक्षरता प्राप्त करने वाला	लक्षद्वीप
(iv) जनसंख्या का सबसे अधिक घनत्व	दिल्ली

---

1. इसमें पाकिस्तान के अवैध कब्जे वाली 78,114 वर्ग कि॰मी॰, पाकिस्तान द्वारा अवैध रूप से चीन को दी गई 5,180 वर्ग कि॰मी॰ और चीन के अवैध कब्जे वाली 37,555 वर्ग कि॰मी॰ भूमि शामिल है।
2. लद्दाख सहित।

समसामयिक घटनाचक्र

बजट – 2019-20

राजस्थान के मुख्यमंत्री अशोक गहलोत ने 10 जुलाई, 2019 को इस कार्यकाल का अपना पहला बजट पेश किया। कुल 2.32 लाख करोड़ रुपए के इस बजट में गहलोत ने किसान, युवा और महिलाओं पर फोकस रखा है। किसानों के लिए एक हजार करोड़ रुपए के कृषक कल्याण कोष की घोषणा की है। युवाओं के लिए इस साल 75 हजार भर्तियां, युवा रोजगार योजना के लिए 5 साल में एक हजार करोड़ रुपए देने का ऐलान किया है। बजट में महिलाओं के लिए एक हजार करोड़ रुपए का प्रियदर्शनी इंदिरा गांधी महिला शक्ति निधि फंड, आंगनबाड़ी, मिनी आंगनबाड़ी व आंगनबाड़ी सहायिकाओं के लिए 750 से 1500 रुपए तक का मानदेय बढ़ाने की घोषणा की गई। मुख्यमंत्री निशुल्क दवा योजना में 104 नई दवाएं शामिल करने और मोहल्लों में जनता क्लीनिक खोले जाने की घोषणा भी हुई है। प्रदेश के सभी मेडिकल कालेजों में वरिष्ठ नागरिकों के लिए एमआरआई और सीटी स्केन फ्री किए जाने का बड़ा ऐलान भी किया गया है। प्रदेश की मंडियों में फल-सब्जी खरीद पर प्रति सैकड़ा 1.50 रुपए का यूजर चार्ज लिया जा रहा था। बजट में इसे समाप्त करने की घोषणा की गई है।

अन्य बड़ी घोषणाएं

- पंचायतों में 5 साल में 10 हजार किलोमीटर की सड़कें बनेंगी।
- मेट्रो के दूसरे चरण के लिए संशोधित डीपीआर तैयार होगी।
- जयपुर में दिल्ली की तर्ज पर इंटरनेशनल सेंटर खुलेगा।
- एक हजार से ज्यादा आबादी वाले राजस्व गांवों में 6 हजार ई-मित्र खोले जाएंगे।

ये हैं 11 नई योजनाएं

- उद्योगों के लिए मुख्यमंत्री लघु उद्योग प्रोत्साहन योजना, राजस्थान निवेश प्रोत्साहन योजना।
- किसानों के लिए कुसुम योजना।
- बजरी की समस्या को दूर करने के लिए राजस्थान एम-सेंड नीति, 2019।
- एनजीओ के लिए भूरूपांतरण निशुल्क होगा।
- राजीव गांधी जल संचय योजना।
- सर्वपल्लीराधाकृष्णन विद्यालय सुदृढ़ीकरण योजना।
- मुख्यमंत्री उच्च शिक्षा छात्रवृत्ति योजना।
- मुख्यमंत्री रोजगार योजना।
- सार्वजनिक जवाबदेही कानून।
- राजस्थान जन आधार योजना।
- स्टांप और जीएसटी के बकाया प्रकरणों के लिए एमनेस्टी योजना।

राजस्थान में पूर्व मुख्यमंत्री को सरकारी बंगला और गाड़ी पर रोक

राजस्थान हाई कोर्ट ने राज्य के पूर्व मुख्यमंत्रियों को दी जा रही सरकारी सुविधाओं पर रोक लगा दी है। अब वे जिंदगी भर सरकारी बंगले, कार, ड्राइवर, टेलीफोन सेवाएं जैसी सुविधाएं नहीं ले पाएंगे। अदालत ने 4 सितंबर, 2019 को राजस्थान के मंत्रियों के वेतन (संशोधन) अधिनियम 2017 को अवैध घोषित कर दिया है। मुख्य न्यायाधीश एस. रविंद्र भट्ट और न्यायमूर्ति प्रकाश गुप्ता की पीठ ने कहा कि राजस्थान आर्थिक रूप से एक पिछड़ा राज्य है। पूर्व मुख्यमंत्रियों को इस तरह से जिंदगी भर के लिए सार्वजनिक सुविधाएं प्रदान करना धन का दुरुपयोग है।

राजस्थान सामान्य ज्ञान

—एक दृष्टि में

1 राजस्थान : एक दृष्टि में

- भौगोलिक क्षेत्रफल : 3,42,239 वर्ग कि॰मी॰
- राजस्थान की स्थिति (निरपेक्ष) : राजस्थान, देश के उत्तरी-पश्चिमी भाग में 23°3' उत्तरी अक्षांश से 30°12' उत्तरी अक्षांश तथा 69°30' पूर्वी देशान्तर से 78°18' पूर्वी देशान्तर के मध्य स्थित है। कर्क रेखा राज्य के दक्षिण से बांसवाड़ा जिले को छूती हुई निकलती है।
- राजस्थान की स्थिति (सापेक्षिक) : राजस्थान के उत्तर में पंजाब, उत्तर-पूर्व में हरियाणा, पूर्व में उत्तर प्रदेश, दक्षिण-पूर्व में मध्यप्रदेश, दक्षिण और दक्षिण-पश्चिम में गुजरात तथा पश्चिम में पाकिस्तान हैं।
- देश के क्षेत्रफल का प्रतिशत भाग : 10.41% (1/10 भाग)
- क्षेत्रफल की दृष्टि से देश में स्थान : प्रथम
- राज्य की लम्बाई (उत्तर से दक्षिण) : 826 कि॰मी॰
- राज्य की चौड़ाई (पूर्व से पश्चिम) : 869 कि॰मी॰
- राज्य की आकृति (Shape) : विषमकोणीय चतुर्भुज (Rhombus)
- राज्य की पाकिस्तान से लगने वाली अन्तर्राष्ट्रीय सीमा की लम्बाई : 1070 कि॰मी॰
- पाकिस्तान की अन्तर्राष्ट्रीय सीमा से लगने वाले राज्य के सीमावर्ती जिले : गंगानगर, बीकानेर, जैसलमेर, बाड़मेर
- राज्य की स्थलीय सीमा की लंबाई : 5,920 कि॰मी॰
- राज्य का मरुस्थलीय भाग (कुल क्षेत्रफल का) : 58 प्रतिशत
- राज्य का स्थापना दिवस : 30 मार्च
- राज्य की राजभाषा : हिन्दी
- राज्य वृक्ष : खेजड़ी
- राजकीय पुष्प : रोहिड़ा
- राजकीय पशु : ऊँट और चिंकारा

- राजकीय पक्षी : गोडावण
- राज्य खेल : बास्केटबॉल
- राज्य की जलवायु : उष्ण कटिबंधीय शुष्क जलवायु
- राज्य की वनस्पति : उष्ण कटिबंधीय शुष्क पतझड़ी
- क्षेत्रफल के आधार पर राज्य का सबसे बड़ा जिला : जैसलमेर (34,401 वर्ग कि०मी०)
- क्षेत्रफल के आधार पर राज्य का सबसे छोटा जिला : धौलपुर (3,034 वर्ग कि०मी०)
- जनसंख्या के आधार पर राज्य का सबसे बड़ा जिला : जयपुर (66,26,178)
- जनसंख्या के आधार पर राज्य का सबसे छोटा जिला : जैसलमेर (6,69,919)
- राज्य की कुल जनसंख्या (2011) : 6,85,48,437
  - पुरुष जनसंख्या : 3,55,50,997
  - महिला जनसंख्या : 3,29,97,440
- 2001-2011 के दौरान जनसंख्या में हुई वृद्धि : 21.3 प्रतिशत
- राज्य का जनसंख्या घनत्व : 200 व्यक्ति प्रति वर्ग कि०मी०
- राज्य का लिंगानुपात (प्रति हजार पुरुषों पर महिलाओं की संख्या) : 928
- राज्य की साक्षरता दर (कुल) : 66.1 प्रतिशत
  - पुरुष साक्षरता की दर : 79.2 प्रतिशत
  - महिला साक्षरता की दर : 52.1 प्रतिशत
- राज्य का सर्वाधिक जनसंख्या वृद्धि दर वाला जिला (2001-2011 के दौरान) : बाड़मेर (32.5 प्रतिशत)
- राज्य का सबसे कम जनसंख्या वृद्धि दर वाला जिला (2001-2011 के दौरान) : गंगानगर (10.0 प्रतिशत)
- राज्य का सर्वाधिक जनसंख्या घनत्व वाला जिला : जयपुर (595 व्यक्ति/प्रति वर्ग कि०मी०)
- राज्य का सबसे कम जनसंख्या घनत्व वाला जिला : जैसलमेर (17 व्यक्ति/प्रति वर्ग कि०मी०)

- राज्य का सर्वाधिक लिंगानुपात वाला जिला : डूंगरपुर (994)
- राज्य का सबसे कम लिंगानुपात वाला जिला : धौलपुर (846)
- राज्य का प्रथम सम्पूर्ण साक्षरता
  वाला आदिवासी जिला : डूंगरपुर
- राज्य का सर्वाधिक साक्षरता वाला जिला : कोटा (76.6 प्रतिशत)
- राज्य का सबसे कम साक्षरता वाला जिला : जालौर (54.9 प्रतिशत)
- राज्य में सबसे अधिक पुरुष
  साक्षरता वाला जिला : झुंझुनूं (86.9 प्रतिशत)
- राज्य में सबसे कम पुरुष
  साक्षरता वाला जिला : प्रतापगढ़ एवं बांसवाड़ा
  (69.5 प्रतिशत)
- राज्य में सबसे अधिक महिला
  साक्षरता वाला जिला : कोटा (65.9 प्रतिशत)
- राज्य में सबसे कम महिला
  साक्षरता वाला जिला : जालौर (38.5 प्रतिशत)
- राज्य में संभागों की संख्या : 7
- राज्य में जिलों की संख्या : 33
- राज्य में नगरपालिकाओं की संख्या : 184 (2011)
- राज्य में तहसीलों की संख्या : 325 (2015)
- राज्य में पंचायत समितियों की संख्या : 295 (2011)
- राज्य में कुल गांवों की संख्या : 44,794 (2011)
- राज्य की राजधानी : जयपुर (1727 में सवाई जयसिंह द्वारा स्थापित व वास्तुकार विद्याधर द्वारा डिजाइन किया गया नगर)
- राज्य का सर्वोच्च पर्वत शिखर : अरावली पर्वत श्रेणियों में स्थित **गुरुशिखर** (सिरोही) (1727 मीटर)
- राज्य का सर्वाधिक आर्द्र स्थान : माउंट आबू (सिरोही)
- राज्य का सर्वाधिक आर्द्र जिला : झालावाड़
- राज्य का सर्वाधिक गर्म जिला/स्थान : बीकानेर
- राज्य में स्थित विश्व की सबसे प्राचीन पर्वत श्रृंखला : अरावली (कुल लंबाई 692 कि॰मी॰ व राज्य में 550 कि॰मी॰)
- राज्य का प्रथम सम्पूर्ण साक्षर जिला : अजमेर

- अनुसूचित जनजाति जनसंख्या में भारत में राजस्थान का स्थान : छठा
- जनजातियों में सर्वाधिक संख्या : मीणा जनजाति
- राजस्थान में द्वितीय प्रमुख जनजाति : भील
- जनजातियों की दृष्टि से सर्वाधिक महत्त्वपूर्ण जिला : उदयपुर
- जनघनत्व की दृष्टि से राज्य का देश में स्थान : चौबीसवाँ
- पन्द्रह लाख से अधिक जनसंख्या वाले जिलों की संख्या : 21 (2011)
- विधान सभा सीट : 200
- लोक सभा सीट : 25
- राज्य सभा सीट : 10
- राज्य की सबसे लम्बी नदी : चम्बल
- राजस्थान लोक सेवा आयोग : अजमेर
- राजस्थान उच्च न्यायालय : जोधपुर
- राजस्थान राजस्व मंडल (गठन 1-1-1949) : अजमेर
- राज्य का एकमात्र परमाणु विद्युत गृह : रावतभाटा (चित्तौड़गढ़)
- 1959 में भारत में सर्वप्रथम पंचायती राज व्यवस्था लागू हुई : नागौर
- हवाई अड्डे : जयपुर, उदयपुर, जोधपुर, कोटा, जैसलमेर
- सर्वाधिक निर्यात की वस्तुएं : आभूषण, जवाहरात व हस्तकला की वस्तुएं
- राज्य का सबसे प्रमुख उद्योग : सूती वस्त्र उद्योग
- राज्य का एकमात्र खुला विश्वविद्यालय : कोटा
- राज्य में कार्य सहभागिता दर : 42.11 प्रतिशत
- पुरुष कार्य सहभागिता दर : 50.07 प्रतिशत
- महिला कार्य सहभागिता दर : 33.48 प्रतिशत
- राज्य में ग्रामीण लोगों की कार्य सहभागिता दर : 45.94 प्रतिशत
- राज्य में नगरीय लोगों की कार्य सहभागिता दर : 29.56 प्रतिशत
- राजस्थान का राज्य गीत : केसरिया बालम आओ नी पधारो म्हारे देश

- राजस्थान का पेरिस : जयपुर
- राजस्थान का कश्मीर : उदयपुर
- राजस्थान का प्रवेश द्वार : भरतपुर
- जल महलों की नगरी : डींग (भरतपुर)
- राजस्थान का नृत्य : घूमर
- प्रथम मुख्यमंत्री : हीरा लाल शास्त्री
- प्रथम महिला मुख्यमंत्री : वसुन्धरा राजे
- प्रथम निर्वाचित मुख्यमंत्री : टीकाराम पालीवाल
- प्रथम राज्यपाल : श्री गुरुमुख निहाल सिंह
- प्रथम मुख्य न्यायाधीश : कमलकांत वर्मा
- प्रथम विधानसभा अध्यक्ष : नरोत्तम जोशी
- प्रथम महिला विधानसभा अध्यक्ष : सुमित्रा सिंह
- राज्य की पहली महिला पायलट : नम्रता भट्ट
- राज्य की पहली महिला फ्लाइंग ऑफिसर : निवेदिता
- पहली राजस्थानी फिल्म : निजराणो (1942)

राजस्थान के प्रसिद्ध व्यक्ति व उपनाम

उपनाम   **प्रसिद्ध व्यक्ति**

- बांगड़ का गांधी : भोगीलाल पाण्ड्या
- वर्तमान राजस्थान का निर्माता : मोहनलाल सुखाड़िया
- राजस्थान का गांधी : गोकुल भाई भट्ट
- महात्मा गांधी का पांचवां पुत्र : जमनालाल बजाज
- राजस्थान का लौह पुरुष : दामोदर व्यास
- आदिवासियों का मसीहा : मोतीलाल तेजावत
- राजस्थान में किसान आन्दोलन के जनक : विजय सिंह पथिक

राजस्थान अब देश का सबसे बड़ा राज्य

राजस्थान भौगोलिक क्षेत्रफल की दृष्टि से देश का सबसे बड़ा राज्य है। भौगोलिक क्षेत्रफल की दृष्टि से अब राजस्थान भारत के पड़ोसी देश श्रीलंका से पांच गुना अधिक तथा ग्रेट ब्रिटेन से दुगना और इजरायल से 17 गुना बड़ा है।

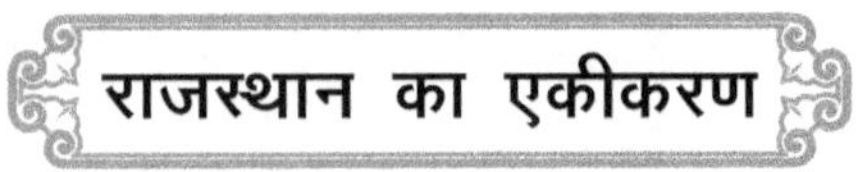 राजस्थान का एकीकरण

वर्तमान राजस्थान का निर्माण एक लम्बी प्रक्रिया से गुजरा जिसकी शुरूआत 17 मार्च, 1948 को हुई। राजस्थान राज्य के गठन का संक्षिप्त विवरण इस प्रकार है।

* **प्रथम चरण** : 'मत्स्य संघ' की स्थापना
  दिनांक : 17 मार्च, 1948
  सम्मिलित रियासतें : भरतपुर, धौलपुर, अलवर और करौली
  राजधानी : अलवर
  राजप्रमुख : धौलपुर के महाराजा

* **द्वितीय चरण** : 'राजस्थान संघ' की स्थापना
  दिनांक : 25 मार्च, 1948
  सम्मिलित रियासतें : बांसवाड़ा, बूँदी, कोटा, टौंक, डूंगरपुर, झालावाड़, शाहपुरा, किशनगढ़
  राजधानी : कोटा
  राजप्रमुख : कोटा के महाराज

* **तृतीय चरण** : 'संयुक्त राजस्थान' की स्थापना
  दिनांक : 18 अप्रैल, 1948
  सम्मिलित रियासतें : राजस्थान संघ और उदयपुर
  राजधानी : उदयपुर
  राजप्रमुख : उदयपुर के महाराजा
  उप-राजप्रमुख : कोटा के महाराज

* **चतुर्थ चरण** : 'वृहत राजस्थान' की स्थापना
  दिनांक : 30 मार्च, 1949
  सम्मिलित रियासतें : 'संयुक्त राजस्थान' और बीकानेर, जयपुर, जोधपुर एवं जैसलमेर
  राजधानी : जयपुर
  महा राजप्रमुख : उदयपुर के महाराजा
  राजप्रमुख : जयपुर के महाराजा
  उप-राजप्रमुख : कोटा के महाराज
  प्रथम मुख्यमंत्री : पंडित हीरालाल शास्त्री

* **पंचम चरण** : 'संयुक्त वृहत राजस्थान' की स्थापना
  दिनांक : 15 मई, 1949
  : मत्स्य संघ और वृहत राजस्थान को मिला दिया गया।

✷ **षष्ठम चरण**	:	'राजस्थान संघ' की स्थापना
दिनांक	:	26 जनवरी, 1950
	:	एकमात्र प्राचीन बची रियासत सिरोही को गणतंत्र दिवस के दिन मिला कर संयुक्त वृहत राजस्थान का नाम राजस्थान संघ कर दिया गया। (सिरोही रियासत की एक तहसील आबू को गुजरात में मिला दिया गया।)
✷ **सप्तम चरण**	:	'राज्य पुनर्गठन आयोग, की सिफारिश पर केन्द्र–शासित प्रदेश 'अजमेर, मेरवाड़ा, को भी 1 नवम्बर, 1956 को राजस्थान में मिला दिया गया। इसके साथ 'आबू' तहसील एवं मध्य भारत (वर्तमान मध्य प्रदेश) के मंदसौर जिले का एक क्षेत्र 'सुनेल टप्पा' का विलय राजस्थान में किया गया एवं दूसरी ओर कोटा रियासत का सिरोंज क्षेत्र मध्य भारत में मिला दिया गया। राजस्थान संघ का नाम राजस्थान कर दिया गया।

30 मार्च, 1949 को वृहत राजस्थान के रूप में महत्त्वपूर्ण इकाई का गठन हुआ था। इसलिए यह तिथि राजस्थान राज्य के स्थापना दिवस के रूप में मनाई जाती है।

राजस्थान का एकीकरण–संक्षिप्त तालिका

क्रम संख्या	निर्मित संघ	तिथि	रियासत/राज्य जो संघ में मिले
1.	मत्स्य संघ	17-3-1948	अलवर, भरतपुर, धौलपुर, करौली
2.	राजस्थान संघ	25-3-1948	बाँसवाड़ा, बूँदी, कोटा, टोंक, डूंगरपुर झालावाड़, शाहपुरा एवं किशनगढ़
3.	संयुक्त राजस्थान	18-4-1948	राजस्थान संघ + उदयपुर
4.	वृहत राजस्थान	30-3-1949	संयुक्त राजस्थान + बीकानेर, जयपुर जोधपुर, जैसलमेर
5.	संयुक्त वृहत राजस्थान	15-5-1949	वृहत राजस्थान + मत्स्य संघ
6.	राजस्थान संघ	26-1-1950	संयुक्त वृहत राजस्थान + सिरोही
7.	राजस्थान	1-11-1956	राजस्थान संघ + आबू, सुनेल टप्पा

प्रशासनिक दृष्टि से राजस्थान राज्य को 7 संभागों तथा 33 जिलों में बांटा गया है। संभाग तथा उसमें शामिल जिलों का लेखा-जोखा नीचे दिया गया है:

संभाग का नाम	सम्मिलित जिलों के नाम
1. जोधपुर संभाग	सिरोही, जैसलमेर, बाड़मेर, जालौर, जोधपुर और पाली
2. बीकानेर संभाग	बीकानेर, हनुमानगढ़, श्रीगंगानगर एवं चुरू
3. उदयपुर संभाग	उदयपुर, राजसमंद, बांसवाड़ा, डूंगरपुर, चित्तौड़गढ़ एवं प्रतापगढ़
4. जयपुर संभाग	जयपुर, झुंझुनूं, अलवर, दौसा, एवं सीकर
5. कोटा संभाग	कोटा, बूंदी, झालावाड़ एवं बारा
6. अजमेर संभाग	अजमेर, टोंक, नागौर एवं भीलवाड़ा
7. भरतपुर संभाग	भरतपुर, धौलपुर, करौली एवं सवाई माधोपुर

राजस्थान के जिले, उपखंड एवं तहसीलें

जिला 1	उपखण्ड 2	तहसील 3
1. अजमेर	1. अजमेर, 2. पीसांगन, 3. ब्यावर, 4. नसीराबाद, 5. मसूदा, 6. केकड़ी, 7. भिनाय, 8. सरवाड, 9. किशनगढ़, 10. पुष्कर, 11. टाटगढ़, 12. रूपनगढ़	1. अजमेर, 2. पीसांगन, 3. ब्यावर, 4. नसीराबाद, 5. मसूदा, 6. विजयनगर, 7. केकड़ी, 8. सावर, 9. भिनाय, 10. सरवाड, 11. टांटोटी, 12. किशनगढ़, 13. अराई, 14. पुष्कर, 15. टाटगढ़, 16. रूपनगढ़
2. बांसवाड़ा	1. आनन्दपुरी, 2. बागीडोरा, 3. गढ़ी, 4. बांसवाड़ा, 5. छोटी सारवान, 6. घाटोल, 7. कुशलगढ़, 8. सज्जनगढ़, 9. तलवारा, 10. अर्थूना, 11. गंगद तलाई	1. अंबापुरा, 2. आनंदपुरी, 3. बागीडोरा, 4. बांसवाड़ा, 5. छोटी सारवान, 6. गनोडा, 7. गंगद तलाई, 8. गढ़ी, 9. घाटोल, 10. कुशलगढ़, 11. सज्जनगढ़
3. अलवर	1. अलवर, 2. राजगढ़, 3. तिजारा, 4. लक्ष्मणगढ़, 5. किशनगढ़ बास, 6. थानागाजी, 7. बानसूर, 8. रेणी, 9. कोटकासीम, 10. मुण्डावड, 11. काटूमर, 12. रामगढ़, 13. बेहरोर, 14. नीमराणा	1. अलवर, 2. राजगढ़, 3. तिजारा, 4. लक्ष्मणगढ़, 5. किशनगढ़ बास, 6. थानागाजी, 7. बानसूर, 8. रेणी, 9. कोटकासीम, 10. काटूमर, 11. मुण्डावड, 12. रामगढ़, 13. बेहरोर, 14. नीमराणा, 15. मालाखेड़ा, 16. गोविन्दगढ़
4. सीकर	1. सीकर, 2. फतेहपुर, 3. लक्ष्मणगढ़, 4. दान्तारामगढ़, 5. नीम का थाना, 6. श्रीमाधोपुर, 7. ढोड, 8. रामगढ़ शेखावटी, 9. खंडेला	1. सीकर, 2. फतेहपुर, 3. लक्ष्मणगढ़, 4. दान्तारामगढ़, 5. नीम का थाना, 6. श्रीमाधोपुर, 7. ढोड, 8. रामगढ़ शेखावटी, 9. खंडेला
5. कोटा	1. लाडपुरा (कोटा), 2. दीगोद, 3. रामगंजमंडी, 4. सांगोद, 5. कानवास, 6. पीपलदा	1. लाडपुरा (कोटा), 2. दीगोद, 3. रामगंज मंडी, 4. सांगोद, 5. पीपलदा, 6. कानवास
6. बारां	1. बारां, 2. शाहबाद, 3. किशनगंज, 4. अटरू, 5. छबड़ा, 6. छीपाबड़ोद, 7. अन्ता	1. बारां, 2. शाहबाद, 3. किशनगंज, 4. अटरू, 5. छबड़ा, 6. मांगरोल, 7. छीपाबड़ोद, 8. अन्ता
7. झालावाड़	1. झालावाड़, 2. अकलेरा, 3. पिड़ावा, 4. भवानीमंडी, 5. मनोहर थाना, 6. खानपुर, 7. गंगधार, 8. असनावार	1. अकलेरा, 2. गंगधार, 3. झालरापाटन, 4. खानपुर, 5. मनोहर थाना, 6. पचपहाड़, 7. पिड़ावा, 8. असनावार
8. उदयपुर	1. गिर्वा, 2. गोगूंदा, 3. बल्लभनगर, 4. कोटड़ा, 5. मावली, 6. लसाड़िया, 7. खैरवाड़ा, 8. सलूम्बर, 9. झाडोल, 10. सराडा, 11. शृषभदेव, 12. बड़गांव	1. गिर्वा, 2. गोगूंदा, 3. बल्लभनगर, 4. कोटड़ा, 5. मावली, 6. लसाड़िया 7. खैरवाड़ा, 8. सलूम्बर, 9. झाडोल, 10. सराडा, 11. शृषभदेव, 12. सीमाड़ी
9. जोधपुर	1. जोधपुर, 2. लूनी, 3. भोपालगढ़, 4. शेरगढ़, 5. ओसियां, 6. फलौदी, 7. पीपार सिटी, 8. बिलाड़ा, 9. बाप, 10. बालेसर	1. जोधपुर, 2. लूनी, 3. भोपालगढ़, 4. शेरगढ़, 5. ओसियां, 6. फलौदी, 7. बिलाड़ा, 8. पीपार सिटी, 9. बाओरी, 10. बालेसर, 11. बाप, 12. लोहावत, 13. तिनवारी

जिला 1	उपखण्ड 2	तहसील 3
10. पाली	1. पाली, 2.रोहट, 3. बाली, 4.सोजत, 5. माड़वार जंक्शन, 6. जैतारण, 7. रायपुर, 8. देसूरी, 9. सुमेरपुर	1. पाली, 2. रोहट, 3. बाली, 4. सोजत, 5. माड़वार जंक्शन, 6. जैतारण, 7. रायपुर, 8. देसूरी, 9. सुमेरपुर, 10. राणी
11. जैसलमेर	1. जैसलमेर, 2. पोखरण, 3. फतेहगढ़, 4. भानियाना	1. जैसलमेर, 2. पोखरण, 3. फतेहगढ़, 4.भानियाना
12. जालौर	1.आहोर, 2. जालौर, 3. सयाला, 4. चीतलवाना, 5. जसवन्तपुरा, 6. सांचौर, 7. बागोडा, 8.भीनमाल, 9. रानीवाड़ा	1. आहोर, 2. जालौर, 3. भीनमाल, 4. भद्राजुन, 5. सयाला, 6. रानीवाड़ा, 7. सांचौर, 8. चीतलवाना, 9. बागोडा
13. भीलवाड़ा	1.भीलवाड़ा, 2. बनेडा, 3. मांडल, 4. शाहपुरा, 5. गंगापुर, 6.आसींद, 7. गुलाबपुरा, 8. मांडलगढ़, 9. कोटड़ी, 10. बिजोलिया, 11. जहाजपुर	1. भीलवाड़ा, 2. बनेडा, 3. मांडल, 4. मांडलगढ़, 5. बिजोलिया, 6. कोटड़ी, 7. शाहपुर, 8. जहाजपुर, 9. सहाड़ा, 10. रायपुर, 11.आसींद, 12. हुरड़ा, 13. हमीरगढ़, 14. करेदा, 15. फूलिया कालान, 16. बडनोर
14. टोंक	1. टोंक, 2. मालपुरा, 3. निवाई, 4. उनियारा, 5. टोडारायसिंह, 6. देवली, 7. पीपलु	1. टोंक, 2. मालपुरा, 3. निवाई, 4. उनियारा, 5. टोडारायसिंह, 6. देवली, 7. पीपलु, 8. डूनी
15. बीकानेर	1. बीकानेर, 2. कोलायत, 3. नोखा, 4. लूणकरणसर, 5. खाजुवाका, 6. छत्तरगढ़, 7. पुगाल, 8. डूंगरगढ़	1. बीकानेर, 2. कोलायत, 3. नोखा, 4. लूणकरणसर, 5. खाजुवाका, 6. छत्तरगढ़, 7. पुगाल, 8. डूंगरगढ़
16. चूरू	1. चुरू, 2.रतनगढ़, 3. सुजानगढ़, 4. राजगढ़, 5. सरदारशहर, 6. तारानगर, 7. बिदासर	1. चुरू, 2. रतनगढ़, 3. सुजानगढ़, 4. राजगढ़, 5. सरदारशहर, 6. तारानगर, 7. बिदासर
17. जयपुर	1. जयपुर, 2. आमेर, 3. बस्सी, 4. चाकसू, 5. चौमू, 6. सांभर, 7.कोटपूतली, 8.सांगानेर, 9.फागी 10. शाहपुरा, 11. जमवारामगढ़, 12. विराटनगर, 13. दुदू	1. जयपुर, 2. आमेर, 3. बस्सी, 4. चाकसू 5. चौमू, 6. मौजमाबाद, 7. जमवारामगढ़, 8. कोटपूतली, 9. किशनगढ़ रेनवाल, 10. शाहपुरा, 11. सांगानेर, 12. फागी, 13. विराटनगर, 14. सांभर, 15. जोतवाड़ा, 16. दुदू
18. झुंझुनू	1. झुंझुनू, 2. चिड़ावा, 3. खेतड़ी, 4. बुहाना, 5. उदयपुरवाटी, 6. नवलगढ़, 7. अलसीसर, 8. सूरजगढ़	1. झुंझुनू, 2. चिड़ावा, 3. खेतड़ी, 4. बुहाना, 5. उदयपुरवाटी, 6. नवलगढ़, 7. सूरजगढ़, 8. मलसीसर
19. भरतपुर	1. बयाना, 2. रूपवास, 3. वैर, 4. भूसावर, 5. भरतपुर, 6. कुम्हेर, 7. नदबई, 8. डीग, 9. नागर, 10. कामा, 11. पहाड़ी	1. बयाना, 2. रूपवास, 3. वैर, 4. भूसावर, 5. भरतपुर, 6. कुम्हेर, 7. नदबई, 8. डीग, 9. नागर, 10. कामा, 11. पहाड़ी
20. धौलपुर	1.राजाखेड़ा, 2.सरमाथुरा, 3.बाड़ी, 4. बसेड़ी, 5.धौलपुर, 6.सायपाऊ	1. धौलपुर, 2. सायपाऊ, 3. बाड़ी, 4. बसेड़ी, 5. सरमाथुरा, 6. राजाखेड़ा

जिला 1	उपखण्ड 2	तहसील 3
21. दौसा	1. दौसा, 2. बांदीकुई, 3. लालसोट, 4. नांगल राजावतन, 5. माहवा, 6. सिकराय	1. दौसा, 2. लावाण, 3. बसवा, 4. नांगल राजावतन, 5. लालसोट, 6. माहवा, 7. सिकराय
22. बूंदी	1. बूंदी, 2. नैनवां, 3. हिण्डोली, 4. केशोरायपाटन, 5. तालेडा, 6. इन्द्रगढ़	1. बूंदी, 2. नैनवां, 3. हिण्डोली, 4. इन्द्रगढ़, 5. तालेडा, 6. केशोरायपाटन
23. सवाई माधोपुर	1. सवाई माधोपुर, 2. चौथ का बड़वाड़ा, 3. खंडार, 4. बौली, 5. मालारना डूंगर, 6. गंगापुर सिटी, 7. वजीरपुर, 8. बामनवास	1. सवाई माधोपुर, 2. चौथ का बड़वाड़ा, 3. खंडार, 4. बौली, 5. मालारना डूंगर, 6. गंगापुर सिटी, 7. वजीरपुर, 8. बामनवास
24. डूंगरपुर	1. डूंगरपुर, 2. सीमलवाड़ा, 3. सागवाड़ा, 4. बीछीवाड़ा, 5. आसपुर, 6. गलियाकोट, 7. चिखाली, 8. साबला	1. डूंगरपुर, 2. सीमलवाड़ा 3. सागवाड़ा, 4. बीछीवाड़ा, 5. आसपुर, 6. गलियाकोट, 7. साबला, 8. चिखाली, 9. जोथेरी
25. चित्तौड़गढ़	1. चित्तौड़गढ़, 2. बड़ी सादरी, 3. भदेसर, 4. गंगरार, 5. कपासन, 6. निम्बाहेड़ा, 7. डूंगला, 8. राशमी, 9. रावतभाटा, 10. बेगूं	1. चित्तौड़गढ़, 2. बड़ी सादरी, 3. भदेसर, 4. गंगरार, 5. कपासन, 6. निम्बाहेड़ा, 7. डूंगला, 8. राशमी, 9. रावतभाटा, 10. बेगूं
26. सिरोही	1. सिरोही, 2. शिवगंज, 3. रेवदर, 4. पिंडवाड़ा, 5. माउण्टआबू	1. सिरोही, 2. शिवगंज, 3. रेवदर, 4. पिंडवाड़ा, 5. आबू रोड
27. नागौर	1. नागौर, 2. खींवसर, 3. मेड़ता, 4. जायल, 5. डेगाना, 6. लाडनूं, 7. डीडवाना, 8. परबतसर, 9. नावां, 10. मकराना, 11. कुच्छामन सिटी, 12. रीयानबादी	1. नागौर, 2. खींवसर, 3. मेड़ता, 4. जायल, 5. डेगाना, 6. लाडनूं, 7. डीडवाना, 8. परबतसर, 9. नावां, 10. मकराना, 11. कुच्छामन सिटी, 12. रीयानबादी, 13. मुण्डवा
28. गंगानगर	1. गंगानगर, 2. करणपुर, 3. पद्मपुर, 4. सादूलशहर, 5. रायसिंह नगर, 6. विजयनगर, 7. घड़साना, 8. अनूपगढ़, 9. सूरतगढ़	1. गंगानगर, 2. करणपुर, 3. पद्मपुर, 4. सादूलशहर, 5. रायसिंह नगर, 6. विजयनगर, 7. घड़साना, 8. अनूपगढ़, 9. सूरतगढ़
29. हनुमानगढ़	1. हनुमानगढ़, 2. पीलीबंगा, 3. संगारिया, 4. टिब्बी, 5. रावतसर, 6. नोहर, 7. भद्रा	1. हनुमानगढ़, 2. पीलीबंगा, 3. संगारिया, 4. टिब्बी, 5. रावतसर, 6. नोहर, 7. भद्रा
30. करौली	1. करौली, 2. हिण्डौन, 3. नादौती, 4. सपोटरा, 5. मण्डरायल, 6. टोडाभीम	1. करौली, 2. हिण्डौन, 3. नादौती, 4. सपोटरा, 5. मण्डरायल, 6. टोडाभीम, 7. मासलपुर
31. प्रतापगढ़	1. प्रतापगढ़, 2. छोटी सादड़ी, 3. धरियावाद, 4. पीपलखूंट, 5. अरनोद	1. प्रतापगढ़, 2. छोटी सादड़ी, 3. धरियावाद, 4. पीपलखूंट, 5. अरनोद
32. राजसमन्द	1. राजसमन्द, 2. कुंभलगढ़, 3. भीम, 4. आमेट, 5. रेलमगरा, 6. देवगढ़, 7. नाथद्वारा	1. राजसमन्द, 2. कुंभलगढ़, 3. भीम, 4. आमेट, 5. रेलमगरा, 6. देवगढ़, 7. नाथद्वारा, 8. खामनौर, 9. गडबोर
33. बाड़मेर	1. बाड़मेर, 2. शिव, 3. बायतू, 4. चौहटन, 5. रामसर, 6. सिवाणा, 7. गुढ़ामालानी, 8. बालोतरा	1. बाड़मेर, 2. शिव, 3. बायतू, 4. चौहटन, 5. रामसर, 6. सिवाणा, 7. गुढ़ामालानी, 8. पचपदरा, 9. गीडा, 10. गदरारोड, 11. सिंधारी, 12. धोरीमन्ना, 13. सेडवा, 14. सम्धारी

स्थिति एवं विस्तार

राजस्थान राज्य भारतवर्ष के उत्तरी-पश्चिमी भाग में 23°3' उत्तरी अक्षांश से लेकर 30°12' उत्तरी अक्षांश के मध्य तथा 69°30' पूर्वी देशांतर से 78°17' पूर्वी देशांतर के मध्य स्थित है। यह पश्चिम में पाकिस्तान, पूर्व में उत्तर प्रदेश, उत्तर में पंजाब, उत्तर-पूर्व में हरियाणा, दक्षिण-पूर्व में मध्य प्रदेश तथा दक्षिण में गुजरात आदि राज्यों से घिरा हुआ है। विषमकोणीय चतुर्भुज (Rhombus) के आकार का यह राज्य पूर्व से पश्चिम की ओर 869 किलोमीटर लम्बा एवं उत्तर से दक्षिण की ओर 826 किलोमीटर चौड़ा है।

भौगोलिक दृष्टिकोण से यदि हम नजर डालें तो राजस्थान पूर्व में गंगा-यमुना नदियों के मैदानी दोआब, दक्षिण में विशाल गालवा के पठार और उत्तर और उत्तर-पूर्व में सतलुज-व्यास नदियों द्वारा निर्मित मैदान से घिरा हुआ है। कर्क रेखा इसके दक्षिणी भाग के करीब से गुजरती है।

क्षेत्रफल की दृष्टि से यह भारत का सबसे बड़ा राज्य है। राजस्थान का क्षेत्रफल 3,42,239 वर्ग किलोमीटर है। विश्व के कई देशों की तुलना करें तो हम देखते हैं कि क्षेत्रफल के दृष्टिकोण से राजस्थान बंग्लादेश से दुगने से अधिक, श्रीलंका से पाँच गुना, भूटान से सात गुना, और इजराइल से 17 गुना बड़ा है।

राजस्थान के चार जिले पाकिस्तान से लगी अंतर्राष्ट्रीय सीमा का निर्माण करते हैं। ये जिले हैं—गंगानगर, बीकानेर, जैसलमेर, और बाड़मेर। कुल अंतर्राष्ट्रीय सीमा 1070 किलोमीटर सहित राजस्थान की स्थलीय सीमा 5920 किलोमीटर की है।

राजस्थान का क्षेत्रफल भारत के कुल क्षेत्रफल का 10.41 प्रतिशत (लगभग दसवाँ भाग) है।

वर्तमान भौतिक स्वरूपों की दृष्टि से राजस्थान को चार प्राकृतिक भागों में बाँटा जा सकता है:—

(अ) पश्चिमी मरुस्थलीय भाग   (स) पूर्वी मैदान

(ब) अरावली श्रेणी और पहाड़ी भाग   (द) दक्षिणी-पूर्वी पठार

राजस्थान के प्राकृतिक विभाग : एक नजर में

क्र. सं.	प्राकृतिक विभाग	क्षेत्रफल (%)	जनसंख्या (%)	प्रमुख जिले	प्रमुख नदियाँ
1.	पश्चिमी मरुस्थली भाग	57.4	30	गंगानगर, बीकानेर, पाली, जैसलमेर, बाड़मेर, चुरु, नागौर, सीकर, झुंझनूं सिरोही	जबाई, लूनी, सूकडी व बंडी

क्र. सं.	प्राकृतिक विभाग	क्षेत्रफल (%)	जनसंख्या (%)	प्रमुख जिले	प्रमुख नदियाँ
2.	अरावली श्रेणी एवं पहाड़ी प्रदेश	9.3	14	उदयपुर, डूंगरपुर, अजमेर, राजसमंद, चित्तौड़गढ, जालौर, बांसवाड़ा	माही, साबरमती, खारी, सूकडी, वाणगंगा, घग्घर
3.	पूर्वी मैदान	23.3	43	जयपुर, धौलपुर, टोंक, भरतपुर, दौसा, अलवर, सवाई माधोपुर	बंडच, बजाई, गोलवा, मोरेल, बनास एवं उसकी सहायक नदियां
4.	दक्षिण-पूर्वी पठार	10	13	कोटा, बारां, बूँदी, झालावाड़	पार्वती, चंबल, काली सिंध, चंबल की सहायक नदियां

जलवायु

राजस्थान की जलवायु शुष्क मरुस्थलीय है। भारतीय मानसूनी जलवायु की विशेषताएँ भी राजस्थान में पायी जाती है जिसमें सबसे प्रमुख है ग्रीष्म ऋतु के उपरांत वर्षा का आगमन। अरब सागर से उठी मानसूनी हवा का यह प्रभाव है। शुष्क मरुस्थलीय जलवायु होने के कारण गर्मियों में अत्यधिक गर्मी (40°–50° से.ग्रे.) और सर्दियों में अत्यधिक ठंड (0°–5° से.ग्रे.) पड़ती है। इसके अलावा राजस्थान की जलवायु की अपनी विशेषतायें हैं, यथा– वर्षा का असमान वितरण, पूर्व से पश्चिम की ओर जाने के क्रम में वर्षा की मात्रा का कम होते जाना, गर्मियों में धूल भरी आँधियाँ और जाड़े में कोहरा आदि।

राजस्थान की ऋतुएं

जलवायु के आधार पर पूरे वर्ष को तीन परम्परागत ऋतुओं में बाँटा गया है–
1. ग्रीष्म ऋतु (मार्च से मध्य जून)
2. वर्षा ऋतु (मध्य जून से सितम्बर)
3. शीत ऋतु (अक्टूबर से फरवरी)

राज्य में जिलेवार वर्षा

जिले	औसत वर्षा (से.मी. में)	जिले	औसत वर्षा (से.मी. में)
1	2	1	2
1. अजमेर	52.73	4. बाड़मेर	27.75
2. अलवर	61.16	5. भीलवाड़ा	69.90
3. बांसवाड़ा	92.24	6. बीकानेर	26.37

जिले	औसत वर्षा (से.मी. में)	जिले	औसत वर्षा (से.मी. में)
1	2	1	2
7. चित्तौड़गढ़	58.21	20. भरतपुर	67.15
8. चुरू	32.55	21. बूँदी	76.41
9. धौलपुर	68.00	22. डूंगरपुर	76.17
10. गंगानगर	25.37	23. जालौर	42.16
11. जयपुर	54.82	24. झुंझुनूं	44.45
12. जैसलमेर	16.40	25. पाली	49.04
13. झालावाड़	104.47	26. सिरोही	63.84
14. जोधपुर	31.87	27. टोंक	61.36
15. कोटा	88.86	28. हनुमानगढ़	25.37
16. नागौर	38.86	29. दौसा	53.00
17. सीकर	46.92	30. राजसमंद	63.05
18. सवाई माधोपुर	68.92	31. बारां	90.50
19. उदयपुर	62.45	32. करौली	68.92
		33. प्रतापगढ़	—

जलवायु प्रदेश

तापमान और वर्षा की मात्रा के आधार पर राजस्थान राज्य को निम्नलिखित जलवायु प्रदेशों में विभक्त किया जाता है–

(अ) शुष्क जलवायु

(ब) अर्द्ध शुष्क जलवायु प्रदेश

(स) उप–आर्द्र जलवायु प्रदेश

(द) आर्द्र जलवायु प्रदेश

(य) अति–आर्द्र जलवायु प्रदेश

राजस्थान के जलवायु प्रदेश

जलवायु प्रदेश	औसत तापमान (से॰ग्रे॰ में)	औसत वर्षा (से॰मी॰ में)	प्राकृतिक वनस्पति	अन्तर्गत जिले
1. शुष्क जलवायु	ग्रीष्म ऋतु 34° शीत ऋतु 12°-16°	10 से 20	घास	जैसलमेर, बाड़मेर, बीकानेर, गंगानगर, जोधपुर जिलों के पश्चिमी भाग
2. अर्द्ध-शुष्क जलवायु	ग्रीष्म ऋतु 32° शीत ऋतु 10°-17°	20 से 40	बबूल, कंटीली झाड़ियां	चुरू, सीकर, झुंझुनूं, नागौर, पाली व जालौर के पश्चिमी भाग
3. उप-आर्द्र जलवायु	ग्रीष्म ऋतु 28°-34° शीत ऋतु 12°-18°	40 से 60	अल्पमात्रा में प्राकृतिक वनस्पति	अलवर, जयपुर, अजमेर, झुंझुनूं, सीकर, पाली व जालौर जिलों के पूर्वी भाग; टोंक, भीलवाड़ा और सिरोही के उत्तर पश्चिमी भाग

जलवायु प्रदेश	औसत तापमान (से॰ग्रे॰ में)	औसत वर्षा (से॰मी॰ में)	प्राकृतिक वनस्पति	अन्तर्गत जिले
4. आर्द्र जलवायु	ग्रीष्म ऋतु 32°-36° शीत ऋतु 14°-17°	60 से 80	पतझड़ वनों के नीम, शीशम, पीपल, जामुन आदि के वृक्ष	भरतपुर, धौलपुर, सवाई माधोपुर, बूँदी, कोटा, दक्षिण–पूर्वी टौंक, उत्तरी चित्तौड़गढ़
5. अति-आर्द्र जलवायु	ग्रीष्म ऋतु 34°-36° शीत ऋतु 14°-17°	80 से 150	प्राकृतिक वनस्पति के सम्पन्न क्षेत्र	दक्षिण-पूर्वी कोटा, झालावाड़, बांसवाड़ा, उदयपुर जिले का दक्षिणी-पश्चिमी भाग और माउण्ट आबू के समीपवर्ती भाग

नदियों की जिलेवार स्थिति

क्रम	जिला	नदियों के नाम	क्रम	जिला	नदियों के नाम
1.	अजमेर	बनास, खारी, डाई, सरस्वती, साबरमती	16.	बांसवाड़ा	माही, चैनी, अन्नास
2.	उदयपुर	सोम, जाखम, बनास, साबरमती, बेडच, वाकला	17.	नागौर	लूनी
3.	अलवर	साबी, गौरी, सोटा, काली, रुपारेला	18.	पाली	बांडी, सकूड़ी, लीलड़ी, जवाई
4.	गंगानगर	घग्घर	19.	बाड़मेर	लूनी, सूंकडी
5.	कोटा	चम्बल, पार्वती, कालीसिंध, परवन, निवाज (नवेज), आऊ	20.	बीकानेर	—
			21.	भरतपुर	चम्बल, गम्भीरी, पार्वती, बराह (बरहा), बाणगंगा कुराला
6.	चित्तौड़गढ़	बनास, बामणी, बेडच, वागन, बागली, माही, जाखम, औराई, सीबना, गम्भीरी	22.	बूंदी	
			23.	सीकर	मन्था, कांटली (कान्तली), कावंत
7.	चुरु	—	24.	सिरोही	सूकड़ी, पश्चिम बनास, खारी, किशनावती, भूला, पोसलिया, ओरा, सुखदा
8.	जयपुर	बाणगंगा, ढूँढ, बांडी, साबी, मोरेल, डाई, सोतामाशी, सखा			
9.	जोधपुर	लूनी, जोजरी, मीठड़ी (माठड़ी)	25.	भीलवाड़ा	बनास, बेड़च, कोठारी, मानसी, खारी मेनाली
10.	जालौर	सूकड़ी, लूनी, बॉडी, जवाई	26.	सवाई माधोपुर	बनास, चम्बल, मोरेल
11.	जैसलमेर	काकनी (काकनेन), चांथन (चांधण), लाठी, धोगड़ी, धऊआ	27.	धौलपुर	चम्बल
			28.	दौसा	बाणगंगा, मोरेल
12.	टोंक	बनास, बांडी, माशी	29.	बारां	पार्वती, परवन, कुकू
13.	झुंझुनूं	कांटली	30.	राजसमंद	बनास, चन्द्रभान, खारी
14.	झालावाड़	कालीसिंध, छोटी काली सिन्ध, निवाज, पार्वती	31.	हनुमानगढ़	घग्घर
			32.	करौली	चम्बल, बनास, गम्भीरी
15.	डूंगरपुर	माही, सोम, सोनी	33.	प्रतापगढ़	—

राज्य के नदी तट पर बसे नगर

1.	भीलवाड़ा	कोठारी	2.	सुमेरपुर	जवाई
3.	पाली	बांडी	4.	शिवगंज	जवाई
5.	टोंक	बनास	6.	विजयनगर	खारी
7.	हनुमानगढ़	घग्घर	8.	गुलाबपुरा	खारी
9.	नाथद्वारा	बनास	10.	बालोतरा	लूणी
11.	सूरतगढ़	घग्घर	12.	जालौर	सूकड़ी
13.	अनूपगढ़	घग्घर	14.	झालावाड़	कालीसिंध
15.	सवाईमाधोपुर	बनास	16.	कोटा	चम्बल

राज्य की नदियों के उपनाम

क्र.सं.	नदी	उपनाम	क्र.सं.	नदी	उपनाम
1.	चम्बल	कामधेनु, चर्मण्वती	4.	माही	बागड़ व कांठल की गंगा
2.	लूणी	लवणवती	5.	घग्घर	मृत नदी
		(खारे पानी की नदी)	6.	बनास	वन की आशा
3.	काकनेय	मसूरड़ी नदी	7.	बाणगंगा	अर्जुन की गंगा

प्रमुख नदियों के उद्गम स्थल

क्रम संख्या	नदियाँ	उद्गम स्थल
1.	लूणी नदी	नाग पहाड़, अरावली पर्वत (अजमेर)
2.	चम्बल नदी	जनापाव पहाड़ी, महू (मध्य प्रदेश)
3.	बनास नदी	खमनौर पहाड़ियाँ, कुम्भलगढ़ (उदयपुर)
4.	माही नदी	विंध्याचल पहाड़ियाँ, झाबुआ (मध्य प्रदेश)
5.	पार्वती नदी	विंध्याचल पर्वत (मध्य प्रदेश)
6.	काली सिंध नदी	वागली गाँव, देवास (मध्य प्रदेश)
7.	घग्घर	कालका की पहाड़ियाँ, शिमला (हिमाचल प्रदेश)
8.	बाणगंगा नदी	बैराठ की पहाड़ियाँ (जयपुर)
9.	साबरमती नदी	पदराड़ा की पहाड़ियाँ, कुभलगढ़ (उदयपुर)
10.	कोठारी नदी	देवास, उदयपुर
11.	काकनी नदी	कोटरी की पहाड़ियाँ, जैसलमेर
12.	कान्तली नदी	खण्डेला पहाड़ियाँ, सीकर
13.	बेड़च नदी	गोगुन्दा की पहाड़ियाँ, उदयपुर
14.	सोम नदी	बीछामेड़ा, उदयपुर
15.	जाखम नदी	छोटी सादड़ी, चित्तौड़गढ़

राजस्थान की प्रमुख झीलें

राजस्थान में मीठे पानी की झीलें—जयसमन्द, राजसमन्द, पिछौला, आनासागर, फाईसागर, बालसमन्द, कोलायत, उदयसागर, सिलिसेढ़ व फतेहसागर आदि।

राजस्थान में खारे पानी की झीलें—सांभर, पंचभद्रा, डीडवाना, लूनकरणसर, फलादी, कछोर, रेवासा व कावोद (जैसलमेर) आदि।

झीलों की जिलेवार स्थिति

स्थान	झील एवं बांध	स्थान	झील एवं बांध
1. उदयपुर	: जयसमंद, राजसमंद, उदयसागर, स्वरूपसागर, फतेहसागर तथा पिछौला झील	11. भरतपुर	: बारेण बाँध, शाही बाँध तथा बन्ध बारेठा
2. चित्तौड़गढ़	: भूपालसागर तथा राणा प्रताप सागर	12. चुरू	: छापर ताल
		13. पाली	: जवाई बाँध, बांकली, सरदार समंद व हेमवास बाँध
3. बीकानेर	: गजनेर, अनूपसागर, सूरसागर, कोलायत लूनकरणसर झील	14. जोधपुर	: बीसलपुर बाँध, बालसमंद, प्रतापसागर, उम्मेदसागर, कामलाना, तख्त सागर, पिचियाक बाँध
4. बूँदी	: नवलखा झील		
5. धौलपुर	: तालाब शाही	15. नागौर	: डीडवाना झील
6. जैसलमेर	: अमरसर, गढ़ीसर, धारसीसागर तथा बुफसागर	16. जयपुर	: रामगढ़ बाँध, छापरवाड़ा बाँध, गलता झील तथा सांभर झील
7. कोटा	: कोटा बाँध तथा जवाहरसागर बाँध		
		17. बाँसवाड़ा	: कड़ाणा बाँध तथा बजाजसागर बाँध
8. भीलवाड़ा	: मांडल ताल, उम्मेदसागर, सरेरी बाँध, मेजा बाँध, अखड़ बाँध, खारी बाँध तथा जैतपुर बाँध	18. अलवर	: सिलिसेढ़ व राजसमंद झील
		19. अजमेर	: पुष्कर, आनासागर, फाईसागर व नारायणसागर झील
9. सिरोही	: नक्की झील (आबू पर्वत)		
10. डूंगरपुर	: गैव सागर	20. बाड़मेर	: पचपदरा झील

राजस्थान की प्रमुख पर्वत चोटियाँ

पर्वतीय चोटी का नाम	जिला	ऊंचाई (मीटर में)
गुरुशिखर	सिरोही	1,722
सेर	सिरोही	1,597
दिलवाड़ा	सिरोही	1,442
अचलगढ़	सिरोही	1,380
कुम्भलगढ़	राजसमंद	1,224
जरगा	उदयपुर	1,223
घोनिया डूंगर	राजसमंद	1,183
रघुनाथगढ़	सीकर	1,052
कमलनाथ	उदयपुर	1,001
गोरमजी	राजसमन्द	934
तारागढ़	अजमेर	870
नाग पहाड़	अजमेर	795
भैराच	अलवर	792
बरवाड़ा	जयपुर	786
बबाई	झुंझनू	780
बिलाली	अलवर	775
मनोहरपुर	जयपुर	747
कांकवाड़ी (सरिस्का)	अलवर	677
जयगढ़	जयपुर	648

राजस्थान की मिट्टियाँ

राजस्थान राज्य के अधिकतर भाग में मरुभूमि का विस्तार है, जहाँ अधिकांशतः बालूमय मिट्टी का संयोजन ही संभव है। राजस्थान का पश्चिमी भाग एक विशाल रेतीला मैदान है जिसे थार मरुभूमि के रूप में हम लोग देखते हैं। इसमें यत्र-तत्र पहाड़ियों एवं शैलों के समूह पाये जाते हैं। इस पश्चिमी भाग में मिट्टी की उर्वरता पश्चिम और उत्तर-पश्चिम से पूर्व और उत्तर—पूर्व की ओर बढ़ती जाती है। राजस्थान के अधिकांश भागों की मिट्टियाँ क्षारीय गुणों से युक्त हैं।

मिट्टियों की स्थानिक अवस्थिति, उनकी मुख्य विशेषताएँ और कृषि के लिए उनकी उपयुक्तता के आधार पर राज्य की मिट्टियों को निम्न भागों में बाँटा जा सकता है :

1. रेतीली मिट्टी

2. भूरी और रेतीली मिट्टी

3. लाल और पीली मिट्टी

4. लाल लोमी मिट्टी

5. मिश्रित लाल और काली मिट्टी

6. मध्यम प्रकार की काली मिट्टी

7. कॉप मिट्टी या कछारी मिट्टी

8. भूरी रेतीली कछारी मिट्टी

वन संसाधन

भारत राज्य वन रिपोर्ट 2017 (उपग्रह से प्राप्त आंकड़ों के आधार पर) के अनुसार राजस्थान के 16,572 वर्ग किमी. क्षेत्र पर वन विद्यमान है जो राज्य के कुल क्षेत्रफल का 4.84 प्रतिशत है। कुल वन क्षेत्रफल में 78 वर्ग किमी अति घने वन, 4340 वर्ग किमी सामान्य घने वन तथा 12,154 वर्ग किमी खुले वन के रूप में हैं।

राजस्थान में जिलानुसार वन क्षेत्र

क्र॰ सं॰	जिला	भौगोलिक क्षेत्रफल (वर्ग किमी)	वन क्षेत्र (वर्ग किमी)	भौगोलिक क्षेत्र का प्रतिशत
1.	अजमेर	8,481	299	3.53
2.	अलवर	8,380	1,197	14.28
3.	बांसवाड़ा	4,522	261	5.77
4.	बारां	6,992	1,013	14.49
5.	बाड़मेर	28,387	273	0.96
6.	भरतपुर	5,066	229	4.52
7.	भीलवाड़ा	10,455	221	2.11

क्र॰ सं॰	जिला	भौगोलिक क्षेत्रफल (वर्ग किमी)	वन क्षेत्र (वर्ग किमी)	भौगोलिक क्षेत्र का प्रतिशत
8.	बीकानेर	30,239	247	0.82
9.	बूंदी	5,776	558	9.66
10.	चित्तौड़गढ़	7,822	989	12.64
11.	चुरू	13,835	82	0.59
12.	दौसा	3,432	117	3.41
13.	धौलपुर	3,033	419	13.81
14.	डूंगरपुर	3,770	291	7.72
15.	गंगानगर	10,978	113	1.03
16.	हनुमानगढ़	9,656	90	0.93
17.	जयपुर	11,143	552	4.95
18.	जैसलमेर	38,401	313	0.82
19.	जालौर	10,640	275	2.58
20.	झालावाड़	6,219	439	7.06
21.	झुंझुनूं	5,928	196	3.31
22.	जोधपुर	22,850	105	0.46
23.	करौली	5,524	870	15.75
24.	कोटा	5,217	550	10.54
25.	नागौर	17,718	143	0.81
26.	पाली	12,387	674	5.44
27.	प्रतापगढ़	4,449	1,044	23.47
28.	राजसमन्द	4,655	511	10.98
29.	सवाई माधोपुर	4,498	466	10.36
30.	सीकर	7,732	192	2.48
31.	सिरोही	5,136	914	17.80
32.	टोंक	7,194	165	2.29
33.	उदयपुर	11,724	2,764	23.58
	राजस्थान	3,42,239	16,572	4.84

 राजस्थान का इतिहास

वंश	राज्य	वंश	राज्य
1. चौहान	बूंदी, कोटा, सिरोही	5. परमार	दांता ठिकाना
2. यादव	जैसलमेर और करौली	6. राठौड़	जोधपुर, बीकानेर, किशनगढ़
3. गहलोत	उदयपुर, डूंगरपुर, बांसवाड़ा	7. भाटी	जैसलमेर
4. कछवाहा	जयपुर, अलवर, प्रतापगढ़	8. झाला	झालावाड़

राजस्थान के इतिहास की प्रमुख घटनाएँ एवं तिथियाँ

इतिहास की तिथियाँ	ऐतिहासिक घटनाएँ
5000 ई. पू.	कालीबंगा की सभ्यता
3500 ई. पू.	आहड़ की सभ्यता
1000-600 ई. पू.	आर्य सभ्यता
200-600 ई. पू.	जनपद युग
350-600 ई.	गुप्त वंश का राजस्थान में प्रवेश
600 ई.	हर्ष राजगद्दी पर बैठा
630 ई.	चीनी यात्री ह्वेनसांग का भारत आगमन
631 ई.	सिन्ध के शासक चच ने चित्तौड़ पर आक्रमण किया
725 ई.	चित्तौड़ पर अरबों का प्रथम आक्रमण
728 ई.	बप्पा रावल ने चित्तौड़ में मेवाड़ राज्य की स्थापना की
731 ई.	तन्नौट (जैसलमेर राज्य) का किला बना
736 ई.	गुर्जर राज्य की समाप्ति पर चौहान राजस्थान में आए
944 ई.	सदापलक्ष के चौहानों ने रणथम्भौर के दुर्ग का निर्माण कराया
956 ई.	सिंहराज प्रथम ने हर्षनाथ पहाड़ (सीकर) पर शिव मंदिर बनवाया
1024 ई.	महमूद गजनवी ने अजमेर पर आक्रमण किया
1031 ई.	दिलवाड़ा में विमलशाह द्वारा आदिनाथ मंदिर का निर्माण
1044 ई.	बड़गुर्जर नरेश अजयपाल ने राजोरगढ़ (अलवर) में नीलकण्ठ महादेव का मन्दिर बनवाया
1113 ई.	अजयराज द्वारा **अजमेर** (अजयमेरु) की स्थापना
1119 ई.	मोहम्मद बाहलीम द्वारा **नागौर किले** का निर्माण
1135 ई.	अर्णोराज द्वारा आनासागर झील (अजमेर) का निर्माण
1155 ई.	(जुलाई 12) राव जैसल द्वारा **जैसलमेर** की स्थापना
1158 ई.	यादव तवनपाल बयाना के नजदीक तवनगढ़ का निर्माण
1191 ई.	पृथ्वीराज चौहान और मोहम्मद गोरी के मध्य तराइन का प्रथम युद्ध हुआ जिसमें गोरी पराजित हुआ

इतिहास की तिथियाँ	ऐतिहासिक घटनाएँ
1192 ई.	पृथ्वीराज चौहान और मोहम्मद गोरी के मध्य तराइन का द्वितीय युद्ध हुआ जिसमें पृथ्वीराज पराजित हुए
1195 ई.	प्रसिद्ध सूफी संत एवं भारत में चिश्ती सिलसिला के संस्थापक मोइनुद्दीन चिश्ती का अजमेर आगमन
1213 ई.	अजमेर में मंदिर को तोड़कर मस्जिद (**अढ़ाई दिन का झोपड़ा**) में परिवर्तित किया गया
1230 ई.	दिलवाड़ा में तेजपाल और वस्तुपाल ने नेमिनाथ मंदिर बनवाया
1234 ई.	रावल जैतसिंह द्वारा समसुद्दीन इल्तुतमिश पर विजय
1236 ई.	अजमेर में ख्वाजा मोइनुद्दीन चिश्ती की मृत्यु
1237 ई.	मेवाड़ के राणा समरसिंह ने मुगलों को हराया
1242 ई.	राजा देशराज हाड़ा द्वारा **बूँदी राज्य** की स्थापना
1246 ई.	बारड़देव परमार ने **बाड़मेर** बसाया
1266 ई.	पाबू राठौड़ और जिन्दाराव खींच के मध्य युद्ध, पाबू की मौत
1272 ई.	रावसिंहा राठौड़ की मृत्यु
1294 ई.	चन्द्रावती के राजकुमार प्रहलाद परमार ने प्रहलाद पाटन (पालनपुर) बसाया
1299 ई.	अलाउद्दीन खिलजी का चित्तौड़ और बागड़ पर पहला आक्रमण
1301 ई.	रणथम्भौर पर अलाउद्दीन खिलजी का कब्जा और राणा हमीर चौहान परास्त।
1303 ई.	अलाउद्दीन खिलजी ने राणा रत्नसिंह को परास्त किया, खिलजी ने चित्तौड़ पर विजय करके अपने पुत्र खिज़्रखाँ को वहां का शासक बनाया और चित्तौड़ का नाम खिज़्राबाद रखा
1304 ई.	अलाउद्दीन खिलजी ने जैसलमेर पर हमला किया
1305 ई.	अलाउद्दीन खिलजी ने जालौर पर हमला किया
1310 ई.	अलाउद्दीन की सेना ने सांचोरे के महावीर मंदिर को नष्ट किया
1314 ई.	अलाउद्दीन ने जालौर पर कब्जा किया
1326 ई.	राणा हमीर द्वारा चित्तौड़ पर पुनः अधिकार
1348 ई.	महाराजा अर्जुन देव ने कल्याणपुर (करौली) बसाया
1354 ई.	राव नरसिंह ने बूँदी में तारागढ़ दुर्ग बनवाया
1358 ई.	डूँगरसिंह ने डूँगरपुर बसाया
1393 ई.	नयनचन्द्र सूरी ने 'हमीर महाकाव्य' नामक चौहानों का इतिहास लिखा
1404 ई.	(जनवरी 3) संत रामदेव का जन्म
1439 ई.	मेवाड़ की सेना ने मंडोर व सादड़ी पर अधिकार किया
1440 ई.	महाराणा कुम्भा द्वारा चित्तौड़ में विजय स्तम्भ बनवाया गया
1451 ई.	(अगस्त 20) विश्नोई मत के प्रवर्तक जाम्भौजी का जन्म, फतेहपुर के गढ़ की नींव रखी गई तथा नया शहर बसाया गया
1453 ई.	(अगस्त 25) महाराणा कुम्भा द्वारा अचलगढ़ दुर्ग (आबू पहाड़) की स्थापना की गई
1456 ई.	महाराणा कुम्भा द्वारा गुजरात की सेना को हराकर नागौर पर विजय
1458 ई.	(अगस्त 20) संत रामदेव ने जीवित समाधि ली
1459 ई.	(मई 12) राव जोधा द्वारा जोधपुर नगर बसाया गया
1464 ई.	अजमेर में ख्वाजा मोइनुद्दीन चिश्ती की कब्र पर पक्के गुबंद का निर्माण

इतिहास की तिथियाँ	ऐतिहासिक घटनाएँ
1465 ई.	(दिसम्बर 30) राव जोधा के पुत्र बीका द्वारा **बीकानेर** राज्य की स्थापना
1468 ई.	महाराणा कुम्भा के बड़े पुत्र उदयसिंह द्वारा कुम्भा की हत्या
1477 ई.	सिरोही के चौमुखा जैन मंदिर का निर्माण
1478 ई.	वल्लभ सम्प्रदाय के संस्थापक श्री वल्लभाचार्य का जन्म
1482 ई.	(अप्रैल 12) महाराणा संग्राम (सांगा) का जन्म
1485 ई.	राव बीका ने बीकानेर में राती घाटी पर किला बनवाया
1504 ई.	(जुलाई 12) प्रसिद्ध कवयित्री **मीराबाई** का जन्म
1506 ई.	भटनेर (हनुमानगढ़) को सिकन्दर लोदी ने जीता
1509 ई.	राणा संग्राम सिंह मेवाड़ के शासक बने
1518 ई.	महाराणा जगमाल सिंह द्वारा **बाँसवाड़ा** राज्य की स्थापना
1526 ई.	(जनवरी 30) जाम्भोजी की तालवा गांव में मृत्यु
1527 ई.	खानवा का युद्ध, महाराणा सांगा की बाबर के हाथों पराजय
1528 ई.	(मई 20) महाराणा सांगा की जहर खाने से मृत्यु
1532 ई.	राव मालदेव मारवाड़ के शासक बने और गुजरात के बहादुरशाह ने चित्तौड़ पर आक्रमण किया
1535 ई.	राव मालदेव ने अजमेर पर कब्जा किया
1537 ई.	राणा उदयसिंह को मेवाड़ का शासक घोषित किया गया
1538 ई.	मालदेव का सियाणा और जालौर पर अधिकार
1540 ई.	(मई 9) महाराणा प्रतापसिंह का जन्म
1544 ई.	शेरशाह का रणथम्भौर, चित्तौड़, मारवाड़, नागौर तथा अजमेर पर अधिकार
1544 ई.	राव मालदेव और शेरशाह के मध्य सामेल का युद्ध, मालदेव की पराजय
1547 ई.	भारमल आमेर के शासक बने
1549 ई.	राजस्थान के प्रसिद्ध कवि पृथ्वीराज का जन्म
1550 ई.	(दिसम्बर 6) आमेर के मिर्जा राजा मानसिंह का जन्म
1559 ई.	(फरवरी 7) महाराणा उदयसिंह ने उदयपुर बसाया
1560 ई.	(जून 12) श्री वल्लभाचार्य की मृत्यु
1562 ई.	राव मालदेव की मृत्यु और राव चन्द्रसेन मारवाड़ के शासक बने
1562 ई.	अकबर ने अजमेर टकसाल से पहला तांबे का सिक्का जारी किया
1562 ई.	भारमल (आमेर नरेश) की पुत्री के साथ अकबर का विवाह सम्पन्न
1564 ई.	जोधपुर पर मुगलों का अधिकार
1568 ई.	(फरवरी 24) अकबर ने चित्तौड़ में कत्लेआम कर कब्जा किया, जयमल एवं पत्ता की मृत्यु
1568 ई.	(मार्च 2) मीराबाई की मृत्यु
1570 ई.	(जनवरी 20) अकबर की आगरा से अजमेर तक 16 दिन की पैदल यात्रा, अजमेर में उसने अकबर मजलिस दरगाह में बनवाई
1572 ई.	उदयसिंह की मृत्यु और महाराणा प्रताप का राज्याभिषेक
1573 ई.	मानसिंह की महाराणा प्रताप से मुलाकात
1574 ई.	आमेर के राजा भारमल की मृत्यु
1576 ई.	(जून 18) महाराणा प्रताप और मुगल सेनापति मानसिंह के बीच हल्दी घाटी का युद्ध—महाराणा प्रताप हारे
1578 ई.	मुगल सेना का कुम्भेलगढ़ पर अधिकार और प्रताप का छप्पन की पहाड़ियों में प्रवेश

इतिहास की तिथियाँ	ऐतिहासिक घटनाएँ
1581 ई.	(जनवरी 11) राव चन्द्रसेन की मृत्यु
1585 ई.	(फरवरी 13) आमेर के भगवानदास की पुत्री का शाहजादा सलीम के साथ विवाह सम्पन्न
1593 ई.	तिलवाड़ा में पशु मेला लगना शुरू हुआ
1594 ई.	(जनवरी 17) रायसिंह ने बीकानेर के वर्तमान किले का निर्माण पूर्ण कराकर प्रतिष्ठा करवाई
1596 ई.	किशनसिंह द्वारा किशनगढ़ की स्थापना
1597 ई.	महाराणा प्रताप की चांवड में मृत्यु, अमर सिंह गद्दी पर बैठे
1600 ई.	(जनवरी 16) भामाशाह की मृत्यु
1600 ई.	(दिसम्बर 31) महारानी एलिजाबेथ ने ईस्ट इण्डिया कम्पनी को भारत में 15 वर्ष के लिए व्यापार करने की अनुमति दी
1606 ई.	जोधपुर नगर के बाहर महाराजा शूरसिंह ने शूरसागर तालाब बनवाया
1614 ई.	(जुलाई 6) मिर्जा मानसिंह का देहान्त
1615 ई.	राणा अमरसिंह द्वारा मुगलों से सन्धि, जहाँगीर ने तारागढ़ (अजमेर) की घाटी में 'चश्मेनूर' महल बनवाया
1621 ई.	मिर्जा राजा जयसिंह आमेर के शासक बने
1625 ई.	जहाँगीर की आज्ञा से माधोसिंह कोटा की राजगद्दी पर बैठे
1636 ई.	अजमेर की दरगाह में शाहजहाँ ने जामा मस्जिद बनवाई
1637 ई.	शाहजहाँ ने अजमेर की अन्नासागर झील पर बारहदरियाँ बनवाई
1638 ई.	(अगस्त 13) राठौड़ दुर्गादास का जन्म
1652 ई.	(मई 13) जगतसिंह प्रथम द्वारा जगदीश मंदिर (उदयपुर) का निर्माण
1660 ई.	राजसिंह द्वारा राजसमन्द की स्थापना
	टप्पा जावरा के जाट सरदार नन्दराम ने जाटों को संगठित किया
1663 ई.	जोधपुर के जसवंतसिंह की हाड़ी रानी ने 'राई का बाग' बनवाया
1673 ई.	(फरवरी 10) चौपासनी (जोधपुर) से श्रीनाथजी की प्रतिमा नाथद्वारा ले जाकर स्थापित की गई
1706 ई.	(मार्च 6) जोधसिंह हाड़ा (बूंदी) गणगौर की प्रतिमा सहित तालाब में डूब मरे
1719 ई.	फतेहपुर (शेखावाटी) के नवाब कायमखां ने झुंझुनूं पर कब्जा किया
1727 ई.	(नवम्बर 25) सवाई जयसिंह ने **जयपुर** नगर बसाया
1733 ई.	जाट राजा सूरजमल द्वारा **भरतपुर** राज्य की स्थापना
1734 ई.	जयपुर में गोविन्द देवजी के मंदिर की स्थापना
1735 ई.	(फरवरी 28) मराठों ने साँभर को लूटा
1737 ई.	नवलसिंह द्वारा नवलगढ़ बसाया गया
1743 ई.	(सितम्बर 21) जयपुर नरेश सवाई जयसिंह की मृत्यु
1751 ई.	केशरसिंह ने बिसाऊ नगर बसाया
1755 ई.	गोपालसिंह द्वारा खेतड़ी कस्बा बसाया गया
1771 ई.	कछवाहा वंश के राव प्रतापसिंह द्वारा **अलवर** राज्य की स्थापना
1781 ई.	जोधपुर टकसाल में शुद्ध सोने की मोहरे बनने लगी
1788 ई.	पाली में टकसाल स्थापित की गई
1791 ई.	रामगढ़ सेठाना (शेखावाटी) की स्थापना
1798 ई.	जार्ज टॉमस ने फतेहपुर पर अधिकार किया

इतिहास की तिथियाँ	ऐतिहासिक घटनाएँ
1803 ई.	(नवम्बर 1) दौलतराव सिंधिया और लार्ड लेक के मध्य लस्वरी का युद्ध हुआ जिसमें सिंधिया की हार हुई
1803 ई.	(दिसम्बर 12) अंग्रेजों से जयपुर महाराज की मित्रता और सन्धि हुई
1805 ई.	(जनवरी 2) जोधपुर नरेश मानसिंह ने जोधपुर के किले में हस्तलिखित पुस्तकों का एक पुस्तकालय 'पुस्तक प्रकाश' स्थापित किया
1807 ई.	लक्ष्मणगढ़ (सीकर) की स्थापना
1811 ई.	जयपुर के महाराजा पृथ्वीसिंह द्वितीय के पुत्र मानसिंह ने अपने को जयपुर का राजा घोषित किया
1818 ई.	(जुलाई 28) अजमेर पर अंग्रेजों का अधिकार हुआ
1818 ई.	विभिन्न रियासतों यथा—कोटा, बीकानेर, किशनगढ़, जयपुर, उदयपुर, बांसवाड़ा, बीकानेर, प्रतापगढ़, सिरोही, डूंगरपुर, जैसलमेर आदि के शासकों ने अंग्रेजों से सन्धि की
1835 ई.	अंग्रेजों ने शेखावाटी और तोराटी पर कब्जा करके 'शेखावाटी बिग्रेड' का गठन किया
1838 ई.	(अप्रैल 10) झाला वंशजो द्वारा झालावाड़ राज्य की स्थापना
1839 ई.	जयपुर और जोधपुर राज्यों में न्यायालय की स्थापना
1844 ई.	जयपुर में महाराजा कॉलेज की स्थापना
1854 ई.	सिरोही नरेश शिवसिंह ने शिवगंज बसाया
1857 ई.	(मई 28) नसीराबाद छावनी में सैनिक विद्रोह
1858 ई.	(मई 24) राजपूताना के सिक्कों पर महारानी विक्टोरिया का नाम शुरु
1861 ई.	(सितम्बर 7) जयपुर में मेडिकल कॉलिज की स्थापना
1862 ई.	(सतम्बर 15) प्रसिद्ध इतिहासकार गौरीशंकर हीराचन्द ओझा का जन्म
1868 ई.	(फरवरी 17) अजमेर में राजकीय कॉलेज की स्थापना
1875 ई.	(अक्टूबर 21) अजमेर में मेयो कॉलेज की स्थापना
1881 ई.	(जनवरी 1) अहमदाबाद से अजमेर तक रेलवे लाइन शुरु
1889 ई.	(नवम्बर 4) जमनालाल बजाज का जन्म
1891 ई.	ब्यावर में प्रथम कपड़ा मिल (कृष्णा मिल) खुली
1893 ई.	जोधपुर में कॉलेज की स्थापना
1896 ई.	अजमेर रेलवे कारखाने में प्रथम रेल इंजन बना
1897 ई.	किशनगढ़ में कपड़ा मिल खुली
1898 ई.	पलाना (बीकानेर) में कोयला निकालने का कार्य प्रारम्भ
1903 ई.	जयपुर में नई डाक पद्धति लागू
1906 ई.	(नवम्बर 3) जोधपुर में सबसे पहले महाराजा ने मोटरगाड़ी का उपयोग प्रारम्भ किया
1913 ई.	लाखेरी में सीमेंट का कारखाना खुला
1915 ई.	अजमेर में भारतीय राष्ट्रीय कांग्रेस की स्थापना
1918 ई.	बिजोलिया किसान आन्दोलन
1927 ई.	वाइसरॉय लॉर्ड इरविन द्वारा गंगानहर का उद्घाटन
1929 ई.	(नवम्बर 18) जोधपुर में उम्मेद भवन की नींव रखी गई
1929 ई.	अजमेर में हाईस्कूल तथा इन्टरमीडिएट शिक्षा बोर्ड की स्थापना
1935 ई.	वनस्थली विद्यापीठ नामक संस्था की स्थापना

इतिहास की तिथियाँ	ऐतिहासिक घटनाएँ
1943 ई.	जयपुर राज्य में हिन्दी व उर्दू को राजभाषा घोषित किया गया
1946 ई.	जैसलमेर जेल में सागरमल गोपा को पेट्रोल डाल कर जलाया गया
1947 ई.	(जुलाई 1) जयपुर में राजस्थान विश्वविद्यालय की स्थापना
1948 ई.	(मार्च 18) मत्स्य संघ की स्थापना
1948 ई.	(अप्रैल 25) राजस्थान संघ की स्थापना
1948 ई.	(अप्रैल 18) संयुक्त राजस्थान की स्थापना
1949 ई.	(मार्च 30) वृहद् राजस्थान की स्थापना
1949 ई.	(मई 15) संयुक्त वृहद् राजस्थान की स्थापना
1950 ई.	(जनवरी 26) राजस्थान संघ की स्थापना
1956 ई.	(नवम्बर 1) वर्तमान राजस्थान की स्थापना
1957 ई.	(दिसम्बर 14) राजस्थान माध्यमिक शिक्षा अधिनियम लागू
1958 ई.	(अगस्त 11) राजस्थान तौलमाप अधिनियम लागू
1963 ई.	(मार्च 14) जयनारायण व्यास की मृत्यु
1964 ई.	(फरवरी 13) राजस्थान जन्म, मृत्यु व विवाह पंजीकरण अधिनियम लागू
1965 ई.	(अक्टूबर 10) राजस्थान साहुकारी अधिनियम लागू
1966 ई.	(फरवरी 10) राजस्थान हकशफा, अधिनियम लागू
1966 ई.	(फरवरी 25) राजस्थान प्राथमिक शिक्षा अधिनियम लागू

प्रमुख नगर एवं संस्थापक

नगर	संस्थापक	नगर	संस्थापक
1. जोधपुर	राजा जोधा	13. जहाजपुर	राजा जनमेजय
2. बीकानेर	राजा बीका	14. खिजराबाद	खिज्र खाँ
3. जयपुर	सवाई जयसिंह	15. किशनगढ़	किशन सिंह राठौड़
4. जैसलमेर	भाटी जैसल	16. उदयपुर	राणा उदयसिंह
5. श्रीगंगानगर	राजा गंगा सिंह	17. सुजानगढ़	महाराज सुजान सिंह
6. उम्मेद नगर	उम्मेद सिंह	18. सरदार शहर	महाराज सरदार सिंह
7. डूंगरगढ़	राजा डूँगर सिंह	19. सूरत गढ़	महाराज सूरत सिंह
8. अजमेर	अजयराज	20. रतनगढ़	महाराज रतन सिंह
9. अलवर	राव प्रताप सिंह	21. प्रतापगढ़	महारावल प्रताप सिंह
10. भरतपुर	राजा सूरजमल	22. पंचकुंड	पाण्डव
11. चित्तौड़गढ़	चित्रांगद मौर्य	23. शाहपुरा	शाहजहाँ
12. दौराय	दारा		

महत्त्वपूर्ण नगरों के प्राचीन नाम

वर्तमान नाम	प्राचीन नाम	वर्तमान नाम	प्राचीन नाम
1. अलवर	आलौर	6. बृजनगर	झालरापाटन
2. अरावली	आड़वाल	7. बयाना	श्रीपंथ
3. तारागढ़	गढ़बीरली	8. बैराठ	विराट
4. सांचौर	सत्यपुर	9. धौलपुर	कोठी
5. बूंदी	हड़ौती	10. चित्तौड़	खिजराबाद

वर्तमान नाम	प्राचीन नाम	वर्तमान नाम	प्राचीन नाम
11. हनुमानगढ़	भटनेर	17. नगरी	माध्यमिका
12. जैसलमेर	माड़	18. नागौर	अक्षत्रियपुर
13. जयसमंद	ढेबर	19. रामदेवरा	रूणेचा
14. जोधपुर	मरुभूमि	20. बीकानेर	जांगल
15. करौली	गोपाल पाल	21. डूंगरपुर एवं बासंवाड़ा	बांगड
16. मेवाड़	मेदपाट	22. प्रतापगढ़	कोठल

राजा और उनके सिक्के

राजा	सिक्के
1. महाराजा स्वरूप सिंह (उदयपुर)	स्वरूपशाही
2. महाराजा अखैसिंह (जैसलमेर)	अखैशाही
3. महाराजा विजय सिंह (जोधपुर)	विजयशाही

मुख्य महल

महल का नाम	स्थान/निर्माणकर्ता	महल का नाम	स्थान/निर्माणकर्ता
1. राणा कुम्भा महल	चित्तौड़गढ़	15. खुश महल	उदयपुर सज्जन सिंह, 1874
2. विनय विलास महल	अलवर	16. खेतरी महल	झुंझुनू
3. गोपाल भवन	डीग	17. सरिस्का महल	अलवर ('ड्यूक ऑफ कनॉट' के सम्मान में इसका निर्माण हुआ है।)
4. चन्द्रमहल	जयपुर		
5. रामबाग पैलेस	जयपुर (महाराजा रामसिंह 1835-80)		
6. हवा महल	जयपुर (महाराणा प्रताप सिंह, 1778-1803)	18. अनूप महल	बीकानेर (महाराजा अनूप सिंह, 1687)
7. जग मंदिर महल	उदयपुर	19. फूल महल	अभय सिंह
8. जग निवास महल	उदयपुर	20. उम्मेद भवन	जोधपुर
9. जूना महल	डूंगरपुर	21. जवाहर महल	जैसलमेर
10. सिटी पैलेस	अलवर	22. लालगढ़ महल	बीकानेर
11. शीशमहल	आमेर	23. बादल महल	जैसलमेर
12. सिसोदिया रानी का महल	जयपुर (जयसिंह द्वितीय)	24. तुलाती महल	जोधपुर
13. मुबारक महल	जयपुर (महाराज माधो सिंह)	25. मोती महल	शेरशाह सूरी
14. मोती डूंगरी महल	लालजी मोती सिंह, 1930	26. विजय मंदिर पैलेस	अलवर

प्रमुख छतरियां

छतरियों का स्थान	राजवंश/राजा	छतरियों का स्थान	राजवंश/राजा
1. अलवर	राणा बख्तावर सिंह	5. मण्डोर (जोधपुर)	राठौड़
2. आहड़ (उदयपुर)	सिसोदिया वंश	6. बंडोली	महाराणा प्रताप
3. बढ़नोर	जोध सिंह	7. देवकुंड (बीकानेर)	राव बीकाजी एवं रायसिंह
4. गेटोर (नाहरगढ़–जयपुर)	कछवाहा		

प्रमुख शिलालेख

1. 1170 ई०	बिजोलिया का शिलालेख	8. 1439 ई०	रणकपुर प्रशस्ति
2. 1273 ई०	चीखे का शिलालेख	9. 1460 ई०	कुम्भलगढ़ प्रशस्ति
3. 1274 ई०	रसिया जी की छत्री का शिलालेख	10. 1460 ई०	कुम्भलगढ़ के कीर्ति स्तम्भ की प्रशस्ति
4. 1285 ई०	आबू का अचलेश्वर शिलालेख	11. 1594 ई०	राम सिंह की बीकानेर प्रशस्ति
5. 1428 ई०	श्रृंगी ऋषि का शिलालेख	12. 1613 ई०	जमवा–रामगढ़ प्रशस्ति लेख
6. 1428 ई०	सामिधेश्वर के मंदिर का शिलालेख	13. 1652 ई०	जगन्नाथ राय की प्रशस्ति
7. 1434 ई०	दिलवाड़ा का शिलालेख	14. 1676 ई०	राज प्रशस्ति महाकाव्य

नगरों के उपनाम

नगर	उपनाम	नगर	उपनाम
1. अजमेर	राजस्थान की हृदयस्थली	4. चित्तौड़गढ़	राजस्थान का गौरव
2. उदयपुर	पूर्व का वेनिस	5. आबू	राजस्थान का शिमला
	राजस्थान का कश्मीर	6. भरतपुर	रेगिस्तान का प्रवेश द्वार
	झीलों का नगर	7. डूंगरपुर	पहाड़ों की नगरी
3. जयपुर	पूर्व का पेरिस, गुलाबी नगर	8. हल्दी घाटी	राजस्थान का थर्मोपोली

प्रसिद्ध स्तंभ एवं मीनार

स्तंभ/मीनार	स्थान	स्तंभ/मीनार	स्थान
1. नेहर खाँ की मीनार	कोटा	5. सफदरजंग मीनार	अलवर
2. कीर्ति स्तम्भ	चित्तौड़	6. गुलाम कलंदर	जोधपुर
3. गमता गाजी	जोधपुर	7. इसरलाट	जयपुर
4. घंटाघर	अजमेर, जोधपुर	8. विजय स्तंभ	चित्तौड़

प्रसिद्ध मकबरे/मस्जिद

मकबरे/मस्जिद	स्थान	मकबरे/मस्जिद	स्थान
1. ख्वाजा मोइनुद्दीन चिश्ती की दरगाह	अजमेर	6. अकबर की मस्जिद	आमेर
2. उषा मस्जिद	बयाना	7. गुलाम खाँ का मकबरा	जोधपुर
3. अढ़ाई दिन का झोपड़ा	अजमेर	8. नालीसर मस्जिद	सांभर
4. मंडता की मस्जिद	मेड़ता	9. इकमीनार मस्जिद	जोधपुर
5. ईदगाह	जयपुर	10. अलाउद्दीन की मस्जिद	जालौर

रियासतों के प्राचीन नाम एवं राजधानी

रियासतें/राज	प्राचीन नाम	राजधानी	रियासतें/राज	प्राचीन नाम	राजधानी
1. जोधपुर	मारवाड़	मण्डोर	4. बूंदी कोटा	हड़ौती	बूंदी
2. बीकानेर	जांगल	क्षत्रियपुर	5. जयपुर	ढूंढाड़	आमेर
3. उदयपुर/चित्तौड़गढ़	मेवाड़	चित्तौड़गढ़	6. जैसलमेर	माड़	जैसलमेर

प्रमुख संग्रहालय

संग्रहालय का नाम	संग्रहित वस्तुएं
1. राजपूताना संग्रहालय (अजमेर)	ऐतिहासिक स्थापत्य कला एवं मूर्तिकला के नमूने
2. जयपुर संग्रहालय	ऐतिहासिक कलाकृतियाँ, तैलचित्र एवं अस्त्र–शस्त्र
3. राजकीय संग्रहालय, पाली	प्रतिमाएं व सिक्के
4. अलवर संग्रहालय	अस्त्र–शस्त्र, चित्र तथा ऐतिहासिक पुस्तकें
5. बीकानेर संग्रहालय	सिंधु घाटी सभ्यता से लेकर गुप्तकाल तक की वस्तुएं
6. भरतपुर संग्रहालय	अस्त्र–शस्त्र व मूर्तियां
7. राजकीय संग्रहालय, माउंट आबू	सिक्के व प्रतिमाएं
8. जूना गढ़ व लालगढ़ संग्रहालय बीकानेर	अस्त्र–शस्त्र व कन्नौज का सिंहासन
9. कालीबंगा संग्रहालय, कालीबंगा, हनुमानगढ़	पशुओं तथा पक्षियों की आकृति, मिट्टी की चूड़ियाँ, कंगन, खिलौने व मुहरें
10. राजकीय संग्रहालय, डूँगरपुर	प्रतिमाएं
11. राजकीय संग्रहालय, चित्तौड़गढ़	प्रतिमाएं, लघुचित्र व सिक्के
12. लोक कला मंडल संग्रहालय, उदयपुर	कठपुतली एवं लोक कला सामग्री
13. राजकीय संग्रहालय, हवामहल जयपुर	सिक्के व प्रतिमाएं आदि
14. सर छोटूराम मेमोरियल संग्रहालय, संगरिया	प्राचीन सभ्यताओं के अवशेष व राजमहलों के लिए आवश्यक सामग्रियाँ
15. महाराव माधोसिंह संग्रहालय, कोटा	ज्योतिष संबंधी यन्त्र, लघुचित्र, अस्त्र–शस्त्र व राजसी पोशाकें
16. राजकीय संग्रहालय, मंडोर, जोधपुर	प्रतिमाएं
17. कोटा संग्रहालय	मध्यकाल की मूर्ति–कला के नमूने एवं पांडुलिपियाँ
18. राजकीय संग्रहालय, उदयपुर	अभिलेख, सिक्के, प्रतिमाएं, उदयपुर शैली के लघुचित्र एवं अस्त्र–शस्त्र
19. प्राच्य विद्या संग्रहालय, गंगवाल पार्क, जयपुर	हस्तलिखित ग्रंथ, प्रतिमाएं व सिक्के
20. राजकीय कलादीर्घा, जलेब चौक, आमेर	आमेर का ऐतिहासिक परिदृश्य
21. बागोर हवेली संग्रहालय, उदयपुर	माजीसा का कमरा, संगीत एवं शिक्षा कक्ष, गणगौर कक्ष
22. राजकीय संग्रहालय, विराटनगर	उत्खनन एवं सर्वेक्षण से प्राप्त पुरा सामग्री
23. राजकीय संग्रहालय, जैसलमेर	मूर्तियां तथा मरुक्षेत्र की सांस्कृतिक झाँकी
24. राजकीय संग्रहालय, जोधपुर	कला–कौशल की वस्तुएं, लघुचित्र, प्रतिमाएं व सिक्के
25. बिड़ला संग्रहालय, पिलानी	ज्ञान–विज्ञान की वस्तुएं
26. सिटी पैलेस संग्रहालय, उदयपुर	उदयपुर के महाराणाओं व सरदारों के दरबार, शिकार तथा पोट्रेट चित्र
27. मेहरानगढ़ संग्रहालय, जोधपुर	अस्त्र–शस्त्र, राजसी पोशाकें, पालकी, झूले तथा लघुचित्र
28. राजकीय संग्रहालय, झालावाड़	लघुचित्र, पुरानी मूर्तियां, सिक्के
29. राजकीय संग्रहालय, आहड़, उदयपुर	आहड़ की खुदाई से मिली पुरा वस्तुएं
30. राजकीय संग्रहालय, दलाराम बाग, आमेर, जयपुर	उत्खनन से प्राप्त मृद्भांड, मृण्मूर्तियाँ एवं प्राचीन स्थलों से प्राप्त प्रतिमाएं।
31. सवाई मानसिंह संग्रहालय, जयपुर	ईरानी व भारतीय कालीन, अस्त्र–शस्त्र, पोशाकें, चित्र व लघुचित्र

प्रमुख राजा एवं उनका काल

राजा का नाम	काल	राजा का नाम	काल
1. पृथ्वीराज चौहान तृतीय	1177–1192 ई.	26. मान सिंह	1589–1614 ई.
2. जैत्रसिंह	1213–1250 ई. (मेवाड़)	27. महाराणा कर्ण सिंह	1620–1628 ई.
3. तेजसिंह	1252–1267 ई. 1267 से 1273 के बीच देहान्त अनुमानित)	28. मिर्जा राजा जयसिंह	1621–1667 ई.
		29. जयसिंह द्वितीय	1700–1743 ई.
4. समरसिंह	1267–73 से 1302 ई.	30. महाराजा रायसिंह	1574–1612 ई. (बीकानेर)
5. रत्नसिंह	1302–1303 ई.	31. महाराज दलपति सिंह	1612–1613 ई.
6. हम्मीर	1326–1364 ई.	32. महाराजा सूरसिंह	1613–1631 ई.
7. क्षेत्रसिंह	1364–1382 ई.	33. महाराजा गज सिंह	1619–1638 ई.
8. लक्षसिंह (लाखा)	1382–1421 ई.	34. महाराजा जसवंत सिंह प्रथम	1638–1678 ई.
9. मोकल	1421–1433 ई.		
10. महाराणा कुम्भा	1433–1468 ई.	35. महाराज कर्ण सिंह	1631–1669 ई.
11. रावरणमल	1427–1438 ई. (मारवाड़)	36. राव भाम सिंह हाड़ा	1658–1681 ई.
		37. अनूप सिंह	1669–1698 ई.
12. राव जोधा	1438–1489 ई.	38. राव अनिरुद्ध हाड़ा	1681–1695 ई.
13. बीका	1465–1504 ई. (बीकानेर)	39. अजीत सिंह	1678–1724 ई.
		40. महाराजा सुजान सिंह	1700–1735 ई.
14. महाराणा रायमल	1473–1509 ई. (मेवाड़)	41. राव दुर्जन सिंह	1723–1756 ई.
		42. महाराजा गजसिंह	1746–1787 ई.
15. महाराणा सांगा	1509–1528 ई.	43. राव सुर्जन	1569–1585 ई. (बूंदी)
16. राव गंगा	1515–1531 ई. (मारवाड़ के राठौड़)	44. राव भोज	1585–1607 ई.
17. राव मालदेव	1531–1572 ई.	45. राव रतन	1607–1621 ई.
18. महाराणा उदय सिंह	1537–1577 ई.	46. महाराव अर्जुन सिंह	1720–1723 ई.
19. राव चन्द्रसेन	1562–1583 ई.	47. महाराव भीम सिंह	1707–1720 ई.
20. महाराणा प्रताप	1572–1597 ई.	48. राव किशोर सिंह	1684–1696 ई.
21. महाराज सूरसिंह	1595–1619 ई. (जोधपुर)	49. राव रामसिंह	1696–1707 ई.
22. महाराणा अमर सिंह	1595–1620 ई. (मेवाड़)	50. राव जगत सिंह	1658–1683 ई.
23. राव शत्रुशाल हाड़ा	1621–1658 ई.	51. राव मुकुंद हाड़ा	1648–1658 ई.
24. महाराणा राजसिंह	1652–1680 ई.	52. माधोसिंह	1634–1648 ई. (कोटा)
25. भारमल	1547–1573 ई. (ढूंढाढ़)	53. राव राजा बुद्ध सिंह	1695–1739 ई.

ऐतिहासिक स्रोत

शिला लेख/अभिलेख	वर्ष
1. मानमोरी का शिलालेख चित्तौड़गढ़ की प्राचीन स्थिति से सम्बन्धित	713 ई.
2. दुर्गराज के शिलालेख में पुष्कर के तीर्थ का वर्णन	925 ई.
3. प्रतापगढ़ के शिलालेख कृषि, समाज तथा धार्मिक स्थिति से सम्बन्धित	946 ई.
4. सांडेश्वर के अभिलेख	953 ई.
5. कुमारपाल का समिधेश्वर का लेख—चालुक्यों की विजय का द्योतक	1150 ई.
6. अल्हणदेव का किराडू का लेख	1152 ई.
7. सोलंकी भीमदेव का शिलालेख—आबू के शिव मन्दिर के स्तम्भ—निर्माण के वर्णन से सम्बन्धित	1208 ई.
8. बीठू अभिलेख राठौड़ सिंह की मृत्यु तिथि निर्धारण	1273 ई.
9. चीरवे (गांव) का शिलालेख (गुहिलवंशीय)	1273 ई.
10. रसिया की छत्री का शिलालेख (चित्तौड़)	1274 ई.
11. चित्तौड़ के पार्श्वनाथ के मन्दिर का लेख	1278 ई.
12. हिम्मतराम के मन्दिर का लेख (जैसलमेर)	1834 ई.

प्रमुख दुर्ग

दुर्ग	स्थान	दुर्ग	स्थान
मंगेर दुर्ग	जोधपुर	सिवाणा दुर्ग	बाड़मेर
गगराणा दुर्ग कोटा	कोटा	शेरगढ़	कोटा
तोहनगढ़	कोकरोली	नागौर दुर्ग	नागौर
अहनलपुर दुर्ग	भरतपुर	भाटनेर दुर्ग	हनुमानगढ़
भीकमपुर दुर्ग	जैसलमेर	तारागढ़	कोटा
तबन गढ़	करौली	इन्दरगढ़	कोटा
फतहपुर दुर्ग	सीकर	डीग गढ़	भरतपुर
गढ़दीटली	अजमेर	लक्ष्मण गढ़	सीकर
मांडवा का किला	खांडवा	अकबर का किला	अजमेर

कुछ अन्य प्रसिद्ध किले

किले का नाम	स्थान	किले का नाम	स्थान
1. गगरोन का किला	झालावाड़	4. मांडलगढ़ का किला	चित्तौड़गढ़
2. जयगढ़ का किला	जयपुर	5. रायगढ़ का किला	अलवर
3. विजयगढ़ का किला	भरतपुर	6. बड़ा किला	अलवर

प्रसिद्ध मन्दिर

मन्दिर का नाम	स्थान	मन्दिर का नाम	स्थान
मीरा मन्दिर		सूर्य मन्दिर	जयपुर
सूर्य मन्दिर		काली का मन्दिर	आमेर (जयपुर)
अद्भुतनाथ मन्दिर		सिंधी जी के जैन मन्दिर	साँगानेर (जयपुर)
नीलकंठ महादेव मन्दिर	चित्तौड़गढ़ का किला	सास–बहू का मन्दिर	उदयपुर
समिदेश्वर मन्दिर		जगदीश मन्दिर	उदयपुर
कुम्भा श्याम मन्दिर		रनकपुर जैन मन्दिर	रनकपुर
काली मन्दिर		अम्बिका माता मन्दिर	जगत
सोनी मन्दिर (जैन मन्दिर)	अजमेर	बदोली मन्दिर	मेवाड़
ब्रह्मा मन्दिर	पुष्कर (अजमेर)	द्वारिकानाथ मन्दिर	कंकरोली
सावित्री मन्दिर	पुष्कर (अजमेर)	श्रीनाथ जी	नाथद्वारा
नीलकंठ महादेव मन्दिर	अलवर	महावीर जी मन्दिर	श्री महावीर जी
दिगम्बर जैन मन्दिर	अलवर	सन्चौर मन्दिर	जालौर
काली माता मन्दिर	भरतपुर	शिव देवरा मन्दिर	रामगढ़ (कोटा)
भन्डसर मन्दिर (जैन मन्दिर)	बीकानेर	शीतलेश्वर मन्दिर	झालरपाटन (कोटा)
धुनीनाथ मन्दिर	बीकानेर	घाटेश्वर मन्दिर	बरोली (कोटा)
लक्ष्मीनारायण मन्दिर	बीकानेर	वरूण मन्दिर	बून्दी
चिन्तामणि मन्दिर	बीकानेर	रक्तदन्तिका मन्दिर	सतूर (बून्दी)
कर्णीमाता मन्दिर	देशनोक (बीकानेर)	विष्णु मन्दिर	केशोरायपाटन (बून्दी)
जैमल मन्दिर	बीकानेर (जूनागढ़ किले में)	जम्बु मार्गेश्वर मन्दिर	बून्दी
हर मन्दिर	बीकानेर (जूनागढ़ किले में)	महामंगलेश्वर मन्दिर	बून्दी (बून्दी– चित्तौड़गढ़ मार्ग पर)
नीलकण्ठ महादेव मन्दिर	कोटा	लक्ष्मीनाथ जी मन्दिर	जैसलमेर
गौमुख मन्दिर	आबू	सम्भावनाथ मन्दिर (जैन मन्दिर)	जैसलमेर
अचलेश्वर महादेव मन्दिर	अचलगढ़	लोदरवा जैन मन्दिर	लोदरवा (जैसलमेर)
	दिलवाड़ा (आबू)	श्री रघुनाथ जी मन्दिर	नक्की झील (आबू)
कुंज बिहारी मन्दिर	जोधपुर किला	धूलेश्वर मन्दिर	आबू
चामुण्डा देवी मन्दिर	जोधपुर किला	अर्बूदा देवी मन्दिर	आबू
कपार्दा के मन्दिर	रनकपुर (जोधपुर)	दिलवाड़ा जैन मन्दिर	आबू
आँसिया के मन्दिर	आँसिया (जोधपुर)	विमल शाही मन्दिर (जैन मन्दिर)	आबू
गोविन्ददेव जी का मन्दिर	जयपुर		
गणेश मन्दिर	जयपुर	तेजपाल मन्दिर (जैन मन्दिर)	आबू
हनुमान मन्दिर	गलताजी (जयपुर)	कान्तीनाथ जैन मन्दिर	अचलगढ़ (आबू)

मस्जिद, मकबरा एवं मीनार

अलाउद्द‍ीन की मस्जिद	: जालौर	सफदरगंज मीनार	: अलवर
गुलाब खां का मकबरा	: जोधपुर	नेहरू खां की मीनार	: कोटा
इकमीनार मस्जिद	: जोधपुर	दरगाह	: गलियाकोट
गमनागाजी मीनार	: जोधपुर	जामा मस्जिद	: भरतपुर
गुलाम कलन्दर की मीनार	: जोधपुर	कमरुद्द‍ीन शाह की दरगाह	: झुंझुनूं
अकबर की मस्जिद	: आमेर	नरहड़ शरीफ की दरगाह	: चिड़ावा, झुंझुनूं

राजस्थान में चर्चित ऑपरेशन

ऑपरेशन का नाम	उद्देश्य
1. ऑपरेशन ब्लैक होल	दुर्लभ कलाकृतियों की तस्करी करने वालों को पकड़ना।
2. ऑपरेशन गरिमा	लड़कियों और महिलाओं के साथ छेड़छाड़ की वारदातों को रोकना।
3. ऑपरेशन खेजरी	मरुस्थलीय क्षेत्रों में उगने वाले वृक्ष 'खेजड़ी' को संरक्षित करना।
4. ऑपरेशन ब्रेक–अप	पाकिस्तानी जासूसों के भारत में प्रवेश को रोकना।
5. ऑपरेशन ब्लैक बोर्ड	प्राथमिक विद्यालयों के शैक्षिक स्तर में गुणात्मक सुधार लाना।
6. ऑपरेशन रेन–ड्रॉप	वर्षा के जल को संरक्षित करना।
7. ऑपरेशन रिंडर पेस्टजीरो	पशुओं के मुख्य रोगों गलघोंटू, खुरपका, मुँहपका, लंगड़ा बुखार व पशु माता आदि पर नियंत्रण स्थापित करना।
8. ऑपरेशन फ्लड	दूध उत्पादन को बढ़ावा देना।
9. ऑपरेशन थार	थार रेगिस्तान के विषय में जानकारी हासिल करना।
10. ऑपरेशन मोचड़ी	राजस्थान की परम्परागत जूतियों की गुणवत्ता को सुधारना तथा उन्हें और अधिक आकर्षक बनाना।
11. ऑपरेशन गैम्बलर	गर्चा सट्टा लगाने वालों के विरुद्ध कार्यवाही करना।
12. ऑपरेशन स्वागतम्	पर्यटकों को परेशान करने वालों के विरुद्ध कार्यवाही करना।
13. ऑपरेशन रोमियो	स्कूली छात्राओं एवं महिलाओं को छेड़ने तथा उनके साथ अश्लील हरकतें करने वालों के विरुद्ध कार्यवाही करना।
14. ऑपरेशन पिंक	अवैध कब्जों तथा अतिक्रमण को हटाकर राज्य को साफ–सुथरा बनाना।
15. ऑपरेशन शक्ति-98	मई 1998 में पोखरण में भारत द्वारा किए गए परमाणु परीक्षणों के कार्यक्रम (अभियान) को दिया गया नाम।
16. ऑपरेशन शांति	मई 1998 में पोखरण में संपन्न भारत के परमाणु परीक्षण अभियान को दिया गया नाम।

प्रमुख किले एवं निर्माता

किलों के नाम	निर्माता/वंश	किलों के नाम	निर्माता/वंश
1. जालौर का किला	परमार वंश	13. आमेर का किला	कछवाहा राजा घोलाराय जी
2. लोहागढ़ का कला	महाराजा सूरजमल		
3. जोधपुर का किला	राव जोधा जी राठौड़	14. रणथम्भौर का किला	जय सिंह
4. चित्तौड़गढ़ का किला	सिसोदिया वंश	15. मेहरनगढ़ का किला (जोधपुर)	राव जोधा
5. तारागढ़ का किला	राजा अजयपाल		
6. जैसलमेर का किला	महारावल जैसल देव	16. जूनागढ़ का किला (बीकानेर)	राजा राय सिंह
7. भरतपुर का किला	राजा सूरजमल	17. बूंदीगढ़ किला	राजा छत्रसाल
8. मंडलगढ़ का किला	पृथ्वीराज चौहान	18. सिंघाना का किला	वीर नारायण
9. कुम्भलगढ़ का किला (उदयपुर)	राणा कुम्भा	19. बीकानेर का किला	राजा राय सिंह
		20. जयगढ़ का किला (आमेर)	जयसिंह द्वितीय
10. अचलगढ़ का किला	राणा कुम्भा	21. बूंदी का किला	राजा नर सिंह
11. नागरगढ़ का किला	सवाई मान सिंह	22. डीग का किला	राजा सूरजमल
12. नाहरगढ़ का किला (उदयपुर)	कछवाहा वंश	23. सिवाना का किला	पवार राजा नारायण
		24. कोटा का किला	माधो सिंह

राजस्थान के ऐतिहासिक व्यक्ति

पृथ्वीराज चौहान—यह महान योद्धा, चौहान वंश का राजा था। 1191 में तराइन के प्रथम युद्ध में इन्होंने मोहम्मद गोरी को पराजित किया। परन्तु 1192 के द्वितीय तराइन युद्ध में मोहम्मद गोरी से पराजित हुए, जिससे तुर्क साम्राज्य की स्थापना का मार्ग प्रशस्त हुआ।

महाराणा कुम्भा—महान योद्धा एवं विद्वान राजा ने बप्पा रावल के बाद चित्तौड़ की बागडोर संभाली थी। इन्होंने मालवा के सुल्तान महमूद खिलजी को पराजित किया और इसके उपलक्ष्य में चित्तौड़ में विजय स्तम्भ की स्थापना की।

पन्ना धाय—भारतीय इतिहास में स्वामिभक्ति एवं कर्त्तव्यनिष्ठा के लिए इनका नाम स्वर्ण अक्षरों में अंकित किया जाता है। ये राजा उदयसिंह की धाय माँ थीं। इन्होंने बनवीर से उदयसिंह की रक्षा के लिए अपने पुत्र का बलिदान दिया।

रानी पद्मिनी—यह मेवाड़ के राजा रत्नसिंह की पत्नी थी, जिनकी सुंदरता जगत-प्रसिद्धि हासिल कर चुकी थी। इन्हें पाने हेतु 1303 ई. में अलाउद्दीन खिलजी ने मेवाड़ पर आक्रमण किया। पराजय के बाद रानी ने जौहर धर्म का पालन करते हुए अपने को अग्नि को समर्पित कर दिया।

बप्पा रावल—आठवीं शताब्दी में बप्पा रावल द्वारा मेवाड़ में रावल वंश की स्थापना की गई। इन्होंने बाद में चित्तौड़ विजय कर इसे अपनी राजधानी बनाई।

गोरा एवं बादल—ये रानी पद्मिनी के रिश्तेदार थे। जब अलाउद्दीन खिलजी ने रानी एवं राजा रत्न सिंह को अपनी कैद में लिया तो गोरा एवं बादल ने उसका साहसपूर्वक सामना किया जिसमें इनकी मृत्यु हो गई।

राव बीकाजी—बीकाजी बीकानेर राज के संस्थापक थे। बीकानेर का किला भी इन्होंने ही बनवाया था।

राव जोधाजी—ये मारवाड़ के महान शासक थे। इन्होंने जोधपुर नगरी की स्थापना की थी।

मीराबाई—ये मेवाड़ के राजा उदय सिंह के भाई भोजराज की धर्म पत्नी थी तथा मेड़ता के राजा रत्न सिंह की पुत्री थीं। ये कृष्ण की अनन्य भक्त थीं।

राणा सांगा—इनका असली नाम संग्राम सिंह था। यह महान शासक एवं पराक्रमी योद्धा राणा कुंभा के पुत्र थे।

महाराणा प्रताप—पिता राणा उदयसिंह की मृत्यु के उपरांत इन्होंने चित्तौड़ का राजपद संभाला। **'राणा कीका'**, **'मेवाड़ केसरी'** आदि नामों से जाने वाला यह वीर पुरुष इतिहास में वीरता के लिए मशहूर है।

महाराजा हमीरदेव—रणथम्भौर के राजा हमीर देव बड़े पराक्रमी राजपूत शासक थे।

राव मालदेव—ये मारवाड़ के शासक थे। इन्होंने गुजरात के शासक सुल्तान बहादुरशाह से मारवाड़ की रक्षा की तथा उदयसिंह को चित्तौड़ की गद्दी पर बैठाने में अहम भूमिका निभाई।

भारमल—आमेर का राजा भारमल अपने साहस के लिए जाना जाता है। अकबर के दरबार में इसका काफी अहम् स्थान था। अकबर से इसने अपनी पुत्री की शादी की थी।

राणा रतन सिंह—मेवाड़ के शासक राणा रतन सिंह रूपवती रानी पद्मिनी के पति थे। इनके नाम को लेकर मतैक्य नहीं है। अलाउद्दीन खिलजी के मेवाड़ पर चढ़ाई करने के बाद इन्होंने जमकर उसका मुकाबला किया लेकिन अंत में पराजित हुए।

महाराजा लाखा—ये उदयपुर के शासक थे। इन्हीं के राजकाल में पिछौला झील का निर्माण किया गया। ये एक महान योद्धा एवं वीर पुरुष थे।

जयमल एवं पत्ता—1567 ई. में जब उदयसिंह चित्तौड़गढ़ छोड़कर पर्वतों (जहाँ बाद में उन्होंने उदयपुर की नींव डाली) की ओर चले गए तो अपनी राजधानी की जिम्मेदारी इन दो बहादुर जाबांजों को सौंप गए थे। अकबर की सेना ने जब यहां आक्रमण किया तो जयमल एवं पत्ता ने जमकर उनका सामना किया। ये अकबर की सेना से लड़ते हुए मारे गए।

भामाशाह—ये राणा प्रताप के मंत्री थे। अकबर की शाही सेना से पराजित राणा जब जंगलों में भटक रहे थे, उस समय भामाशाह ने अपनी निजी संपत्ति राणा को सौंप दी।

राजा मानसिंह—जयपुर के शासक मानसिंह की गणना कुशल योद्धा, विद्वान, एवं कुशल कूटनीतिकों में की जाती है। ये अकबर के काफी समीप और नवरत्नों में एक थे।

मिर्जा राजा जयसिंह—औरंगजेब के काल में मिर्जा राजा जयसिंह का स्थान महत्त्वपूर्ण सरदारों में एक था। औरंगजेब की तरफ से जयसिंह ने मराठा प्रमुख शिवाजी के साथ पुरन्दर की संधि करने में सफलता पाई।

अमर सिंह—महाराणा प्रताप की मृत्यु के उपरांत चित्तौड़ की बागडोर उनके पुत्र महाराणा अमर सिंह ने संभाली। 1615 में इन्होंने जहाँगीर के साथ एक संधि कर 'मुगलिया प्रभुसत्ता' पर मुहर लगा दी।

राणा उदयसिंह—राणा उदयसिंह सिसोदिया वंश के राजा थे। ये राणा सांगा के पुत्र एवं मेवाड़ के शासक थे। अकबर ने जब चित्तौड़ पर आक्रमण किया तो अपनी राजधानी को जयमल एवं पत्ता को सौंप पर्वतों की ओर रवाना हो गए। इन्हीं जंगलों में उन्होंने उदयपुर नगर की नींव डाली।

सागरमल गोपा—जैसलमेर के एक स्वतंत्रता सेनानी थे। अंग्रेजो ने उन्हें जेल में डाल दिया था, जहाँ उनकी मृत्यु बड़े ही रहस्यमय ढंग से हो गई।

दादू—भक्ति धारा के मुख्य संत कवियों में से एक थे। इनका जन्म गुजरात में हुआ था। लेकिन इनकी कर्मस्थली राजस्थान में नारायण (जयपुर) थी। इन्होंने दादू पंथी विचारधारा का प्रतिपादन किया।

सवाई जयसिंह द्वितीय—इनका संबंध कछवाहा वंश से था। आप वैज्ञानिकता एवं आधुनिकता में विश्वास रखते थे। आपने जयपुर नगर की नींव रखी। जयसिंह ने अपनी वैज्ञानिक अभिरुचि के कारण पाँच जगह वेधशालाओं की स्थापना की जहाँ ज्योतिष एवं समय काल का अध्ययन किया जाता है। बहादुरशाह ने इन्हें आमेर की विरासत राज से हटा दिया था, जिसे लड़कर इन्होंने वापस लिया। जहाँदारशाह (मुगल बादशाह) ने इन्हें मालवा का सूबेदार नियुक्त किया। सामाजिक कुरीतियों को दूर करने में भी इनके प्रयास सराहनीय थे।

मेजर शैतान सिंह—1962 के चीन युद्ध में मेजर शैतान सिंह ने अपनी वीरता की अमरगाथा लिखी। वह बहुत बहादुरी से लड़े और वीरगति को प्राप्त हुए।

जालिम सिंह—यह वीर युवक कोटा राज के सेनापति के पद पर था। इनके उत्तराधिकारी ने आगे चलकर झालावाड़ राज्य की नींव रखी।

महाराजा गंगा सिंह—इन्हें **'आधुनिक भारत का भागीरथ'** की संज्ञा दी जाती है। वर्तमान गंगानगर जिले की स्थापना का कार्य आपके द्वारा ही किया गया था। श्रीगंगा नहर की स्थापना का श्रेय भी आप ही को जाता है।

विद्याधर भट्टाचार्य—सवाई राजा जयसिंह के समकालीन शिल्पकार थे। इन्होंने 1727 ई. में जयपुर नगर की रूप-रेखा तैयार की तथा काल्पनिक सपने का रूप प्रदान किया।

राजस्थान के प्रमुख आन्दोलन

आन्दोलन	वर्ष	नेतृत्व
जाट किसान आन्दोलन, मातृकुण्डिया	1880	जाट किसान
भगत आन्दोलन	1883	गुरु गोविन्द गिरि
बिजोलिया किसान आन्दोलन	1917	विजयसिंह पथिक, माणिक्यलाल वर्मा, रामनारायण चौधरी
एकी या भोमट भील आन्दोलन	1920	मोतीलाल तेजावत
मारवाड़ का तौल आन्दोलन	1920-21	चान्दमल सुराणा
मारवाड़ का कृषक आन्दोलन	1923	जयनारायण व्यास
नीमूचणा किसान आन्दोलन	1925	मेव किसान
शेखावटी किसान आन्दोलन	1925	रामनारायण चौधरी, नेतराम सिंह
बूंदी किसान आन्दोलन	1926	नयनूराम शर्मा
शुद्धि आन्दोलन	1928	ठाकुर देशराज
बीकानेर षड्यन्त्र अभियोग	1931	चन्दनमल बहड़
मेव किसान आन्दोलन	1923	डॉ. मोहम्मद अली
मीणा आन्दोलन	1945	ठक्कर बापा
बीकानेर किसान आन्दोलन	1946	कुम्भाराम आर्य
डाबड़ा काण्ड, डीडवाना	1947	मथुरादास माथुर, मोतीलाल चौधरी
रास्तापाल काण्ड, डूंगरपुर	1947	नानाभाई खांट, कालीबाई

प्रजामण्डल आन्दोलन

प्रजामण्डल का नाम	स्थापना	संस्थापक/अध्यक्ष
जयपुर प्रजामण्डल	1931	कर्पूरचन्द पाटनी। 1936-37 में जमनालाल बजाज की अध्यक्षता में पुनः स्थापित
बूंदी प्रजामण्डल	1931	कांतिलाल
मारवाड़ प्रजामण्डल	1934	भंवरलाल सर्राफ
कोटा राज्य प्रजामण्डल	1934	नयनूराम शर्मा। 1938 में नयनूराम शर्मा एवं अभिन्न हरि द्वारा पुनः स्थापना
बीकानेर राज्य प्रजामण्डल	1936	मघाराम वैद्य
धौलपुर प्रजामण्डल	1936	कृष्णदत्त पालीवाल
मेवाड़ प्रजामण्डल	1938	बलवन्त सिंह मेहता
मारवाड़ लोकपरिषद	1938	रणछोड़दास गट्टानी
भरतपुर प्रजामण्डल	1938	गोपीलाल यादव
शाहपुरा प्रजामण्डल	1938	रमेशचन्द ओझा
अलवर राज्य प्रजामण्डल	1938	हरिनारायण शर्मा
सिरोही प्रजामण्डल	1939	गोकुलभाई भट्ट
करौली प्रजामण्डल	1939	त्रिलोकचन्द माथुर

प्रजामण्डल का नाम	स्थापना	संस्थापक/अध्यक्ष
जैसलमेर राज्य प्रजा परिषद्	1939	शिवशंकर गोपा
किशनगढ़ प्रजामण्डल	1939	कांतिलाल चौथानी
बीकानेर राज्य प्रजा परिषद्	1942	रघुवरदयाल गोयल
कुशलगढ़ प्रजामण्डल	1942	भंवरलाल निगम
बांसवाड़ा प्रजामण्डल	1943	भूपेन्द्रनाथ त्रिवेदी
बूंदी राज्य लोकपरिषद	1944	हरिमोहन माथुर
डूंगरपुर प्रजामण्डल	1944	भोगीलाल पण्ड्या
जैसलमेर राज्य प्रजामण्डल	1945	मीठालाल व्यास
प्रतापगढ़ प्रजामण्डल	1945	चुन्नीलाल एवं अमृतलाल
झालावाड़ प्रजामण्डल	1946	मांगीलाल भव्य

स्वतन्त्रता आन्दोलन के दौरान स्थापित संस्थाएं

संस्था	स्थापना	संस्थापक/अध्यक्ष
सम्प सभा	1883	गुरु गोविन्द गिरि
सर्वहितकारिणी सभा, बीकानेर	1907	कन्हैयालाल ढूंढ एवं स्वामी गोपालदास
वर्धमान विद्यालय समिति, जयपुर	1907	अर्जुनलाल सेठी
हिन्दी साहित्य समिति, भरतपुर	1912	जगन्नाथ सेठी
ऊपरमाल पंच बोर्ड, बिजोलिया	1917	विजयसिंह पथिक
मारवाड़ सेवा संघ, जोधपुर	1920	चान्दमल सुराणा
राजस्थान सेवा संघ, अजमेर	1920	अर्जुनलाल सेठी, केसरीसिंह बारहठ, रामनारायण चौधरी, हरिभाऊ किंकर और विजयसिंह पथिक
नागरी प्रचारणी सभा, धौलपुर	1934	माणिक्यलाल वर्मा
राजपूताना मध्य भारत सभा	—	जमनालाल बजाज की अध्यक्षता में
वीर भारत समाज	—	विजयसिंह पथिक
सर्व सेवा संघ	—	सिद्धराज ढढ्ढा
बागड़ सेवा संघ, डूंगरपुर	1935	गौरीशंकर उपाध्यक्ष और भोगीलाल पण्ड्या
सेवा संघ	—	भोगीलाल पण्ड्या
हरिजन सेवा समिति, डूंगरपुर	1935	भोगीलाल पण्ड्या
भील सेवा मण्डल	—	विट्ठलदास ठाकुर

स्वतन्त्रता आन्दोलन के दौरान प्रकाशित प्रमुख समाचार-पत्र

समाचार-पत्रों के नाम	वर्ष	स्थान	संपादक
राजस्थान समाचार (साप्ताहिक)	1889	अजमेर	मुंशी समर्थनदास
राजस्थान केसरी (दैनिक)	1920	वर्धा	विजयसिंह पथिक
नवीन राजस्थान (साप्ताहिक)	1921	अजमेर	विजयसिंह पथिक (इस समाचार-पत्र का नाम बाद में बदलकर **तरुण राजस्थान** कर दिया गया)।
राजस्थान	1923	ब्यावर	ऋषिदत्त मेहता
आगीबाण	1932	ब्यावर	जयनारायण व्यास (राजस्थानी भाषा का प्रथम राजनीतिक समाचार-पत्र)
नवज्योति (साप्ताहिक)	1936	अजमेर	रामनारायण चौधरी
प्रजासेवक (साप्ताहिक)	—	जोधपुर	अचलेश्वर प्रसाद शर्मा
राजपूताना गजट	—	अजमेर	मौलवी मुराद अली
राजस्थान टाइम्स (अंग्रेजी में)	—	जयपुर	वासुदेव शर्मा
जयपुर समाचार (दैनिक)	1942	जयपुर	श्यामलाल वर्मा
लोकवाणी (साप्ताहिक)	1943	जयपुर	देवीशंकर तिवारी

 राजस्थान: जनगणना 2011

भारत में जनसंख्या की दृष्टि से राजस्थान 8वें स्थान पर आता है। राजस्थान राज्य मूलतः कृषि अर्थव्यवस्था पर ज्यादा निर्भर रहने वाला राज्य है तथा इसकी अधिकांश जनसंख्या गाँवों में निवास करती है। जनसंख्या वितरण के मामले में यह अपने आप में काफी अनियमितता रखता है। जहाँ मरुस्थलीय क्षेत्रों में जनसंख्या काफी विरल है, वहीं दक्षिण-पूर्वी भागों में जनसंख्या का घनत्व अधिक पाया जाता है।

1901 में जब राजस्थान राजपूताना के नाम से विदित था, पहली बार नियमित जनगणना का श्रीगणेश हुआ। तब से लेकर आज तक प्रत्येक दस वर्षों में यह कार्य निष्पादित किया जाता रहा है। 1921 की जनगणना एक मात्र जनगणना रही है, जब जनसंख्या में कमी आयी थी, अन्यथा प्रत्येक दशक में इसमें अच्छी खासी वृद्धि दिखाई देती है। (इस पाठ में दिए गए सारे विश्लेषण एवं आँकड़े 2011 की जनगणना पर आधारित हैं)

 राजस्थान : जनगणना 2011 (अंतिम) 

राजस्थान की जनगणना संबंधी महत्त्वपूर्ण तथ्य

कुल जनसंख्या	: 68,548,437
पुरुष-जनसंख्या	: 35,550,997
महिला-जनसंख्या	: 32,997,440
2001-2011 के दौरान जनसंख्या में हुई वृद्धि	: 21.3%
जनसंख्या घनत्व (व्यक्ति प्रति वर्ग किमी.)	: 200
लिंगानुपात (प्रति 1000 पुरुषों पर महिलाओं की संख्या)	: 928
साक्षरता (कुल)	: 66.1%
पुरुष साक्षरता	: 79.2%
महिला साक्षरता	: 52.1%
साक्षरों की कुल संख्या	: 38,275,282
साक्षर पुरुषों की संख्या	: 23,688,412
साक्षर महिलाओं की संख्या	: 14,586,870
सर्वाधिक जनसंख्या वाला जिला	: जयपुर (66,26,178)
सबसे कम जनसंख्या वाला जिला	: जैसलमेर (6,69,919)
2001-2011 के दौरान सर्वाधिक जनसंख्या-वृद्धि वाला जिला	: बाड़मेर (32.5%)
2001-2011 के दौरान सबसे कम जनसंख्या-वृद्धि वाला जिला	: गंगानगर (10.0%)
सर्वाधिक जनसंख्या घनत्व वाला जिला	: जयपुर (595 व्यक्ति प्रति वर्ग किमी.)
सबसे कम जनसंख्या घनत्व वाला जिला	: जैसलमेर (17 व्यक्ति प्रति वर्ग किमी.)
सर्वाधिक लिंगानुपात वाला जिला	: डूंगरपुर (994)
सबसे कम लिंगानुपात वाला जिला	: धौलपुर (846)

सर्वाधिक साक्षरता वाला जिला	: कोटा (76.6%)
सबसे कम साक्षरता वाला जिला	: जालौर (54.9%)
सर्वाधिक पुरुष साक्षरता वाला जिला	: झुंझुनूं (86.9%)
सबसे कम पुरुष साक्षरता वाला जिला	: प्रतापगढ़ एवं बांसवाड़ा (69.5%)
सर्वाधिक महिला साक्षरता वाला जिला	: कोटा (65.9%)
सबसे कम महिला साक्षरता वाला जिला	: जालौर (38.5%)

कुल जनसंख्या (Total Population)

राज्य में सर्वाधिक जनसंख्या वाले 5 जिलेः *1. जयपुरः 66,26,178; 2. जोधपुरः 36,87,165; 3. अलवरः 36,74,179; 4. नागौरः 33,07,743; 5. उदयपुरः 30,68,420*

राज्य में सबसे कम जनसंख्या वाले 5 जिलेः *1. जैसलमेरः 6,69,919; 2. प्रतापगढ़ः 8,67,848; 3. सिरोहीः 10,36,346; 4. बूंदीः 11,10,906; 5. राजसमन्दः 11,56,597*

जनसंख्या वृद्धि (Population Growth)

राज्य में सर्वाधिक जनसंख्या वृद्धि वाले 5 जिलेः *1. बाड़मेरः 32.5%; 2. जैसलमेरः 31.8%; 3. जोधपुरः 27.7%; 4. जयपुरः 26.2%; 5. बांसवाड़ाः 26.5%*

राज्य में सबसे कम जनसंख्या वृद्धि वाले 5 जिलेः *1. गंगानगरः 10.0%; 2. झुंझुनूंः 11.7%; 3. पालीः 11.9%; 4. बूंदीः 15.4%; 5. चित्तौड़गढ़ः 16.1%*

साक्षरता (Literacy)

वर्ष 2011 की जनगणना में 6 साल तक के बच्चों को निरक्षर माना गया है। ऐसे बच्चों की संख्या 2011 की जनगणनानुसार 1,05,04,916 हैं जो राज्य की कुल जनसंख्या का 15.30 प्रतिशत है।

राज्य में सर्वाधिक साक्षरता-दर (कुल) वाले 5 जिलेः *1. कोटाः 76.6%; 2. जयपुरः 75.5%; 3. झुंझुनूंः 74.1%; 4. सीकरः 71.9%; 5. अलवरः 70.7%*

राज्य में सबसे कम साक्षरता-दर (कुल) वाले 5 जिलेः *1. जालौरः 54.9%; 2. सिरोहीः 55.3%; 3. प्रतापगढ़ः 56.0%; 4. बांसवाड़ाः 56.3%; 5. बाड़मेरः 56.5%*

जनसंख्या घनत्व (Population Density)

2011 की जनगणनानुसार राज्य में सर्वाधिक जनसंख्या-घनत्व (प्रति वर्ग किमी) वाले 5 जिलेः *1. जयपुरः 595 व्यक्ति; 2. भरतपुरः 503 व्यक्ति; 3. दौसाः 476 व्यक्ति; 4. अलवरः 438 व्यक्ति; 5. धौलपुरः 398 व्यक्ति*

2011 की जनगणनानुसार राज्य में सबसे कम जनसंख्या-घनत्व (प्रति वर्ग किमी) वाले 5 जिलेः *1. जैसलमेरः 17 व्यक्ति; 2. बीकानेरः 78 व्यक्ति; 3. बाड़मेरः 92 व्यक्ति; 4. चुरूः 147 व्यक्ति; 5. जोधपुरः 161 व्यक्ति*

लिंगानुपात (Sex Ratio)

राज्य में सर्वाधिक लिंगानुपात वाले 5 जिलेः *1. डूंगरपुरः 994; 2. राजसमन्दः 990; 3. पालीः 987; 4. प्रतापगढ़ः 983; 5. बांसवाड़ाः 980*

राज्य में सबसे कम लिंगानुपात वाले 5 जिलेः *1. धौलपुरः 846; 2. जैसलमेरः 852; 3. करौलीः 861; 4. भरतपुरः 880; 5. गंगानगरः 887*

जनसंख्या का आकार एवं वृद्धि दर

जनगणना 2011 के अनुसार राजस्थान की जनसंख्या 6,85,48,437 है जबकि 2001 में इसकी जनसंख्या 5,64,73,122 थी। उल्लेखनीय है कि 1901 में राजस्थान की जनसंख्या मात्र 10,294,090 थी। इस तरह विगत एक शताब्दी में राजस्थान की जनसंख्या में 6 गुना वृद्धि हो गयी। 1911-21 के दशक में राजस्थान की जनसंख्या में नकारात्मक वृद्धि दर (–6.29) दृष्टिगोचर होती है। इसका कारण रहा इस दशक के दौरान में पड़ा भीषण अकाल तथा महामारी। राजस्थान की जनसंख्या के आकार एवं वृद्धि दर की प्रवृत्ति को निम्नवत् देखा जा सकता है–

राजस्थान की जनसंख्या, दशकीय वृद्धि दर

वर्ष	कुल जनसंख्या	दशकीय परिवर्तन	प्रतिशत
1901	10,294,090	—	—
1911	10,983,509	+689,419	+6.70
1921	10,292,648	–690,861	–6.29
1931	11,747,974	+1,455,326	+14.14
1941	13,863,859	+2,115,885	+18.01
1951	15,970,774	+2,106,915	+15.20
1961	20,155,602	+4,184,828	+26.20
1971	25,765,806	+5,610,204	+27.83
1981	34,261,862	+8,496,056	+32.97
1991	44,005,990	+9,744,128	+28.44
2001	56,473,122	+12,467,132	+28.33
2011	68,548,437	+12,075,315	+21.3

राज्य की कुल जिलेवार जनसंख्या, लिंगानुपात, जनघनत्व, दशकीय वृद्धि दर एवं साक्षरता दर (2011)

राज्य/जिला	जनसंख्या			लिंगानु-पात	जन-घनत्व	दशकीय वृद्धि दर (2001-11)	साक्षरता दर		
	व्यक्ति	पुरुष	स्त्रियाँ				व्यक्ति	पुरुष	स्त्रियाँ
1	2	3	4	5	6	7	8	9	10
राजस्थान	68548437	35550997	32997440	928	200	21.3	66.1	79.2	52.1
गंगानगर	1969168	1043340	925828	887	179	10.0	69.6	78.5	59.7
हनुमानगढ़	1774692	931184	843508	906	184	16.9	67.1	77.4	55.8

राज्य/जिला	जनसंख्या			लिंगानु-पात	जन-घनत्व	दशकीय वृद्धि दर (2001-11)	साक्षरता दर		
	व्यक्ति	पुरुष	स्त्रियाँ				व्यक्ति	पुरुष	स्त्रियाँ
1	2	3	4	5	6	7	8	9	10
बीकानेर	2363937	1240801	1123136	905	78	24.3	65.1	75.9	53.2
चुरू	2039547	1051446	988101	940	147	20.3	66.8	78.8	54.0
झुंझुनू	2137045	1095896	1041149	950	361	11.7	74.1	86.9	61.0
अलवर	3674179	1939026	1735153	895	438	22.8	70.7	83.7	56.3
भरतपुर	2548462	1355726	1192736	880	503	21.4	70.1	84.1	54.2
धौलपुर	1206516	653647	552869	846	398	22.7	69.1	81.2	54.7
करौली	1458248	783639	674609	861	264	20.9	66.2	81.4	48.6
सवाई माधोपुर	1335551	704031	631520	897	297	19.6	65.4	81.5	47.5
दौसा	1634409	857787	776622	905	476	23.5	68.2	83.0	51.9
जयपुर	6626178	3468507	3157671	910	595	26.2	75.5	86.1	64.0
सीकर	2677333	1374990	1302343	947	346	17.0	71.9	85.1	58.2
नागौर	3307743	1696325	1611418	950	187	19.2	62.8	77.2	47.8
जोधपुर	3687165	1923928	1763237	916	161	27.7	65.9	79.0	51.8
जैसलमेर	669919	361708	308211	852	17	31.8	57.2	72.0	39.7
बाड़मेर	2603751	1369022	1234729	902	92	32.5	56.5	70.9	40.6
जालौर	1828730	936634	892096	952	172	26.2	54.9	70.7	38.5
सिरोही	1036346	534231	502115	940	202	21.8	55.3	70.0	39.7
पाली	2037573	1025422	1012151	987	164	11.9	62.4	76.8	48.0
अजमेर	2583052	1324085	1258967	951	305	18.6	69.3	82.4	55.7
टोंक	1421326	728136	693190	952	198	17.3	61.6	77.1	45.4
बूंदी	1110906	577160	533746	925	192	15.4	61.5	75.4	46.6
भीलवाड़ा	2408523	1220736	1187787	973	230	19.2	61.4	75.3	47.2
राजसमंद	1156597	581339	575258	990	248	17.7	63.1	78.4	48.0
डूंगरपुर	1388552	696532	692020	994	368	25.4	59.5	72.9	46.2
बांसवाड़ा	1797485	907754	889731	980	397	26.5	56.3	69.5	43.1
चित्तौड़गढ़	1544338	783171	761167	972	197	16.1	61.7	76.6	46.5
कोटा	1951014	1021161	929853	911	374	24.4	76.6	86.3	65.9
बारा	1222755	633945	588810	929	175	19.7	66.7	80.4	52.0
झालावाड़	1411129	725143	685986	946	227	19.6	61.5	75.8	46.5
उदयपुर	3068420	1566801	1501619	958	262	23.7	61.8	74.7	48.4
प्रतापगढ़	867848	437744	430104	983	195	22.8	56.0	69.5	42.4

खनिज संसाधन

खनिजों के संदर्भ में अजायबघर की उपमा पाने वाला राजस्थान राज्य 79 प्रकार के खनिजों के भंडार संचित किए हुए है। इन भंडारित खनिजों में से 57 प्रकार के खनिजों का विदोहन लगातार किया जा रहा है। कई खनिजों जैसे-चाँदी, संगमरमर, रॉक फॉस्फेट, जस्ता एवं कैडमियम में राज्य को एकाधिकार प्राप्त है। खनिज भण्डारों की दृष्टि से राज्य का स्थान देश में झारखंड और मध्य प्रदेश के बाद तीसरा है। राजस्थान के मकराना का संगमरमर विश्वविख्यात है।

खनिजों का वर्गीकरण

1. धात्विक खनिज—ताँबा, जस्ता, सीसा, चाँदी, कैडमियम, लोहा, टंगस्टन, मैंगनीज, टिन व बॉक्साइट आदि।

2. अधात्विक खनिज—नमक, तामड़ा, चूना-पत्थर, जिप्सम, रॉक फॉस्फेट, संगमरमर, यूरेनियम, इमारती पत्थर आदि।

3. विद्युत कुचालक व उच्च ताप सह खनिज—अभ्रक, ऐस्बेस्टस, डोलोमाइट, ग्रेफाइट, जिप्सम, पाइरोफिलाइट आदि।

4. रत्न खनिज—पन्ना, गारनेट, स्फटिक, फ्लूओराइट व एक्कामेरिन इत्यादि।

5. ईंधन खनिज—कोयला, पेट्रोलियम व प्राकृतिक गैस।

प्रमुख खनिज एवं उनके उत्पादक क्षेत्र (प्रधान खनिज)

क्रं. सं.	खनिज का नाम	प्रथम स्थान	द्वितीय स्थान	तृतीय स्थान
1.	तांबा	झुंझुनूं	—	—
2.	लौह-अयस्क	जयपुर	झुंझुनूं	सीकर
3.	सीसा सान्द्रण	भीलवाड़ा	उदयपुर	राजसमन्द
4.	सीसा-जस्ता	भीलवाड़ा	उदयपुर	राजसमन्द
5.	चांदी	उदयपुर	भीलवाड़ा	राजसमन्द
6.	जस्ता-सान्द्रण	भीलवाड़ा	राजसमन्द	उदयपुर
7.	ऐस्बेस्टॉस	पाली	राजसमन्द	उदयपुर
8.	बॉल क्ले	बीकानेर	जैसलमेर	—
9.	बेराइट्स	उदयपुर	अलवर	सीकर
10.	केल्साइट	सिरोही	उदयपुर	सीकर
11.	चॉक	सिरोही	—	—
12.	चाइना क्ले	भीलवाड़ा	चित्तौड़गढ़	नागौर
13.	डोलोमाइट	राजसमन्द	उदयपुर	डूंगरपुर
14.	एपीडोट	जयपुर	—	—
15.	फेल्सपार	अजमेर	भीलवाड़ा	राजसमन्द
16.	फायर क्ले	झुंझुनूं	भरतपुर	—
17.	फ्लुओराइट	डूंगरपुर	जालौर	सिरोही
18.	गारनेट	अजमेर	टोंक	भीलवाड़ा

क्रं. सं.	खनिज का नाम	प्रथम स्थान	द्वितीय स्थान	तृतीय स्थान
19.	ग्रेफाइट	बांसवाड़ा	—	—
20.	जिप्सम	बीकानेर	जैसलमेर	गंगानगर
21.	जेस्पार	जोधपुर	—	—
22.	कायनाइट	भीलवाड़ा	—	—
23.	लाइमस्टोन (सीमेण्ट ग्रेड)	चित्तौड़गढ़	सिरोही	पाली
24.	लाइम स्टोन (स्टील ग्रेड)	जैसलमेर	—	—
25.	अभ्रक	भीलवाड़ा	अजमेर	—
26.	ऑकर	चित्तौड़गढ़	उदयपुर	भीलवाड़ा
27.	पायरोफिलाइट	राजसमन्द	उदयपुर	भीलवाड़ा
28.	क्वार्ट्ज	अजमेर	टोंक	सवाई माधोपुर
29.	रॉक फॉस्फेट	उदयपुर	—	—
30.	सेलेनाइट	बीकानेर	बाड़मेर	—
31.	सिलिका सेण्ड	करौली	भरतपुर	टोंक
32.	सिलिसियस अर्थ	बाड़मेर	जैसलमेर	—
33.	घीया पत्थर	उदयपुर	भीलवाड़ा	डूंगरपुर
34.	वर्मिक्यूलाइट	अजमेर	—	—
35.	वुलेस्टोनाइट	सिरोही	पाली	अजमेर
36.	शेल	चित्तौड़गढ़	—	—
37.	लिग्नाइट	बाड़मेर	नागौर	—
38.	सोना	झुंझुनूं	—	—
39.	केडमियम	भीलवाड़ा	उदयपुर	—

प्रमुख खनिज एवं उनके उत्पादक क्षेत्र (अप्रधान खनिज)

क्रं. सं.	खनिज का नाम	प्रथम स्थान	द्वितीय स्थान	तृतीय स्थान
1.	बेन्टोनाइट	बाड़मेर	झालावाड़	—
2.	ब्रिक अर्थ	गंगानगर	हनुमानगढ़	अलवर
3.	चर्ट	अलवर	भरतपुर	—
4.	चिप्स पाउडर	राजसमन्द	चित्तौड़गढ़	—
5.	फुलर्स अर्थ	बाड़मेर	बीकानेर	भीलवाड़ा
6.	ग्रेनाइट	जालौर	जैसलमेर	पाली
7.	कंकड़–बजरी	भीलवाड़ा	अजमेर	सीकर
8.	चूना पत्थर (बर्निंग)	जोधपुर	नागौर	पाली
9.	चूना पत्थर (इमारती)	कोटा	चित्तौड़गढ़	झालावाड़
10.	संगमरमर	राजसमन्द	नागौर	अलवर
11.	मेसोनरी स्टोन	जयपुर	जोधपुर	भरतपुर
12.	क्वार्टजाइट	उदयपुर	अजमेर	सीकर
13.	रायोलाइट	जोधपुर	पाली	—
14.	सेण्डस्टोन	जोधपुर	बूंदी	भीलवाड़ा
15.	सरपेण्टाइन	उदयपुर	डूंगरपुर	—
16.	स्लेट स्टोन	अलवर	बूंदी	—

8. वन्य जीव एवं उनका संरक्षण

वन एवं वन्य जीवों से संबंधित महत्त्वपूर्ण तथ्य

1. राजस्थान का राज्य पक्षी — गोडावन
2. राज्य का कुल वन क्षेत्र — 16,572 वर्ग किमी
3. सर्वाधिक वन क्षेत्र वाला जिला — उदयपुर
4. सबसे कम वन क्षेत्र वाला जिला — जोधपुर
5. राष्ट्रीय उद्यानों की संख्या — 5
6. अभयारण्यों की संख्या — 25
7. राजस्थान में वन मंडल — 12
8. भारत के वन क्षेत्र में राज्य का अंश — 2.33%
9. राजस्थान में जन्तुआलयों की संख्या — 5
10. राजस्थान का पहला राष्ट्रीय उद्यान — रणथम्भौर राष्ट्रीय उद्यान
11. राजस्थान वन्य जीव बोर्ड की स्थापना का वर्ष — 1955
12. सबसे बड़ा (क्षेत्रफल में) आखेट निषिद्ध क्षेत्र — संवत्सर कोटसर
13. उड़न गिलहरियों के लिए प्रसिद्ध अभ्यारण्य — सीतामाता
14. पक्षियों की संख्या की दृष्टि में सबसे बड़ा अभयारण्य — केवला देव पक्षी विहार
15. वन संरक्षण से संबंधित मुख्य पुरस्कार — अमृता देवी पुरस्कार
16. वन संरक्षण से संबंधित मेला — खेजड़ली मेला
17. जंगली मुर्गों के लिए प्रसिद्ध अभयारण्य — माउंट आबू अभयारण्य
18. राजस्थान का वह जिला जहाँ उत्तर भारत का प्रथम सर्प उद्यान स्थापित किया गया है — कोटा
19. राजस्थान में टाइगर प्रोजेक्ट — 3
20. राजस्थान में ऊँट की सर्वोत्तम नस्ल — 'नाचना'

राजस्थान के जन्तुआलय

क्र॰सं॰	नाम	स्थापना	वन्य जीवों की प्रजातियाँ
1.	बीकानेर जन्तुआलय	1922	22
2.	जोधपुर जन्तुआलय	1936	23
3.	कोटा जन्तुआलय	1954	17
4.	जयपुर जन्तुआलय	1876	75
5.	उदयपुर जन्तुआलय	1878	25

राष्ट्रीय उद्यान एवं वन्य जीव अभयारण्य

क्रम. संख्यां	नाम	सम्बन्धित जिला/जिले	क्षेत्रफल वर्ग किमी	स्थापना वर्ष	वन्य जीव	प्रमुख वृक्ष प्रजातियां
	राष्ट्रीय उद्यान					
1.	राजीव गांधी राष्ट्रीय उद्यान, रणथम्भौर	सवाई माधोपुर	282	1980	बाघ, तेंदुआ, रीछ, जरख	धोकड़ा, ढाक, सालर, बरगद
2.	केवलादेव	भरतपुर	28.73	1981	आप्रवासी पक्षी	बबूल, कदम्ब, जामुन
3.	मुकुन्द्रा हिल्स, दर्रा राष्ट्रीय उद्यान	कोटा	200.54	2006	चीता, सांभर, चिंकारा, भेड़िया	बबूल, इमली, बेर, ढाक
4.	सरस्किा	अलवर	273.8	1992	बाघ, सियागोश बिल्ली, मोर	धोकड़ा, कौंच की फली, सालार
5.	राष्ट्रीय मरु उद्यान	जैसलमेर–बाड़मेर	3,162.00	1992	मरुबिल्ली, गोडावण	खेजड़ी, बेर, सेवण, फोग
	वन्य जीव अभयारण्य					
1.	सवाई माधोपुर अभयारण्य	सवाई माधोपुर	131.30	1955	बाघ, बघेरा	रोहिड़ा
2.	सरिस्का	अलवर	557.50	1955	बाघ, सियागोश बिल्ली, मोर	धोकड़ा, कौंच की फली, सालर
3.	जवाहर सागर	कोटा	153.41	1975	घड़ियाल, मगरमच्छ	धोकड़ा, बांस
4.	रामसागर	धौलपुर	34.40	1955	गीदड़, भेड़िया	धोकड़ा, खैर, गोया
5.	केसर बाग	धौलपुर	14.76	1955	भेड़िया, जरख, लोमड़ी, चीतल	धोकड़ा, कुमठा, रोंज
6.	वन-विहार	धौलपुर	25.60	1955	—	कमल
7.	बन्ध बरेठा	भरतपुर	199.50	1985	प्रवासी पक्षी	मारवी, सेमल, घटबोर
8.	बस्सी	चित्तौड़गढ़	138.69	1988	बघेरा, जरख	ढाक, सागवान, बांस,
9.	भैंसरोड़गढ़	चित्तौड़गढ़	229.14	1983	बघेरा, रीछ	धोकड़ा, सालर, गुर्जन
10.	दर्रा	कोटा-झालावाड़	274.41	1955	बघेरा, गागरोनी तोता	धोकड़ा, खैर, तेन्दू, बिया
11.	सीतामाता	चित्तौड़गढ़-उदयपुर	422.94	1979	उड़न गिलहरी, रीछ	सागवान, बांस, महुआ
12.	सवाई मानसिंह	सवाई माधोपुर	103.25	1984	बाघ, बघेरा	रोहिड़ा
13.	शेरगढ़-अचरौली	कोटा	98.71	1983	बघेरा, जरख, रीछ	चिरौंजी, बिया, बेल
14.	तालछापर	चुरू	7.19	1971	काला हिरण, प्रवासी पक्षी	मोथिया घास, लाना झाड़िया
15.	टाटगढ़-रावली	अजमेर-पाली	425.27	1983	बघेरा, रीछ, जरख	धोकड़ा, धावड़ा, सालर

क्रम. संख्या	नाम	सम्बन्धित जिला/जिले	क्षेत्रफल वर्ग किमी	स्थापना वर्ष	वन्य जीव	प्रमुख वृक्ष प्रजातियां
16.	कैला देवी	करौली	676.38	1983	बघेरा, रीछ, जरख	धोकड़ा
17.	कुम्भलगढ़	पाली-उदयपुर राजसमन्द	608.57	1971	भेड़िया, लकड़बग्धा	धोकड़ा, सालर, चन्दन
18.	माउण्ट आबू	सिरोही	326.10	1960	जंगली मुर्गे, बघेरा	आम, जामुन, गूलर
19.	नाहरगढ़	जयपुर	50.00	1980	सियार, नीलगाय, बघेरा	धोकड़ा, सालर, तेन्दू
20.	राष्ट्रीय चम्बल अभयारण्य	कोटा-सवाई माधोपुर-बूंदी-धौलपुर-करौली	274.75	1979	घड़ियाल, मगरमच्छ	बबूल, खैर, शीशम
21.	रामगढ़-विषधारी	बूंदी	252.79	1982	बाघ, सांभर, सूअर	धोकड़ा, चुरैल
22.	सज्जनगढ़	उदयपुर	5.19	1987	सांभर, चीतल	धोकड़ा, सालर, धावड़ा
23.	फुलवारी की नाल	उदयपुर	492.68	1983	बघेरा, जरख, वनबिलाव	सागवान, महुआ, धोकड़ा
24.	जयसमन्द	उदयपुर	52.34	1955	बघेरा, लकड़बग्धा	केवड़ा, ढाक
25.	जमवा रामगढ़	जयपुर	300.00	1982	बघेरा, जरख, भेड़िया	खस, आम

*राजस्थान में 5 राष्ट्रीय उद्यान, 25 अभयारण्य एवं 33 आखेट निषिद्ध क्षेत्र है।

प्रमुख मृगवन

नाम	जिला	स्थापना वर्ष	प्रमुख जीव
• मृगवन	चित्तौड़गढ़	1969	चिंकारा, काला हिरण, चीतल, नीलगाय
• पुष्कर मृगवन	अजमेर	1985	चीतल, चिंकारा
• अशोक विहार मृगवन	जयपुर	1986	चीतल, चिंकारा, नीलगाय, सांभर
• संजयमृगवन	जयपुर	1986	नीलगाय, चीतल, चिंकारा
• सज्जन गढ़ मृगवन	उदयपुर	1984	चीतल, सांभर
• मचिया मृगवन	जोधपुर	1985	चिंकारा, काला हिरण, नीलगाय
• अमृता देवी मृगवन	जोधपुर	—	काला हिरण, चिंकारा, मरु लोमड़ी

राजस्थान में पशु मेले

क्रम सं.	पशु मेले का नाम	स्थान	जिला	क्रम सं.	पशु मेले का नाम	स्थान	जिला
1.	मल्लीनाथ/तिलवाड़ा पशु मेला	तिलवाड़ा	बाड़मेर	6.	चित्तौड़गढ़ पशु मेला	चित्तौड़गढ़	चित्तौड़गढ़
2.	पुष्कर पशु मेला	पुष्कर	अजमेर	7.	रामदेव पशु मेला	नागौर	नागौर
3.	श्री तेजाजी पशु मेला	परबतसर	नागौर	8.	चन्द्रभागा पशु मेला	झालरापाटन	झालावाड़
4.	श्री बलदेव पशु मेला	मेड़ता सिटी	नागौर	9.	जसवंत पशु मेला	भरतपुर	भरतपुर
5.	गोमती सागर पशु मेला	झालरापाटन	झालावाड़	10.	शिवरात्रि पशु मेला	करौली	सवाई माधोपुर
				11.	बहरोड़ पशु मेला	बहरोड़	अलवर
				12.	गोमामैड़ी पशु मेला	गोमामैड़ी	गंगानगर

9 सिंचाई परियोजनाएं

राजस्थान की कृषि-प्रधान अर्थव्यवस्था अनियमित एवं अपर्याप्त जलावृष्टि से सदैव प्रभावित रहती है। यहाँ की नदियां सदानीरा नहीं हैं; काफी कम समय के लिए इनमें पानी होता है। अतएव प्रारम्भ से ही यहाँ के जल संसाधनों की उचित एवं योजनाबद्ध ढंग से इस्तेमाल की आवश्यकता महसूस की जाती रही है। विगत वर्षों में, खासकर पंचवर्षीय योजनाओं के तहत् इसमें काफी सफलता भी पाई गई है। कई नदी परियोजनाओं की स्थापना की गई है जिससे एक ओर सिंचाई साधनों की वृद्धि तथा सकल एवं शुद्ध सिंचित क्षेत्रफल में वृद्धि हुई है, दूसरी ओर जल-विद्युत उत्पादन तथा पेयजल समस्या की दिशा में सार्थक सफलता मिली है।

सिंचाई परियोजनाओं का संक्षिप्त परिचय

परियोजना का नाम	बांध निर्माण स्थल	नदी	सिंचाई क्षेत्र (हेक्टेयर में)
बहुउद्देशीय परियोजनाएँ			
1. चम्बल नदी घाटी परियोजना (राजस्थान एवं मध्यप्रदेश)			
• गांधी सागर	मंदसौर (मध्यप्रदेश)	चम्बल नदी	50 लाख (लगभग)
• राणा प्रताप सागर	चित्तौड़गढ़ (राजस्थान)		
• जवाहर सागर	कोटा (राजस्थान)		
2. भाखड़ा नांगल परियोजना (हरियाणा, पंजाब एवं राजस्थान)	भाखड़ा एवं नांगल (पंजाब)	सतलुज नदी	28 लाख कुल राजस्थान (4246 लाख)
3. व्यास परियोजना (पंजाब, हरियाणा एवं राजस्थान)	पंडोह (हिमाचल प्रदेश) पोंग बांध	सतलुज, रावी व्यास	21 लाख (कुल)
4. माही बजाज सागर परियोजना (राजस्थान एवं गुजरात)	बोटखेड़ा गांव बांसवाड़ा (राजस्थान)	माही नदी	30.750
वृहद् सिंचाई परियोजनाएँ			
1. जवाई बांध योजना	पाली	जवाई नदी	41,000
2. जाखम परियोजना	प्रतापगढ़ (चित्तौड़गढ़)	जाखम	21,040
3. ओराई सिंचाई योजना	भोपालपुरा	ओराई	4,600
4. जवाई बांध परियोजना	सुमेरपुर	जवाई	41,420
5. मेजा बांध परियोजना	भीलवाड़ा	कोठारी	10,500
6. बीसलपुर परियोजना	टोंक	बनास	69,000

परियोजना का नाम	बांध निर्माण स्थल	नदी	सिंचाई क्षेत्र (हेक्टेयर में)
अन्य सिंचाई परियोजनाएँ			
1. विलास सिंचाई योजना	बारां	विलास	69,000
2. पार्वती सिंचाई परियोजना	धौलपुर	पार्वती	25,000
3. सोम-कमला-अम्बा सिंचाई परियोजना	डूंगरपुर	सोम	14,000
4. मोरेल बांध	सवाई माधोपुर	मोरेल	8,600
5. बांकली बांध	पाली	सूकड़ी	1,800
6. खारी बांध	असीन्दा तहसील	खारी	3,800
7. अड़वान बांध	शाहपुरा	मन्सी	5,500
8. पश्चिम बनास योजना	पिड़वाड़ा तहसील	बनास	4,000
9. गम्भीरी योजना	निम्बाहेड़ा	गम्भीरी	6,200
10. इन्दिरा लिफ्ट सिंचाई योजना (प्रस्तावित)	सवाई माधोपुर	चम्बल	94,000
11. पीपलवा लिफ्ट सिंचाई योजना	गण्डावर गांव (सवाई माधोपुर)	चम्बल	12,930
12. सोम कागदर सिंचाई योजना	उदयपुर	सोम	6,840
13. पांचना परियोजना	करौली	गम्भीरी	9,985
14. चाकण सिंचाई परियोजना	केशवरायपाटन	चाकण	2,350
15. छापी सिंचाई परियोजना	अकलेरा (मनालावाड़)	छापी	7,000
16. गुढ़ा योजना	बूंदी	–	8,100
17. जग्गर सिंचाई परियोजना	सवाई माधोपुर		2,600
18. भीमसागर	झालावाड़	उजाड़	10,000
19. हरिश्चन्द्र सागर	झालावाड़/कोटा	काली सिन्ध	18,000
20. चंवली	झालावाड़	चंवली	8,937
21. चौली	झालावाड़	चौली	7,794
22. बैंथली	बारां	बैंथली	4,316
23. सावन-भादों	कोटा	अरू	—
24. परवन लिफ्ट	बारां	परवन	—
25. नन्दसमद	राजसमन्द	बनास	3,255
26. राजसमन्द	राजसमन्द	–	7,771
27. जयसमन्द	उदयपुर	गोमती	22,624
28. बाड़ी मान सरोवर	चित्तौड़गढ़	कादम्बरी	1,600
29. सूकली–सेलवाड़ा	सिरोही	सूकली	4,279
30. बांडी सेदड़ा	जालौर	बाण्डी	4,619
31. अजान	भरतपुर	गम्भीरी	—
32. ईसरदा	सवाई माधोपुर	बनास	—

राजस्थान के अन्य राज्यों के साथ सम्पन्न जल समझौते

नदी	समझौता तिथि	जल में राजस्थान का भाग	समझौते में शामिल
रावी-व्यास	1920	1.11 M.A.F.	राजस्थान, पंजाब व हरियाणा
रावी–व्यास	जनवरी 1955	8.61 M.A.F.	राजस्थान, पंजाब व हरियाणा
सतलुज	13 जनवरी, 1959	1.41 M.A.F.	राजस्थान, पंजाब व हरियाणा
चम्बल	—	1.6 M.A.F.	राजस्थान, मध्य प्रदेश
माही	1966	0.37 M.A.F.	राजस्थान, गुजरात
नर्मदा	—	0.50 M.A.F.	राजस्थान, गुजरात
यमुना	12 मई, 1944	0.91 M.A.F.	राजस्थान, उत्तर प्रदेश, हरियाणा, दिल्ली व हिमाचल प्रदेश

इन्दिरा गांधी नहर परियोजना : एक दृष्टि में

1. उद्गम — हरिके बैराज (सतलुज-व्यास संगम), पंजाब
2. जलापूर्ति — रावी, व्यास नदी जल समझौता 1955
3. प्रारूप निर्माता — श्री कंवरसेन
4. पुराना नाम — राजस्थान नहर परियोजना
5. नहर का श्रीगणेश — 31 मार्च, 1958
6. उद्घाटनकर्ता — गोविन्द वल्लभ पंत (तत्कालीन केन्द्रीय गृहमंत्री)
7. योजना के चरण — दो
8. प्रथम चरण की लम्बाई — 204 किलोमीटर
9. प्रथम चरण की हरियाणा-पंजाब में लम्बाई — 169 किलोमीटर
10. प्रथम चरण की राजस्थान में लम्बाई — 35 किलोमीटर
11. प्रथम चरण की समाप्ति — मसीतांवाली (हनुमानगढ़)
12. प्रथम चरण में लिफ्ट नहरें — एक
13. प्रथम चरण का निर्माण पूर्ण — 1964
14. प्रथम चरण में वितरिकाओं की लम्बाई — 3075 किमी
15. प्रथम चरण में सिंचाई क्षमता का सृजन — 5.7 लाख हेक्टेयर
16. प्रथम चरण में व्यय राशि — 343 करोड़ रूपये
17. मुख्य नहर का शुरुआती व अन्तिम बिन्दु — मसीतांवाली व छतरगढ़ (बीकानेर)
18. मुख्य नहर के प्रथम चरण की लम्बाई — 189 किमी
19. द्वितीय चरण की लम्बाई — 256 किमी
20. द्वितीय चरण का शुरुआती व अन्तिम बिन्दु — छतरगढ़ व मोहनगढ़ (जैसलमेर)
21. द्वितीय चरण में वितरिकाओं की लम्बाई — 5.756 किमी
22. द्वितीय चरण में सिंचाई क्षमता का सृजन — 8.77 लाख हेक्टेयर
23. परियोजना को मोहनगढ़ से आगे कहाँ तक स्वीकृति मिली है — गडरा रोड (बाड़मेर)

24.	द्वितीय चरण में खर्च राशि	1403 करोड़ रुपये
25.	परियोजना की लम्बाई	649 किमी (मोहनगढ़ तक)
26.	परियोजना का कुल कृषि योग्य कमाण्ड क्षेत्र	17.41 लाख हेक्टेयर
27.	इन्दिरा गांधी नहर की गहराई	6.4 मीटर
28.	इन्दिरा गांधी नहर के ऊपरी भाग की चौड़ाई	67 मीटर
29.	इन्दिरा गांधी नहर के पैंदे की चौड़ाई	38 मीटर
30.	लिफ्ट नहरों की संख्या	6
31.	नहर में पानी प्र/सै दर क्षमता	523 क्यूबिक मीटर
32.	पूरी परियोजना का शुरूआती व अन्तिम बिन्दु	हरिके बैराज (पंजाब) गडरारोड़ (बाड़मेर)
33.	इन्दिरा गांधी नहर की कुल सिंचाई संभाव्यता	15.79 लाख हेक्टेयर
34.	इन्दिरा गांधी नहर का 'जीरो पांइट'	गडरारोड (बाड़मेर)
35.	नहर पर ऊर्जा उत्पादन केन्द्र	पूगल, बरसलपुर व चारणावाला
36.	परियोजना का उपनाम	मरुगंगा
37.	सबसे लम्बी लिफ्ट नहर	गंधेली साहवा लिफ्ट कैनाल

राज्य की प्रमुख नहरें

नहर	स्थापना	लम्बाई	सिंचित क्षेत्र	लाभ प्राप्त करने वाले जिले
1. गंगनहर	1927	137	3.28 लाख हेक्टेयर	श्रीगंगानगर व हनुमानगढ़
2. भरतपुर नहर	1964	28	11 हजार हेक्टेयर	भरतपुर
3. गुड़गाँवा नहर	1985	58	28 हजार 200 हेक्टेयर	भरतपुर जिले की डीग व कामां तहसील
4. गंगनहर लिंक चैनल	1984	80	गंगनहर में विलय	श्रीगंगानगर व हनुमानगढ़

उद्योग

क्षेत्रफल की दृष्टि से सबसे बड़ा राज्य होने तथा कई खनिज पदार्थों के निष्कासन में प्रमुख स्थान रखने वाला राजस्थान औद्योगिक दृष्टि से काफी पिछड़ा हुआ है। इसके लिए विदोहन की अपर्याप्त व्यवस्था, पूर्व देशी रियासतों में गैर-आधुनिक दृष्टिकोण तथा औद्योगिक क्रियाओं के विकास के लिए सुविधाओं के अभाव को उत्तरदायी ठहराया जा सकता है। राजस्थान का एक पक्ष जितना मजबूत है यथा—कृषि पदार्थों का उत्पादन, खनिज पदार्थों की बाहुल्यता एवं पशुपालन की स्थिति का बेहतर होना, वहीं दूसरा पक्ष औद्योगिक उत्पादन उतना ही पिछड़ा है। राज्य में कुल औद्योगिक उत्पादन में वृहद उद्योगों का हिस्सा लगभग 50 प्रतिशत, मध्यम आकार के उद्योगों का 18 प्रतिशत और लघु पैमाने के उद्योगों का 32 प्रतिशत है।

राजस्थान के प्रमुख उद्योग व केन्द्र

	उद्योग	प्रमुख केन्द्र
1.	सूती वस्त्र	भीलवाड़ा (7), उदयपुर (5), अलवर (5), अजमेर (4), बांसवाड़ा (2), गंगानगर (2), जोधपुर, जयपुर, पाली, कोटा और सिरोही प्रत्येक जिले में एक-एक मिल
2.	खाद्य प्रसंस्करण	इमामी फूड्स (अलवर), मार्डन बेकरी (जयपुर) ब्रेक फास्ट फूड, रीजेन्सी फूड (अलवर)
3.	ग्वारगम उद्योग	जोधपुर, बीकानेर, बाड़मेर, सरदारशहर (चुरू)
4.	शक्कर उद्योग	दी मेवाड़ शुगर मिल्स लि., भोपालसागर (चित्तौड़गढ़)
5.	वनस्पति घी उद्योग	भीलवाड़ा, जयपुर, चित्तौड़गढ़, खैरथल (अलवर), भरतपुर, निवाई (टोंक), गंगापुरसिटी (सवाई माधोपुर)
6.	संगमरमर उद्योग	किशनगढ़ (अजमेर), राजसमन्द, उदयपुर, चित्तौड़गढ़, अलवर, मकराना, ऋषभदेव, आबू रोड़
7.	उर्वरक उद्योग	श्रीराम केमिकल्स, कोटा; चम्बल फर्टिलाइजर्स गडेपान (कोटा); उदयपुर फास्फेट्स, उदयपुर, जीवन फर्टिलाइजर्स, कोटा; गंगानगर फर्टिलाइजर्स, गंगानगर; झामर कोटड़ा (उदयपुर)
8.	टायर-ट्यूब	जे. के. टायर, कांकरोली (राजसमन्द), श्रीराम रेयन्स एण्ड टायर कोर्ड, कोटा
9.	सीमेन्ट उद्योग	चित्तौड़गढ़, निम्बाहेड़ा, लाखेरी (बूंदी), सवाईमाधोपुर, उदयपुर, मोडक (कोटा), ब्यावर (अजमेर), रास (पाली), पिण्डवाड़ा, बनास (सिरोही), जैसलमेर
10.	जस्ता उद्योग	देबारी (उदयपुर), चन्देरिया (चित्तौड़गढ़)
11.	ऊन उद्योग	बीकानेर, जोधपुर, कोटा, चुरू, लाडनूं
12.	नमक उद्योग	सांभर (जयपुर), पंचपदरा (बाड़मेर), डीडवाना (नागौर)
13.	ग्रेनाइट उद्योग	जालौर, आबूरोड, चित्तौड़गढ़, किशनगढ़, सीकर
14.	बेण्टोनाइट उद्योग	बाड़मेर
15.	कांच उद्योग	धौलपुर ग्लास वर्क्स, धौलपुर दी हाई टैक प्रिसीजन ग्लास वर्क्स, धौलपुर सिम्कोर ग्लासेस लिमिटेड, कोटा

राजस्थान में स्थापित विश्व स्तरीय कम्पनियां

क्रम सं.	कम्पनी का नाम	उत्पाद
1.	फोर्ड मोटर कम्पनी, **भिवाड़ी** (अलवर)	ऐलुमिनियम और ब्रेज्ड रेडियेटर्स
2.	बॉशी और लॉम्ब, **भिवाड़ी**	रे-बन सनग्लासेज, कान्टेक्ट लेन्स, सोल्यूशन्स
3.	मेकडोनाल्ड्स, **जयपुर**	रेस्टोरेन्ट
4.	कोका कोला, **कालाडेरा** (जयपुर)	कोक, फेन्टा, लिम्का, किनले (गैर– अल्कोहल पेय पदार्थ)
5.	अक्ष ऑप्टीफाइबर, **बदरपुर, भिवाड़ी, जैतपुर, रींगस**	ऑप्टिकल फाइबर कैबल्स, फाइबर ग्लास रेनफोर्स्ड प्लास्टिक
6.	जिलेट, **भिवाड़ी** (अलवर)	7 ओ-क्लॉक ब्लेड्स
7.	एरिकसन, **कूकस** (जयपुर)	सेल्यूलर फोन, दूरसंचार उपकरण
8.	रॉयल इनफील्ड, **कूकस** (जयपुर)	मोटर साईकिल
9.	जीपी सिबल प्रोटीन्स एण्ड इन्वेस्टमेण्ट बूंदी	सोयाबीन और रेपसीड प्रोसेसिंग संयन्त्र
10.	माइको, **सीतापुरा** (जयपुर)	ऑटोमोबाइल स्पार्क प्लग्स, सिंगल सिलेण्डर फ्यूल इंजेक्शन पम्पस
11.	फैडरल-मोगल ऑटोमेटिव प्रोडक्ट्स, **भिवाड़ी** (अलवर)	चैम्पियन स्पार्क प्लग्स

राज्य में भारत सरकार के औद्योगिक उपक्रम

क्र. संख्या	उपक्रम का नाम	स्थान	उत्पाद
1.	हिन्दुस्तान कॉपर लिमिटेड (1967)	खेतड़ी, झुंझुनूं	तांबा खनन, इलेक्ट्रॉनिक ग्रेड तांबा और सोना
2.	राजस्थान इलेक्ट्रॉनिक्स एवं इन्स्ट्रूमेण्ट्स लिमिटेड	कनकपुरा, जयपुर	तरल पदार्थों की जांच के उपकरण एवं लेक्टोमीटर
3.	प्रिसीजन इन्स्ट्रूमेण्टेशन लिमिटेड (1964)	कोटा	विभिन्न उद्योगों में काम आने वाले इलेक्ट्रॉनिक्स यन्त्र
4.	सांभर साल्ट्स लिमिटेड	जयपुर	खाने का नमक एवं रासायनिक लवण
5.	हिन्दुस्तान मशीन टूल्स	अजमेर	घड़ियां, लेथ मशीन

राज्य में औद्योगिक क्षेत्र

राजस्थान औद्योगिक विकास एवं नियोजन (रीको) ने औद्योगिक विकास के क्षेत्र में कई सार्थक कदम उठाये हैं, जिसका असर धीरे-धीरे नजर आने लगा है। इन्हीं में एक प्रमुख प्रयास है–प्रत्येक जिले में औद्योगिक बस्तियों की पहचान करना तथा उसके विकास का प्रयास करना। रीको द्वारा निम्नांकित औद्योगिक बस्तियों का विकास किया गया है :

1. भरतपुर जिला : भरतपुर, बयाना एवं डीग।

2. श्रीगंगानगर जिला : श्रीगंगानगर, सूरतगढ़, घरसाना, अनूपगढ़, पदमपुर, नौहर एवं रावला मण्डी।

3.	अलवर जिला	: भिवाड़ी, बहरोड़, शाहजहाँपुर, खेड़ली, खैरथल, राजगढ़ एवं मत्स्य क्षेत्र।
4.	जयपुर जिला	: मालवीय नगर, विश्वकर्मा, सुदर्शनपुरा, झोटवाड़ा, जैतपुरा, कनकपुरा, बगरू, बस्सी, दूदू, रेनवाल, शाहपुरा, फुलेरा, सीतापुरा, बगरू (विस्तार), बगरू छीतरोली, बिन्दायका आदि।
5.	पाली जिला	: पाली, मंडिया रोड, तख्तगढ़, सुमेरपुर, मारवाड़ जंक्शन एवं सोजत सिटी।
6.	उदयपुर जिला	: मेवाड़, सुखेर, राजनगर एवं फतेहनगर।
7.	सवाई माधोपुर जिला	: हिण्डौन, गंगानगर सिटी, खेरड़ा रोड एवं रणथम्भौर।
8.	धौलपुर जिला	: धौलपुर एवं बाड़ी।
9.	अजमेर जिला	: लालपुरा, परबतपुरा, माखुपुरा, एम.टी.सी., विजय नगर, किशनगढ़, केकड़ी एवं ब्यावर।
10.	सिरोही जिला	: सिरोही, शिवगंज, मण्डार, आबूरोड़ (अम्बानी एवं अर्बूदा), स्वरूपगंज एवं सिरोही रोड़।
11.	बांसवाड़ा जिला	: कुशलगढ़।
12.	जोधपुर जिला	: मरुधर, भगत की कोठी, न्यू इण्डस्ट्रीयल एरिया, मण्डोर, बोरूदा, मथानिया, खिचन एवं फलौदी।
13.	बूंदी जिला	: बूँदी (बी.सी.आर.), बूँदी (बी.पी.आर.) एवं बूँदी (बी.एम.आर.)
14.	भीलवाड़ा जिला	: भीलवाड़ा, बीगोद, रायला एवं जहाजपुर।
15.	कोटा जिला	: इन्द्रप्रस्थ, रेलवे क्रासिंग, मल्टीमेटल के सामने, गोविन्दपुर बावड़ी, सुमेरगंज मण्डी एवं रामगंज मण्डी।
16.	बीकानेर जिला	: बीछवाल, लूणकरणसर एवं नापासर।
17.	बाड़मेर जिला	: बाड़मेर, बालोतरा एवं समदड़ी।
18.	चित्तौड़गढ़ जिला	: चित्तौड़गढ़, कपासन, निम्बाहेड़ा एवं प्रतापगढ़।
19.	सीकर जिला	: सीकर, श्रीमाधोपुर, खण्डेला, नीम का थाना एवं रामगढ़।
20.	दौसा जिला	: दोसा एवं लालसोट।
21.	झालावाड़ जिला	: झालावाड़ एवं झालरापाटन।
22.	नागौर जिला	: नागौर, मकराना, एवं मेड़ता सिटी।
23.	जैसलमेर जिला	: जैसलमेर।
24.	झुंझुनूं जिला	: झुंझुनूं, सिंघाना, खेतड़ी, पिलानी एवं चिड़ावा।
25.	करौली जिला	: करौली।
26.	टोंक जिला	: टोंक, निवाई एवं मालपुरा।
27.	हनुमानगढ़ जिला	: हनुमानगढ़ टाऊन।
28.	राजसमंद जिला	: राजसमंद।
29.	बारां जिला	: बारां।
30.	डूंगरपुर जिला	: डूंगरपुर एवं सागवाड़ा।
31.	जालौर जिला	: जालौर, सांचौर एवं किशनगढ़।
32.	चुरू जिला	: चुरू, सरदारशहर, सादुलपुर, सुजानगढ़ एवं रतनगढ़।

औद्योगिक संभावनाएं

राज्य क्षेत्र के विभिन्न जिलों को भविष्य की औद्योगिक संभावनाओं के आधार पर चार श्रेणियों में बांटा गया है—

- विशिष्ट श्रेणी : जयपुर
- 'ए' श्रेणी : दौसा, अलवर, भीलवाड़ा, जोधपुर, राजसमंद, उदयपुर, बारां, कोटा, अजमेर एवं पाली
- 'बी' श्रेणी : झुंझुनूं सीकर, नागौर, बांसवाड़ा, टोंक, बीकानेर, भरतपुर, गंगानगर, सवाई माधोपुर एवं चित्तौड़गढ़
- 'सी' श्रेणी : धौलपुर, डूंगरपुर, सिरोही, बूंदी, झालावाड़, बाड़मेर, जैसलमेर, जालौर एवं चुरू

राज्य में औद्योगिक विकास में कार्यरत संस्थाएँ

नाम	स्थापना	उद्देश्य
1. राजस्थान राज्य औद्योगिक विकास एवं विनियोजन (RIICO)	28 मार्च, 1969	औद्योगिक इकाइयों की स्थापना करने में सहायता प्रदान करना
2. राजस्थान वित्त निगम (RFC)	1955	लघु एवं मध्यम श्रेणी के उद्योगों को दीर्घावधि ऋण
3. राजस्थान राज्य लघु उद्योग निगम (RAJSICO)	1961	लघु उद्योगों एवं हस्त शिल्प को प्रोत्साहन
4. राजस्थान राज्य खनिज विकास निगम (RSMDC)	1979	खनिज सम्पदा का समुचित दोहन, वैज्ञानिक विधि द्वारा विकास एवं विपणन
5. राजस्थान राज्य खान एवं खनिज निगम लिमिटेड (RSMMCL)	1956	जिप्सम एवं सेलेनाइट के खनन एवं बिक्री का कार्य
6. राजस्थान कन्सलटेन्सी आर्गनाइजेशन लिमिटेड (RAJCON)	1978	लघु एवं मध्यम इकाइयों के लिए तकनीकी सहायता, विपणन एवं वित्तीय परामर्श की व्यवस्था करना

लघु एवं कुटीर उद्योग : एक नजर में

लघु एवं कुटीर	संबंधित जिले	उत्पाद
कृषि आधारित लघु एवं कुटीर उद्योग		
तेलघानी उद्योग	गंगानगर, जयपुर, भरतपुर, सवाई माधोपुर, बारां, कोटा, बूँदी, अजमेर एवं पाली, भरतपुर (इंजन छाप तेल)	कोल्हू एवं धानी द्वारा निर्मित तेल
गुड़ एवं खांडसारी	गंगानगर, उदयपुर, भीलवाड़ा, झालावाड़, कोटा, टोंक, बूंदी एवं सवाई माधोपुर	गुड़ एवं खंडसारी, शीरा
आटा पीसना	गंगानगर, अलवर, भरतपुर, कोटा, उदयपुर, बूंदी, पाली, टोंक, अजमेर, भीलवाड़ा एवं धौलपुर आदि	आटा, सूजी एवं मैदा

लघु एवं कुटीर	संबंधित जिले	उत्पाद
कृषि आधारित लघु एवं कुटीर उद्योग		
दाल	अजमेर, कोटा, उदयपुर, गंगानगर, पाली, भीलवाड़ा, अलवर, भरतपुर, व टोंक आदि	अरहर, मूंग, मोठ की दाल एवं मोगर
हथकरघा उद्योग	कोटा—**मसूरिया साड़ी**, जोधपुर एवं जयपुर **चुनरी**, उदयपुर एवं जयपुर—**पगड़ी एवं पेंच**, गोविन्दपुर, करौली, जालौर—**तैयार वस्त्र**	तौलिया, साड़ियां, मोटे कपड़े, चादर आदि
बंधाई, छपाई एवं रंगाई	**रंगाई**—पाली, संगानेर, कोटा, **बंधेज**—जोधपुर, जयपुर, कोटा, उदयपुर, नागौर, **छपाई**—जयपुर, जोधपुर, भरतपुर, चित्तौड़गढ़	कपड़ों पर छपाई एवं उसकी रंगाई
गोटा उद्योग	जयपुर, अजमेर आदि	गोटा निर्माण
ग्वार-गम	जयपुर, अजमेर	गोंद
*** पशु आधारित लघु एवं कुटीर उद्योग**		
हड्डी पीसना	जयपुर, जोधपुर, कोटा एवं घोसुंड़ा	हड्डी चूर्ग
हाथी दांत	जयपुर, पाली एवं जोधपुर	खिलौने एवं नक्काशीदार वस्तुएं
चर्म उद्योग	जोधपुर, जयपुर, भीममाल एवं बीकानेर	जूतियां, पर्स, बेल्ट बैग, थैले आदि
ऊनी वस्त्र उद्योग	बीकानेर, चुरू, लाडनूँ, जैसलमेर व जयपुर	कम्बल, आसन, स्वटेर, चादर आदि
*** खनिज पदार्थों पर आधारित लघु एवं कुटीर उद्योग**		
संगमरमर उद्योग	मकराना (नागौर), मोरथला एवं आबूरोड (सिरोही), खोहदरबा एवं झिरी (अलवर), राजनगर (जयपुर), दौलतपुरा, झाम (अजमेर)	कप, खिलौने, चकले, चिप्स, आदि
पीतल एवं तांबे, स्टील के बर्तन एवं खुदाई	पीतल खुदाई (जयपुर), स्टील (किशनगढ़), कांसा बर्तन—भीलवाड़ा, पाली, जोधपुर, भरतपुर आदि	बर्तन निर्माण, पच्चीकारी एवं कढ़ाई खिलौने
सोना चांदी का कार्य	जयपुर	जेवर, बर्तन,
लोहा उद्योग	प्रत्येक जिले में	कढ़ाई, चाकू छूरी, चूल्हे, कैंची, उस्तरा, कृषि यंत्र
*** वनोत्पाद पर आधारित लघु एवं कुटीर उद्योग**		
माचिस	अजमेर एवं अलवर	दियासलाई
बीड़ी उद्योग	अजमेर, कोटा, ब्यावर, भीलवाड़ा, जोधपुर आदि (सूंखनी—ब्यावर)	तेन्दू पत्ते से बीड़ी एवं अन्य तम्बाकू उत्पाद
बांस उद्योग	जयपुर, अजमेर, जोधपुर आदि	टोकरियां, खिलौने मेज एवं चिकें
लकड़ी उद्योग	उदयपुर, सवाई माधोपुर एवं जोधपुर	ढोल, नगाड़े, मेज, कुर्सी, पत्तल
कत्था एवं लाख	कोटा, बूंदी, चित्तौड़गढ़, झालावाड़, अलवर, धौलपुर एवं जोधपुर	लाख की चूड़ियां, खिलौने, कत्था एवं पान मसाले

राज्य के प्रमुख पर्यटन स्थल

पर्यटन सर्किट

क्रम सं.	पर्यटक सर्किट	जिले एवं पर्यटन स्थल
1.	मांउट आबू सर्किट	माउंट आबू
2.	जयपुर-अजमेर सर्किट	जयपुर एवं अजमेर
3.	रेगिस्तानी सर्किट	जोधपुर, बीकानेर, जैसलमेर, बाड़मेर एवं गंगानगर
4.	जयपुर, टोंक एवं सवाई माधोपुर सर्किट	जयपुर, टोंक एवं सवाई माधोपुर
5.	जयपुर, जैसलमेर एवं बीकानेर सर्किट	जयपुर, जैसलमेर एवं बीकानेर
6.	शेखावटी सर्किट	सीकर, झुंझुनूं एवं चुरु
7.	हड़ौली सर्किट	कोटा, बूंदी एवं झालावाड़
8.	अलवर, भरतपुर एवं धौलपुर सर्किट	अलवर, भरतपुर, धौलपुर एवं करौली
9.	मेवाड़ सर्किट	उदयपुर, राजसमंद, हल्दीघाटी, गोगुंदा, चावड़, एवं कुंभलगढ़ के समीप के क्षेत्र

हैरिटेज होटल

हैरिटेज होटल	स्थान	हैरिटेज होटल	स्थान
1. होटल पुष्कर पैलेस	पुष्कर	7. होटल बिसाऊ पैलेस	जयपुर
2. अजीत भवन पैलेस	जोधपुर	8. सामोद हवेली	जयपुर
3. शिव निवास पैलेस	उदयपुर	9. नारायण निवास पैलेस होटल	जयपुर
4. रॉयल कॉसल	खींवसर	10. होटल करनी भवन	जोधपुर
5. होटल लालगढ़ पैलेस	बीकानेर	11. कॉसल मण्डावा	मण्डावा
6. राजमहल पैलेस	जयपुर	12. होटल डेरा	डूंडलोद

राजस्थान पर्यटन विकास निगम के प्रसिद्ध होटल

होटल	स्थान	होटल	स्थान
1. ढोलामारु	बीकानेर	8. घूमर	जोधपुर
2. मूमल	जैसलमेर	9. शिल्पी	रणकपुर (पाली)
3. सरोवर	पुष्कर	10. तीज	जयपुर
4. गणगौर	जयपुर	11. खादिम	अजमेर
5. टाइगर डेन	सरिस्का (अलवर)	12. झीलग्राम	रामगढ़
6. गोकुल	नाथद्वारा	13. कजरी	उदयपुर
7. स्वागतम्	जयपुर	14. गवरी	ऋषभदेव
		15. लेक पैलेस	सिलीसेढ़ (अलवर)

प्रमुख पर्यटन स्थल एक दृष्टि में (जिलेवार)

क्रम सं.	जिले	प्रमुख आकर्षण
1.	अजमेर	ख्वाजा मोइनुद्दीन चिश्ती की दरगाह, तारागढ़ का किला, सोनीजी की नसियाँ, अढ़ाई दिन का झोपड़ा, आनासागर झील, पुष्कर में स्थित ब्रह्माजी, रंगजी के मंदिर, बाराह मंदिर
2.	चित्तौड़गढ़	विश्व-प्रसिद्ध विशाल दुर्ग, विजय स्तम्भ, कीर्ति स्तम्भ, रानी पद्मिनी का जलमहल, जौहर कुण्ड, भीमताल, तोपखाना, नौलखा खजाना, मीरा मंदिर, कालिका मंदिर, गौमुख
3.	जोधपुर	उम्मेद भवन, जसवन्त थड़ा, मण्डोर उद्यान, सूर्य मंदिर, बालसमंद झील, हरिहर का मंदिर, ओसियाँ के जैन मंदिर
4.	जयपुर	हवामहल, सिटी पैलेस, रामनिवास बाग, जन्तर-मन्तर, गलता का पवित्र कुण्ड, नाहरगढ़ का विशाल दुर्ग, गैटोर, जयगढ़ का दुर्ग, आमेर का किला, सांगानेर के प्राचीन जैन मंदिर, अजायबघर, बिड़ला मंदिर, बिड़ला तारा मण्डल
5.	सिरोही	दिलवाड़ा के जैन मंदिर, नक्की झील, आबू पर्वत, टॉड रॉक गौमुख, अचलेश्वर मंदिर हनीमून पॉइंट, सनसेट पॉइंट
6.	बीकानेर	37 बुर्जीय विशाल दुर्ग, चन्द्र महल, फूल महल, कर्ण महल, शीश महल, छतर महल, देशनोक का करणी माता मंदिर, कोलायत मंदिर, कपिल मुनि का आश्रम, अनूप महल, लालगढ़ पैलेस
7.	उदयपुर	लैक पैलेस, सिटी पैलेस, पिछौला व फतेहसागर झीलें, मोती डूँगरी, गुलाब बाग, नाथद्वारा मंदिर, कुंभलगढ़ का दुर्ग, हल्दीघाटी, रणकपुर जैन मंदिर, एकलिंगजी का मंदिर, कॉकरोली का द्वारकाधीश मंदिर, केशरियाजी (ऋषभदेव) का मंदिर।
8.	कोटा-बूँदी	चम्बल गार्डन, भिटारिया कुण्ड, छतर निवास, राजमहल, दरा गेम्स सैंच्यूरी, छत्र महल, सुख महल
9.	जैसलमेर	पटुओं की हवेली, मोती महल, रंग महल, विलास महल, 99 बुर्जीय दुर्ग, राष्ट्रीय उद्यान, स्वर्णिम बालू के स्तूप, गड़ीसर, तालाब, अमर सागर, फोसिल्स वुड पार्क, लौद्रवा के जैन मंदिर
10.	भरतपुर	केवलादेव घाना अभयारण्य, डीग के रंगीन फव्वारे, रूपवास की गुप्तकालीन प्रतिमाएं, सूरज भवन, शतरंज कक्ष
11.	अलवर	विजय सागर झील, निकुंभ महल, सूरज महल, महारानी की छतरी, सिलीसेढ़ झील, सरिष्का अभयारण्य, पाण्डुपॉल, भर्तृहरी का समाधि स्थल, अलवर का किला
12.	सवाई माधोपुर	रणथम्भौर बाघ परियोजना, त्रिनेत्र गणेश जी का मंदिर (रणथम्भौर), काला-गोरा भैरव, अमरेश्वर महादेव, चौथ का बरवाड़ा, रामेश्वर घाट, चमत्कारजी, घुश्मेश्वर महादेव आदि।
13.	हनुमानगढ़	छोटूराम मेमोरियल म्यूजियम (संगरिया), भटनेर दुर्ग, शिवबाड़ी (संगरिया), भगवान शांतिनाथ का मंदिर, कालीबंगा, पुरातत्व कक्ष, मामा-भानजा की कब्र, बुद्ध कक्ष, गोगामेड़ी का मेला (नाहर) आदि।
14.	नागौर	राव अमर सिंह राठौड़ की छतरी, भवाल माता का मंदिर, अकबर की मस्जिद, मीराबाई का मंदिर (मेड़ता सिटी), मेड़ता की मस्जिद, मालकोट का किला (मेड़ता सिटी), दधिमति माता का मंदिर आदि।
15.	बाँसवाड़ा	तलवाड़ा का प्राचीन सूर्य मंदिर, कपालेश्वर त्रिपुरा सुन्दरी, रामेश्वर घाटी, अंदेश्वर व अर्थूना के प्राचीन भग्नावशेष मंदिर, कलाजी का मेला, घोटिया आम्बा, छींच का ब्रह्मा मंदिर, संगमेश्वर, कालिंजर के जैन मंदिर आदि।

क्रम सं.	जिले	प्रमुख आकर्षण
16.	धौलपुर	घंटाघर, मचकुंड, कमल के फूल का बाग, हनुहुंकार तोप, दमोह, शेरगढ़ का किला आदि।
17.	पाली	चामुंडा मंदिर, शीतला मेला, रकाणा मेला, परशुराम गुफा, सोमनाथ मंदिर, जवाई बांध, सोनाण खेतलांनी व चोटिला पीर दुल्लेशाह का मेला, रणकपुर।
18.	चुरू	तिरुपति बालाजी मंदिर, द्रोणपुर मंदिर, सालासर, बालाजी मंदिर आदि।
19.	सीकर	खाटू श्यामजी, प्रीतमपुरी, गणेश्वर, हर्षगिरि, शाकम्भरी, रेवासाधाम, जीणमाता आदि।
20.	श्रीगंगानगर	फौजुवाला रामदेव मेला (रायसिंह नगर), श्रवण टीला, राहूपीर की मजार, शिवपुरी का दुर्ग, रंगमहल, थेड़ी, गुरुद्वारा बुड्ढा जोहड़ (सिखों का धार्मिक स्थल) आदि।
21.	बूँदी	बूँदी का किला, चौरासी खंभों की छतरी, फूलसागर, श्री केशवरायपाटन, हिंडोली का तालाब, बूँदी राजमहल, बांसी दुगारी, खाटकड़ महादेव, भीमलत, शिकार बुर्ज आदि।
22.	टोंक	ककोड़ का किला, डिग्गी श्री कल्याणजी, भूमगढ़, राजमहल, वनस्थली विद्यापीठ, माण्डकला, हाथी भाटा।
23.	बारां	शेरगढ़ किला, सीता बाड़ी, लक्ष्मीनाथ मंदिर, काकूनी, ब्राह्मणी माता मंदिर, जामा मस्जिद, भंडदेवरा (शिव मंदिर), शाहबाद किला, कपिल धारा आदि।
24.	भीलवाड़ा	बिजौलिया, आसींद, मांडलगढ़, शाहपुरा, तिलस्वां महादेव, गंगाबाई की छतरी आदि।
25.	डूँगरपुर	श्रीनाथ मंदिर, फतेहगढ़ी, धन माता मंदिर, गलिया कोट, बेणेश्वर, भुवनेश्वर, देव सोमनाथ, जैन मंदिर, गैपसागर, बोडी गामा आदि।
26.	झालावाड़	विष्णु व वराह मंदिर, शीतलेश्वर महादेव, रैन-बसेरा, सात सहेलियों का मंदिर, मनोहरथा का किला, बौद्धकालीन गुफाएं व शांतिनाथ जैन मंदिर, पद्मनाभ मंदिर, नागेश्वर पार्श्वनाथ, भवानी नाट्यशाला, गढ़भवन, नवलख किला, गागरोन किला।
27.	दौसा	भांडारेज की बावड़ियाँ व महल, पंच महादेव, आलूदा का बुवानियाँ कुंड, आभानेरी, मेंहदीपुर बालाजी, झाझेश्वर महादेव आदि।
28.	करौली	कबीरशाह की दरगाह, करौली के महल, कैलादेवी का मंदिर, शिवरात्रि पशु मेला, मदन मोहनजी का मंदिर, कल्याण राय मंदिर, श्री महावीर जी।
29.	बाड़मेर	आलमजी का मंदिर, बांटाडू का कुआँ, वीरातरा माता मंदिर, नाकोड़ाजी, किराडू, खेड़, पंचतीर्थ बाड़मेर माता मंदिर, कपालेश्वर महादेव, जूना, मतलीनाथ का मंदिर, सिवाना दुर्ग, कोटड़ा का किला, नागणेचीजी का मंदिर, जसोल आदि।
30.	जालौर	सुन्धा मंदिर, जागनाथ महादेव, सिरे मंदिर, आशापुरी मंदिर (मोदरांन), तोपखाना, भीनमाल का वाराह मंदिर, मांडोली का गुरु मंदिर आदि।
31.	झुंझुनूं	कमरुद्दीन शाह की दरगाह, नवलगढ़ की हवेलियाँ, मनसा माता का मंदिर, नरहड़ दरगाह, लोहर्गल, मंडावा, किरोड़ी, डूंडलोद, महनसर, खेतड़ी, पिलानी व टीबा बसई।
32.	राजसमंद	चारभुजा मंदिर, कुम्भलगढ़, डेवर (राजसमंद) झील, श्रीनाथद्वारा, द्वारका धीश मंदिर (कांकरोली)

12 **कृषि**

राजस्थान राज्य में कृषि पर निर्भर जनसंख्या का घनत्व भारत देश की तुलना में कम है, किन्तु कृषि योग्य भूमि का अभाव है। राजस्थान राज्य की अर्थव्यवस्था का मुख्य आधार कृषि है। राज्य की तीन–चौथाई जनता कृषि एवं पशुपालन को जीविका के तौर पर अपनाती है। इसके अलावा कृषि–आधारित उद्योग कार्य का भी विकास हुआ है। राजस्थान राज्य के कुछ जिलों (जयपुर, अलवर, भरतपुर, कोटा आदि) में कृषि योग्य भौगोलिक वातावरण मौजूद है किन्तु काफी बड़े हिस्से में थार की मरुभूमि में वर्षा का अभाव एवं प्रतिकूल मिट्टी संरचना कृषि कार्य में बाधक सिद्ध होती है। सिंचाई साधनों की दिशा में विकास की प्रवृत्ति कृषि उत्पाद में कुछ वृद्धि संभव कर पायी है लेकिन अभी और प्रयास की आवश्यकता है।

कृषि संबंधी महत्त्वपूर्ण तथ्य

- कृषि योग्य क्षेत्र — 214.17 लाख हेक्टेयर
- कृषि से जुड़ी जनसंख्या — 70%
- सर्वाधिक क्षेत्रफल पर बोई जाने वाली फसल — बाजरा
- सर्वाधिक खाद्यान्न उत्पादन वाली फसल — गेहूँ (द्वितीय, बाजरा)
- सर्वाधिक तिलहन उत्पादन वाली फसल — सरसों व राई
- सर्वाधिक दलहन उत्पादन वाली फसल — चना
- राष्ट्रीय सरसों अनुसंधान केन्द्र — सेवर (भरतपुर)
- उर्वरकों का प्रयोग — 8 लाख टन
- सर्वाधिक फल उत्पादन वाला जिला — झालावाड़
- सर्वाधिक मसालों का उत्पादन वाला जिला — बारां
- केन्द्रीय बीज फार्म — सूरतगढ़ (श्रीगंगानगर)
- प्रमुख खाद्यान्न फसलें — बाजरा, गेहूँ, जौ, ज्वार, मक्का, चावल व दालें आदि।
- वाणिज्यिक फसलें — कपास, गन्ना व तिलहन आदि।
- पेय पदार्थों वाली फसलें — तम्बाकू व अफीम आदि।
- रेशेदार पदार्थों वाली फसलें — कपास, सन, हेम्प, मेस्ट्रा व फ्लैक्स।
- चारे की फसलें — बरसीम, रिजका आदि।
- कृषि निर्यात क्षेत्र — 3 (जोधपुर, कोटा, गंगानगर)
- एगमार्क प्रयोगशालाएं — 8 (अलवर, भरतपुर, जयपुर, ब्यावर, जोधपुर, श्रीगंगानगर, बीकानेर तथा निवाई)
- बेर तथा खजूर अनुसंधान केन्द्र — बीकानेर
- धनिया निर्यात जोन का मुख्यालय — कोटा
- राजस्थान राज्य बीज निगम की स्थापना — 1978 (जयपुर)
- बीज परीक्षण प्रयोगशालाएं — 2 (जयपुर, कोटा)
- केन्द्रीय बीज फार्म — सूरतगढ़ (गंगानगर)
- टिश्यू कल्चर प्रयोगशाला — झालावाड़

जलवायु एवं कृषि उत्पाद

राजस्थान राज्य में कृषि विकास को तीव्रता प्रदान करने के उद्देश्य से जल और मिट्टी को आधार बनाकर 9 खंडों में विभाजित किया गया है। 12वीं पंचवर्षीय योजना में विभाजित खंडों की कृषि जलवायु को मद्देनजर रखते हुए कृषि संबंधी निर्माण एवं योजनाओं का निर्णय किया जा रहा है।

क्र.सं.	खण्ड	सम्बन्धित जिले	फसलें
1.	सिंचित मैदानी उत्तरी–पश्चिमी क्षेत्र	गंगानगर और हनुमानगढ़	रबी–गेहूँ, चना व सरसों
2.	शुष्क मैदान पश्चिमी क्षेत्र	जैसलमेर, पश्चिमी बाड़मेर पश्चिमी जोधपुर, बीकानेर और पश्चिमी चुरू	खरीफ–बाजरा व दालें
3.	अर्द्ध–शुष्क पूर्वी मैदानी क्षेत्र	अजमेर, जयपुर व टोंक	खरीफ–बाजरा, मूँग, चैंवला, रबी–गेहूँ जौ व सरसों
4.	अन्तःस्थलीय जलोत्सरण के अन्तवर्ती मैदानी क्षेत्र	नागौर, पूर्वी चुरू, झुंझुनूं सीकर व अलवर के उत्तरी पश्चिमी भाग	खरीफ–बाजरा, ग्वार, मोठ, चौंवला, मूँगफली, रबी–गेहूँ, चना, सरसों, जौ
5.	लूनी नदी का अन्तवर्ती मैदानी क्षेत्र	पश्चिमी सिरोही, पूर्वी-जोधपुर पाली और जालौर	खरीफ–मक्का, बाजरा, तिल, दालें, रबी–गेहूँ जौ, चना, सरसों व ईसबगोल
6.	अर्द्ध आर्द्र दक्षिणी मैदानी क्षेत्र	पूर्वी सिरोही, उदयपुर, भीलवाड़ा व चित्तौड़गढ़	खरीफ–मक्का, ज्वार, मूंगफली, दालें व कपास, रबी–गेहूँ चना, सरसों
7.	बाढ़ संभाव्य पूर्वी मैदानी क्षेत्र	दक्षिण-पूर्वी अलवर, भरतपुर, धौलपुर व सवाई माधोपुर	खरीफ–बाजरा व दालें, रबी–गेहूँ, चना व सरसों
8.	आर्द्र दक्षिणी–पूर्वी मैदानी क्षेत्र	झालावाड़, कोटा, बूंदी व पश्चिमी सवाई माधोपुर	खरीफ–मक्का, कपास, धान, गन्ना व ज्वार, रबी–गेहूँ चना व अलसी
9.	आर्द्र दक्षिणी मैदानी क्षेत्र	डूंगरपुर, बांसवाड़ा, दक्षिणी पूर्वी उदयपुर व दक्षिणी चित्तौड़गढ़	खरीफ–मक्का, कपास, धान, दालें, रबी–गेहूँ, सरसों व चना

कृषि उत्पाद एवं उत्पादन वाले जिले

प्रमुख फसलें	उत्पादन वाले जिले
खाद्यान्न फसलें	
1. गेहूँ	जयपुर, अलवर, भरतपुर, धौलपुर, उदयपुर, बूंदी, कोटा, सवाई माधोपरु, अजमेर एवं कोटा
2. मक्का	उदयपुर, चित्तौड़गढ़, भीलवाड़ा, राजसमंद, कोटा, झालावाड़, अजमेर, जयपुर
3. ज्वार	झालावाड़, बूंदी, कोटा, सवाई माधोपुर, अलवर, भरतपुर, भीलवाड़ा, दौसा एवं नागौर
4. बाजरा	बाड़मेर, जालौर, जोधपुर, जैसलमेर, जयपुर, दौसा, भरतपुर, अलवर एवं सवाई माधोपुर
5. जौ	जयपुर, उदयपुर, अलवर, टोंक एवं भीलवाड़ा
6. **दलहन**	
* मूंग एवं मोठ	नागौर, पाली, बाड़मेर, जैसलमेर एवं चुरू
* अरहर	कोटा, बारां, धौलपुर, बूंदी, भरतपुर

प्रमुख फसलें	उत्पादन वाले जिले
* उड़द	सिरोही, चित्तौड़गढ़ एवं बांसवाड़ा
* मसूर	कोटा, बूंदी एवं झालावाड़
* मटर	कोटा, जयपुर एवं भरतपुर
* चना	अलवर, बूंदी, कोटा एवं चित्तौड़गढ़
7. चावल	डूंगरपुर, बांसवाड़ा, बूंदी एवं उदयपुर
व्यापारिक फसलें	
1. कपास	गंगानगर, हनुमानगढ़, उदयपुर, सिरोही एवं भीलवाड़ा
2. गन्ना	बूंदी, उदयपुर, गंगानगर, हनुमानगढ़ एवं चित्तौड़गढ़
3. **तिलहन**	
* सरसों	भरतपुर, दौसा, बारां, गंगानगर, धौलपुर, एवं सवाई माधोपुर
* मूंगफली	चित्तौड़गढ़, गंगानगर, हनुमानगढ़, टोंक एवं सवाई माधोपुर
* अलसी	बारां, कोटा, सवाई माधोपुर, एवं झालावाड़
* तिल	नागौर, कोटा, पाली एवं जोधपुर
* अरंडी	जालौर, सिरोही, बांसवाड़ा एवं पाली
4 **तम्बाकू**	अलवर, झुंझुनूं, सवाई माधोपुर, चित्तौड़गढ़ एवं दौसा
अन्य फसलें	
1. **फल एवं सब्जियां**	
* आलू	अजमेर, अलवर, भरतपुर, बूंदी, धौलपुर, आदि
* मिर्च	उदयपुर एवं चित्तौड़गढ़
* आम	उदयपुर, जयपुर, कोटा, चित्तौड़गढ़ एवं डूंगरपुर
* संतरा	झालावाड़, जोधपुर
* नींबू	भरतपुर, गंगानगर एवं पाली
* पपीता	अजमेर, उदयपुर एवं बूंदी
* चीकू	सिरोही
* माल्टा	गंगानगर एवं हनुमानगढ़
* नासपाती	जयपुर
* केले	बांसवाड़ा
* अंगूर	श्री गंगानगर
2. **मसाले**	
* अदरख	राजसमंद, उदयपुर एवं डूंगरपुर
* धनिया	कोटा, झालावाड़ एवं बूंदी
* जीरा	जालौर, बाड़मेर, जोधपुर एवं नागौर
* हल्दी	उदयपुर एवं नागौर
* मेथी	जयपुर एवं नागौर
* अजवाइन	चित्तौड़ एवं झालावाड़
* लहसुन	चित्तौड़ एवं भीलवाड़ा
* सौंफ	सिरोही एवं जोधपुर
3. **नशीले पदार्थ**	
* अफीम	भीलवाड़ा, कोटा, एवं चित्तौड़गढ़
* गांजा एवं भांग	जालौर, बाड़मेर एवं झुंझुनूं
4. चुकन्दर	गंगानगर
5. ईसबगोल	जालौर एवं सिरोही
6. ज्वार	हनुमानगढ़, गंगानगर, एवं बीकानेर

राजस्थान की जातियां एव जनजातियां

राजस्थान की प्रमुख जातियाँ

1.	राजपूत	2.	ब्राह्मण	3.	जाट	4.	मीणा
5.	भील	6.	गूजर	7.	चारण व भाट	8.	महाजन
9.	छींपा	10.	बलाई	11.	जैन	12.	बंजारा
13.	मेव	14.	सिख	15.	कायमरवानी	16.	अहीर
17.	सौंधिया	18.	माली	19.	शेख	20.	पठान
21.	सैयद	22.	बिश्नोई	23.	गाड़िया लुहार	24.	गरासिया
25.	रावत	26.	दरोगा	27.	ईसाई		

राजस्थान की अनुसूचित जातियाँ

1.	आदिधर्मी		चमाढिया, चम्मार, चामगार, हरलया, हराली, खलपा, माचिगार, मोचीगार, मादर, मादिग, तेलुगू मोची, कामटी मोची, राणीगार, रोहित, सामगार	37.	कोली, कोरी
2.	अहेरी			38.	कूच बन्द, कुचबन्द
3.	बादी			39.	कोरिया
4.	बागरी, बागड़ी			40.	मदारी, बाजीगर
5.	बैरवा, बेरवा			41.	महार, तराल, धेगुमेगु
6.	बाजगर	18.	चांडाल	42.	माह्यावंशी, ढेड, ढेडा, वणकर, मारु वणकर
7.	बलाई	19.	डबगर	43.	मजहबी
8.	बांसफोर, बाँसफोड़	20.	धानक, धानुक	44.	मांग, मातंग, निनिमादिग
9.	बावरी	21.	धानकिया	45.	मांग गारोड़ी, मांग गारुड़ी
10.	बर्गी, वर्गी, बिरगी	22.	धोबी	46.	मेघ, मेघवाल, मेघवल, मेघवार
11.	बावरिया	23.	ढोली	47.	मेहर
12.	बेड़िया, बेरिया	24.	डोम, डुम	48.	नट, नुट
13.	भांड	25.	गांडिया	49.	पासी
14.	बिदाकिया	26.	गरांचा, गांचा	50.	रावल
15.	बोला	27.	गरो, गरुड़ा, गुर्डा, गरोड़ा	51.	सालवी
16.	भंगी, चूड़ा, मेहतर, ओलगाना, रूखी, मलकाना, हलालखोर, लालबेगी, बाल्मीकि, वाल्मीकि, कोरार, झाड़माली	28.	गवरिया	52.	सांसी
		29.	गोधी	53.	सांतिया, सतिया
		30.	जीनगर	54.	सरभंगी
17.	चमार, भांभी, बंभी, भंबी, जटिया, जाटव, जाटवा, मोची, रैदास, रोहिदास, रेगर, रैगर, रामदासिया, असादरु, असोदी,	31.	कालबेलिया, सवेरा	55.	सांतिया, सतिया
		32.	कामड़, कामड़िया	56.	सिंगीवाला
		33.	कंजर, कुंजर	57.	थोरी, नायक
		34.	कपाड़िया, सांसी	58.	तीरगार, तीरबंद
		35.	खंगार	59.	तुरी
		36.	खटीक		

राजस्थान की अनुसूचित जनजातियाँ

1. भील, भील गरासिया, धोली, भील, डूंगरी, भील, डुंगरी गरासिया, मेवासी, भील, रावल भील, तड़वी भील, भगलिया, भीलाला, पावरा वसवा, वसावे।
2. भील मीणा
3. डामोर, डामरिया
4. धाणका, तड़वी, तेतारिया, वलवी
5. गरासिया (राजपूत गरासिया नहीं)
6. काथोड़ी, कातकरी, ढोर काथोड़ी, ढोर कातकरी, सोन काथोड़ी, सोन कातकरी
7. कोकना, कोकनी, कुकना
8. कोली ढोर, टोकरे कोली, कोलचा, कोलगना
9. मीणा
10. नायकड़ा, नायक, चोलिवाला, नायक, कपाड़िया नायक, मोटा नायक, नाना नायक
11. पटेलिया
12. सेहारिया, सेहरिया, सहारिया

राजस्थान में अनुसूचित जाति एवं अनुसूचित जनजाति (जनगणना-2011)

क्रमांक	राज्य/ जिले	अनुसूचित जाति			अनुसूचित जनजाति		
		व्यक्ति	पुरुष	महिलाएँ	व्यक्ति	पुरुष	महिलाएँ
	राजस्थान	12221593	6355564	5866029	9238534	4742943	4495591
1.	गंगानगर	720412	376734	343678	13477	7160	6317
2.	हनुमानगढ़	494189	258352	235837	14289	7578	6711
3.	बीकानेर	493646	259532	234114	7779	4207	3572
4.	चुरू	451721	235113	216608	11245	5903	5342
5.	झुंझुनूं	360709	185879	174830	41629	21380	20249
6.	अलवर	653036	342938	310098	289249	153397	135852
7.	भरतपुर	557305	296293	261012	54090	28705	25385
8.	धौलपुर	245695	131875	113820	58594	31802	26792
9.	करौली	354465	189249	165216	324960	176200	148760
10.	सवाई माधोपुर	278789	146333	132456	285848	152745	133103
11.	दौसा	354337	185349	168988	433344	228554	204790
12.	जयपुर	1003302	524831	478471	527966	276638	251328
13.	सीकर	418806	216523	202283	75349	39098	36251
14.	नागौर	699911	360451	339460	10418	5475	4943
15.	जोधपुर	608024	315199	292825	118924	61969	56955
16.	जैसलमेर	99134	52776	46358	42429	22497	19932
17.	बाड़मेर	436414	228431	207983	176257	92610	83647
18.	जालौर	357196	185342	171854	178719	93290	85429
19.	सिरोही	201863	104899	96964	292470	148966	143504
20.	पाली	398096	203328	194768	144578	74369	70209
21.	अजमेर	478027	243750	234277	63482	32408	31074
22.	टोंक	287903	148110	139793	178207	92677	85530
23.	बूँदी	210788	109333	101455	228549	119454	109095
24.	भीलवाड़ा	407947	206332	201615	229273	117026	112247
25.	राजसमन्द	148168	74738	73430	160809	81173	79636
26.	डूंगरपुर	52267	26543	25724	983437	491631	491806
27.	बांसवाड़ा	80091	40639	39452	1372999	690476	682523
28.	चित्तौड़गढ़	250224	126748	123476	201546	101893	99653
29.	कोटा	405408	211161	194247	183816	96428	87388
30.	बारां	221184	114969	106215	276857	143094	133763
31.	झालावाड़	243582	125965	117617	182229	94185	88044
32.	उदयपुर	188525	97094	91431	1525289	773213	752076
33.	प्रतापगढ़	60429	30755	29674	550427	276742	273685

राजस्थान में खेल कूद

1. **फुटबॉल**—प्रहलाद सिंह, मगन सिंह, सी.पी. एण्ड्रूस, सुशील कुमार, विजय किशोर सिंह, चैन सिंह, किशोर सिंह, कुमारी सरोज, हरीशचन्द्र, जसवंत सिन्हर, माल चन्द आदि।

2. **हॉकी**—दलजिंदर सिंह, तेजेन्द्रपाल सिंह, गुरदेवेन्द्र सिंह, कु. वर्षा सोनी, श्रीमती सुनीता पुरी, श्रीमती नीलम, सुश्री गंगोत्री भण्डारी, जनरैल सिंह आदि।

3. **क्रिकेट**—श्री पार्थसारथी शर्मा, सलीम दुर्रानी, श्री हनुमन्त सिंह, पी. आर. सुन्दरम, पी. कृष्णकुमार, विनोद माथुर, श्री लक्ष्मण सिंह, शरद जोशी, प्रवीण आमरे, गगन खोड़ा, राहुल कांवट, विलास जोशी, विजय मांजरेकर, अनूप दवे व विक्रम सोलंकी आदि।

4. **एथलेटिक्स**—रामसिंह, गोपाल सैनी, राजकुमार, दीनाराम, कर्णसिंह, हरभजन सिंह, राजेन्द्र शर्मा, हमीदा बानू, हरभजन, बलतेज सिंह, डेबनपोर्ट, हरीकुमार दुसाज, सुजाता, श्रीचन्द, डॉ. कर्णसिंह, जगनसिंह, हजारीराम, पोकरमल, कौशल नागर, एस. एन. भाया व कृष्ण पूनिया आदि।

5. **सॉफ्टबाल**—नीरजा सिंह, भवानी कच्छावा व ऊषा शर्मा आदि।

6. **कबड्डी**—अशफाक अहमद, गोविन्द नारायण, लीलाराम यादव, गिरिराज किशोर शर्मा व साधना कोटड़ा आदि।

7. **वॉलीबाल**—सुरेश मिश्रा, सुश्री रमा पांडे, श्यामसुन्दर राव, आर. के. पुरोहित, अशोक कुमार आसोपा, अशोक जैन, गोपाल राम, हंगामी लाल, कुट्टी कृष्णन, एन. के. मिश्रा, चिमन भल्ला वाला, श्रीमती प्यारी, राधेश्याम शर्मा, एस. एन. शुक्ला, सुमेर सिंह यादव व प्रभाकर राजू आदि।

8. **निशानेबाजी**—मेजर आपजी कल्याण सिंह, देवीसिंह, मानसिंह, ठाकुर कालू सिंह, डॉ. कर्णी सिंह, राजश्री कुमारी, भुवनेश्वरी कुमारी व महाराव भीमसिंह, राज्यवर्द्धन सिंह राठौर आदि।

9. **बॉस्केटबाल**—सुरेन्द्र कटारिया, अजमेर सिंह, हनुमान सिंह, खुशीराम, आनन्द सिंह, अशोक गुप्ता, दिनेश चतुर्वेदी, अमर सिंह, मोहम्मद इकबाल पठान, जुगलकिशोर, पवन चौरड़िया, वी.वी. नरुला, विष्णुकांत शर्मा व जोरावर सिंह आदि।

10. **साइक्लिंग**—अमरसिंह, गिरिराज रंगा, गंगाधर, नरेन्द्र ओझा, जयश्री भाटी, धेनुपाल सिंह, श्री गणेश सुथार व चन्द्रिका गिताई आदि।

11. **स्क्वैश**—कु. हनीशर्मण व भुवनेश्वरी कुमारी, सुरभि मिश्रा आदि।

12. **बॉक्सिंग**—सागरमल धायल।

13. **घुड़सवारी**—जी. एम. खान, प्रहलाद सिंह, रघुवीर सिंह, विशाल सिंह व खान मोहम्मद खान आदि।

14. **कुश्ती**—श्री रामफल, मेहरदीन, राजेन्द्र प्रसाद व कमल सिंह आदि।

15. **पोलो**—श्री प्रेमसिंह, राव हणूत सिंह, कर्नल किशन सिंह, कैप्टन विजय सिंह, महाराजा भवानी सिंह, ध्रुव गोदारा, मनुपाल गोदारा व लोकेन्द्र सिंह आदि।

16. **तीरंदाजी**—लिम्बाराम, श्यामलाल, नन्दकिशोर, जयंती लाल व लाल सिंह आदि।

17. **तैराकी**—भँवरसिंह, मंजरी भार्गव, रीमादत्ता, अनिल गंजू, गलैण्डा डिसूजा व महीपाल सिंह आदि।

राजस्थान खेल परिषद द्वारा पुरस्कार एवं अनुदान

पुरस्कारों के नाम	संबंधित क्षेत्र
1	2
1. वशिष्ठ अवार्ड (1987)	दो प्रशिक्षकों को उत्कृष्ट प्रशिक्षण के लिए
2. राजस्थान खेल रत्न (1993-94)	विभिन्न खेलों में दिया जाने वाला सर्वोच्च राज्य पुरस्कार
3. महाराणा प्रताप पुरस्कार (1983)	सर्वश्रेष्ठ खिलाड़ियों को प्रतिवर्ष
4. कैश अवार्ड	नगद अनुदान विगत वर्षों से दिया जा रहा है
5. मुख्यमंत्री अवार्ड	विभिन्न प्रतियोगियों को नये कीर्तिमान स्थापित करने पर दिया जाता है
6. खिलाड़ी कल्याण कोष	विशेष नगद सहायता
7. वृद्ध खिलाड़ी सहायता	खेलों से संन्यास ले चुके खिलाड़ियों को यह सहायता दी जाती है।

राजस्थान के अर्जुन पुरस्कार से सम्मानित खिलाड़ी

भारत सरकार द्वारा खेल जगत में दिये जाने वाले पुरस्कारों में यह एक प्रमुख पुरस्कार है। 1961 में प्रथम बार यह पुरस्कार राज्य के खिलाड़ी डॉ. कर्णीसिंह, सलीम दुर्रानी एवं प्रेम सिंह को क्रमशः निशानेबाजी, क्रिकेट एवं पोलो के लिए दिया गया। अर्जुन पुरस्कार प्राप्त खिलाड़ियों को राजस्थान खेल परिषद की ओर से नगद पुरस्कार भी दिया जाता है।

अर्जुन पुरस्कार से सम्मानित खिलाड़ी

क्रम सं.	नाम	वर्ष	खेल
1	2	3	4
1.	डा. कर्णी सिंह	1961	निशानेबाजी
2.	श्री प्रेम सिंह	1961	पोलो
3.	श्री सलीम दुर्रानी	1961	क्रिकेट
4.	श्री किशनसिंह	1961	पोलो
5.	राज राजा हनूतसिंह	1964	पोलो
6.	श्री विजय मांजरेकर	1965	क्रिकेट
7.	सुश्री रीमा दत्त	1966	तैराकी
8.	श्रीमती सुनीता पुरी	1966	महिला हॉकी
9.	श्री खुशीराम	1967	बॉस्केटबाल
10.	श्रीमती राजश्री कुमारी	1968	निशानेबाजी
11.	श्रीमती भुवनेश्वरी कुमारी	1969	निशानेबाजी
12.	महाराव भीमसिंह	1971	निशानेबाजी
13.	श्री भंवरसिंह	1971	तैराकी
14.	श्री श्रीरामसिंह	1973	एथलेटिक्स
15.	श्री सुरेन्द्र कटारिया	1973	बॉस्केटबाल
16.	श्री खान मोहम्मद खान	1973	घुड़सवारी
17.	श्री मगनसिंह	1973	फुटबॉल
18.	श्रीमती मंजरी भार्गव	1974	तैराकी
19.	श्री श्यामसुन्दर राव	1974	वॉलीबाल
20.	श्री हनुमानसिंह	1975	बॉस्केटबॉल
21.	श्री सुरेश मिश्रा	1979	वॉलीबाल

क्रम सं.	नाम	वर्ष	खेल
1	2	3	4
22.	श्री गोपाल सैन	1980	एथलेटिक्स
23.	सुश्री वर्षा सोनी	1981	महिला हॉकी
24.	श्री अजमेर सिंह	1982	बॉस्केटबाल
25.	श्री रघुवीर सिंह	1982	घुड़सवारी
26.	श्री लक्ष्मण सिंह	1982	गोल्फ
27.	सुश्री भुवनेश्वरी कुमारी	1982	स्क्वैश
28.	श्री आर.के. पुरोहित	1983	वॉलीबाल
29.	श्री राजकुमार	1984	एथलेटिक्स
30.	श्री राधेश्याम	1984	बॉस्केटबाल
31.	श्री जी.एम. खान	1984	घुड़सवारी
32.	श्री मेहरचन्द	1985	भारोत्तोलन
33.	श्री श्यामलाल	1989-1991	तीरंदाजी
34.	श्री दीनाराम	1990	एथलेटिक्स
35.	श्री लिम्बाराम	1991	तीरंदाजी
36.	श्री श्रीचन्द	1998	एथलेटिक्स
37.	मो. कासम खान	2001	नौकायन
38.	श्री राज्यवर्द्धन सिंह राठौर	2003	निशानेबाजी
39.	श्री देवेन्द्र कुमार झांझडिया	2004	पैरा ओलंपिक
40.	नवनीत गौतम	2007	कबड्डी
41.	बजरंग लाल ताखर	2007-08	नौकायन
42.	सतीश जोशी	2008-09	नौकायन
43.	श्रीमती कृष्णा पूनिया	2009-10	एथलेटिक्स
44.	श्री जगशीर	2010	पैरा ओलंपिक
45.	श्री रजत चौहान	2016	तीरंदाजी
46.	श्री सौरव कोठारी	2016	बिलियर्ड्स एवं स्नूकर
47.	सुश्री अपूर्वी चंदेला	2016	निशानेबाजी

महाराणा प्रताप पुरस्कार से सम्मानित खिलाड़ी (1982-83 से 2006-07)

क्र.सं.	खिलाड़ी का नाम (खेल)	वर्ष
1.	श्री गोपाल सैनी (एथलेटिक्स), श्री राजकुमार अहलावत (एथलेटिक्स), श्रीमती हमीदा बानो (एथलेटिक्स), श्री लक्ष्मण सिंह (गोल्फ), श्रीमती वर्षा सोनी (महिला हॉकी), श्रीमती गंगोत्री भण्डारी (महिला हॉकी), रघुवीर सिंह (घुड़सवारी), कै.जी.एम. खान (घुड़सवारी), दफेदार प्रहलाद सिंह (घुड़सवारी), रिसालदार विशाल सिंह (घुड़सवारी), डॉ॰ कर्णी सिंह (शूटिंग)	1982-83
2.	श्री राजेन्द्र प्रसाद शर्मा (एथलेटिक्स), श्री हनुमान सिंह (बॉस्केटबाल), श्री पार्थसारथी शर्मा (क्रिकेट), श्री गिरराज रंगा (साईक्लिंग), मौ. आरिफ खान (साईकिल पोलो), श्री आर.के. पुरोहित (वॉलीबाल), श्रीमती रमा पाण्डे (वॉलीबाल), श्री रामफल (कुश्ती)	1983-84
3.	श्री अजमेर सिंह (बॉस्केटबाल), श्री गंगाधर (साईक्लिंग), श्रीमती चन्द्रिका गोयल (साईक्लिंग), श्री अशोक दास (साईकिल पोलो), श्री प्रभाकर राजू (वॉलीबाल)	1984-85
4.	श्री गोविन्द नारायण शर्मा (कबड्डी)	1985-86
5.	श्री प्रदीप सुन्दरम (क्रिकेट), श्री सुरेश कुमार राजपुरोहित (साईक्लिंग)	1986-87

क्र.सं.	खिलाड़ी का नाम (खेल)	वर्ष
6.	श्री गणेशलाल सुथार (साईक्लिंग), श्री कमलकिशोर पारीक (कबड्डी), मेजर एस.एन.माथुर (नौकायन)	1987
7.	श्री हरफूल सिंह (एथलेटिक्स), श्री श्यामलाल (तीरन्दाजी), श्री रामकुमार (बास्केटबाल), श्रीसागर घायल (बॉक्सिंग), श्रीमती निर्मलेश माथुर (कबड्डी), श्रीमती सीमा सोनी (कबड्डी), सुश्री हनी शर्मन (स्कवेश), श्री नासिर वजीह (शतरंज)	1988
8.	श्री रामनिवास (एथलेटिक्स), श्री लिम्बाराम (तीरन्दाजी), श्री महिपाल सिंह (तैराकी)	1989
9.	श्री दीनाराम (एथलेटिक्स), श्री अशोक कुमार गहलावत (बॉस्केटबाल), श्री शालू शर्मा (बॉस्केटबाल), श्री हीराराम (साईक्लिंग), श्री अतुल शर्मा (हैण्डबाल), रिसालदार भोग सिंह (घुड़सवारी), श्री रामवतार सिंह जाखड़ (वॉलीबाल), कु. मालती चौहान (वॉलीबाल), श्री जयभगवान (कुश्ती)	1992
10.	श्री हरमाना राम (एथलेटिक्स), कु. परमजीत कौर (एथलेटिक्स), श्री धूलचन्द डामोर (तीरन्दाजी), श्री विक्रम सिंह पंवार (बैडमिन्टन), श्री वीरेन्द्र जोशी (बॉस्केटबाल), श्री उम्मदे सिंह (बॉक्सिंग), श्री गगन खोज़ा (क्रिकेट), श्री भवानी सिंह (साईक्लिंग), कु. लक्की सोलंकी (महिला फुटबॉल), श्री विशाल सिंह (गोल्फ), श्रीमती नीतू शर्मा (हैण्डबाल), श्री हीरानन्द कटारिया (कबड्डी), श्री घीसालाल यादव (शूटिंग), श्री मगन बिस्सा (साहसिक खेल)	1993-97
11.	श्री वीरेन्द्र पूनिया (एथलेटिक्स), श्री राजवीर सिंह (एथलेटिक्स), श्री लालसिंह (तीरन्दाजी), श्री पंकज मलिक (बास्केटबाल), श्री अनूप दवे (क्रिकेट), श्री फतेह सिंह (साईक्लिंग), श्री तेजराज सिंह (हैण्डबाल), श्री जगदीश (कबड्डी), श्री कासम खान (नौकायन), श्री जगदीश तंवर (टेनिस), पूजा गलूण्डिया (स्नूकर)	1997-99
12.	श्री ओमवीर सिंह (एथलेटिक्स), श्री महिलपाल सिंह (बास्केटबाल), श्री रामकरण चौधरी (साईक्लिंग), श्री रविन्द्र कुमार (कुश्ती)	1999-00
13.	श्री जयवीर सिंह शेखासत (एथलेटिक्स), श्री नन्दकिशोर (तीरन्दाजी), श्री सुरेश कुमार (कबड्डी), श्री अभिजीत गुप्ता (शतरंज)	2000-01
14.	श्री अजय सिंह चौहान (एथलेटिक्स), श्री शिवराम चौधरी (साईक्लिंग), श्री अमन ज्योति सिंह (गोल्फ), श्री जैन प्रसाद (हैण्डबाल), श्री दिनेश कुमार (कबड्डी), श्री राज्यवर्धन सिंह राठौर (शूटिंग), श्री महावीर सिंह (शूटिंग), श्री भंवरलाल ढाका (शूटिंग) श्री नरेश कुमार (कुश्ती (ओ.प.)), श्री बीरबल सिंह (नौकायन)	2001-02
15.	श्री सीताराम बासट (एथलेटिक्स), श्री सुशील कुमार (वॉलीबाल)	2002-03
16.	श्री देवेन्द्र कुमार झाझड़िया (एथलेटिक्स), श्री अनिल कुमार रोहिल (एथलेटिक्स), सुश्री शगुन चौधरी (राईफल शूटिंग), सुश्री आत्मिका जगधारी (राईफल शूटिंग), श्री अनुराग (कुश्ती), श्री लवजीत सिंह हाडा (सॉफ्टबाल), श्री कमलेश कुमार (सॉफ्टबाल)	2003-04
17.	सुश्री सुरभि मिश्रा (स्कवेश), सुश्री कविता (कुश्ती), श्री देवेश कारिया (टेबिल टेनिस)	2004-05
18.	कृष्णा पूनिया (एथलेटिक्स), जयन्तीलाल और नरेश डामोर (तीरन्दाजी), महेन्द्र सिंह (बॉस्केटबाल), भागीरथ सिंह (घुड़सवारी), नवनीत गौतम (कबड्डी), रेखा राठौड़ (कुश्ती), रेखा आचार्य (वेटलिफ्टिंग), राजेश सैनी (कोर्फबाल)	2005-06
19.	जगदीश विश्नोई (एथलेटिक्स), लोकेश यादव (बास्केटबाल), शालिनी पाठक (कबड्डी), राकेश कुमार (हैण्डबॉल), बजरंग लाल ताखर (नौकायन)	2006-07

राजस्थान–बोलियां एवं क्षेत्र

बोली	विस्तार
1. मारवाड़ी	जोधपुर, जैसलमेर, बीकानेर एवं शेखावटी
2. हड़ौती	कोटा, उदयपुर, (पूर्वी भाग), शाहपुर एवं झालावाड़
3. ढूंढाड़ी	जयपुर, टोंक, अजमेर एवं किशनगढ़
4. ब्रज	भरतपुर, करौली, धौलपुर एवं अलवर (दिल्ली एवं उत्तर प्रदेश से लगे सीमावर्ती क्षेत्र)
5. मेवाड़ी	उदयपुर, भीलवाड़ा एवं चित्तौड़गढ़
6. मालवी	कोटा, झालावाड़ एवं प्रतापगढ़
7. बांगड़ी	बांसवाड़ा, डूंगरपुर एवं मेवाड़ का दक्षिण–पश्चिम क्षेत्र
8. खेराड़ी	शाहपुरा एवं बूंदी
9. मेवाती	अलवर, भरतपुर, धौलपुर एवं करौली
10. पंजाबी	श्रीगंगानगर
11. रांगड़ी	मालव प्रदेश के राजपूत

राजस्थान साहित्य : प्रमुख रचनाएँ एवं रचनाकार

रचना	रचनाकार	रचना	रचनाकार
गंगा लहरी	: पृथ्वीराज राठौड़	शारंगधर संहिता	: शारंगधर
अक्षर बावनी	: माधौदास बारहठ	शकुन्तला	: करणी दान बारहठ
केहर प्रकाश	: बख्तावर जी	हालांझालां री कुण्डलियां	: ईसर दास
खुमाण रासो	: दलपत विजय	हमीर रासो	: जोध राज
अचलदास खींची री बचनिका	: सिवदास	हम्मीर रासो	: शारंगधर
गरुड़ पुराण	: ईसरदास बारहठ	बचनिका राठौर	
अमरफल	: डॉ. मनोहर शर्मा	रतनसिंह जी री	: रिवड़ियों जग्गो
किरतार बावनी	: अलु जी कविया	बेलि क्रियण रूकमणि री	: पृथ्वीराज
बैराग्य सागर	: नागरी दास	मुहणीत नैनसी री ख्यात	: मुहणोत नैनसी
बीसल देव रासो	: नरपति नाल्ह	मेघदूत	: मनोहर प्रभाकर
राम शतक	: मोहन सिंह	विरुद्ध छहत्तरी	: दुरसा जी
गोपीचंद	: सूर्यशंकर पारीक	वंश भास्कर	: सूर्य मल
राधा	: सत्य प्रकाश जोशी	वीर विनोद	: श्याम मल दास
रूठी रानी	: केसरी सिंह बारहठ	वीर सतसई	: नाथू सिंह गहियारिय
राज रूपक	: वीरभाण	वीर रामायण	: बादर ढाढी
रणमल्ल छंद	: श्रीधर व्यास	ढोला–मारु रा दुहा	: कलोल/कुशल लाभ
रूकमणि हरण	: सांपा जी झूला	श्री गीत रामायण	: अमृतलाल माथुर
राव जैतसी रो छंद	: सूजा जी	चंवरी	: मेघराज मुकुल
सती रासो	: सूर्यमल्ल मिश्रण	पृथ्वीराज रासो	: चन्दबरदाई
सुदामा चरित्र	: मोहन राज शाह	लीलटास	: कन्हैयालाल सेठिया

उपन्यास

रचना	उपन्यासकार	रचना	उपन्यासकार
काल भैरवी	: रामनिवास शर्मा	तौड़ौं राव	
अबोली	: बी. एल. माली 'अशान्त'	अनोखी आन	: बद्रीप्रसाद सांकरियां
मिनख री खोज		चम्पा	: श्रीनारायण अग्रवाल
आभै पटकी	: श्री लाल नथमल जोशी	कंवल पूजा	: सत्येन जोशी
धोरां रो धोरी		हूँ गोरी किणा पीव री	: यादवेन्द्र शर्मा 'चन्द्र'
कनक सुन्दर	: शिवचंद भरतिया	मंत्री री बेटी	: करणी दान बारहठ
मां रो बदलो	: विजय दान देथा	गुवार पाठो	: दीन दयाल कुन्दन
आठ राज कंवर		मेवै रा रूंख	: अन्ना राम सुदामा

कहानी

रचना	कहानीकार	रचना	कहानीकार
दस दोख	: नाथूराम संस्कर्ता	प्रीत री रीत कुण जाणी	: श्री कुम्भाराम आर्य
बरसगाँठ	: मुरलीधर व्यास	चश्मदीठ गवाह	: मूलचन्द प्राणेश
प्रभातियो तारौ पुत्र रो काम	: नृहि राजपुरोहित	प्रेतात्मा री प्रीत	: दामोदर प्रसाद शर्मा
कालू री माँ		जमारो	: यादवेन्द्र शर्मा 'चन्द्र'
घर मँझला घर कूजाँ	: श्री जगदीश माथुर 'कमल'	मनोहर सिंह राठौड़	: रोशनी रा जीव
हँसोला काई	: पुरोहित प्रताप नारायण	प्रेम जी प्रेम	: रामचन्द्र की रामकथा
रानी लक्ष्मी कुमारी जी	: टाबराँ री बाताँ	रामेश्वर दयाल श्री माली	: मलवतां
परण्डड़ी कंवारी	: श्री लाल नथमल जोशी	मनोहर शर्मा	: कन्यादान

नाटक

नाटक	नाटककार	नाटक	नाटककार
रंगीला राजस्थान	: श्री भरत व्यास	बुढ़ापा की सगाई	
प्रणवीर प्रताप	: श्री गिरधरी लाल शास्त्री	विजयादशमी	: श्री ब्रिजलाल जी बियाणी
गांव सुधार	: श्री नाथ मोदीगांव	बाल रामायण	
तीस मार खाँ	: डॉ. गोरधन सिंह	कर्जे का अभिशाप	: श्री मथुरादास भट्ट
म्हारा तो गिरघर		अक्ल बड़ी की भैंस	: श्री नारायण अग्रवाल
गोपाल	: डॉ. रामकृष्ण 'महेन्द'	महाराणा प्रताप	: बी.एल. माली 'अशांत'
जाँति–पाँति पूछें ना		बोलता आखेट	
कोई फातका जंजाल	: शिवचन्द भरतिया	पंयायत रो बायस्कोप	: पं. ठाकुर दत्त शर्मा

अनुवाद

मूल पुस्तक	अनुवादक	मूल पुस्तक	अनुवादक
रवि ठाकुर री बातां	: लक्ष्मी कुमारी चूड़ावत	भरथरी सतक	: मनोहर प्रभाकर
शकुन्तला	: गिरधारी लाल शास्त्री	ऋतु संहार	: किशोर कल्पना कांत
राणा राणी	: ब्रज मोहन जावलिया	हितोपदेश	: गोविन्द लाल भास्कर

एकांकी

रचना	रचनाकार	रचना	रचनाकार
शांति दूत	: भगवान दास गोस्वामी	पराछत	: जमना प्रसाद ठाडा 'राही'
काँग्रेस गाँव-गाँव बणनी	: श्रीमन्त कुतार व्यास	पीले हाथ	: मोहन सिंह सेंगर
धन और धरती		जय-पंचायत राज	: बैजनाथ पंवार
रंग में भंग	: विनोद सोमानी 'हसं'	देसरों हेलो	: रामदत्त सांकुल्य
नहरी झगड़ो	: निरंजन नाथ आचार्य	संपादक की मौत	: रावत सारस्वत
काला बाजार	: प्रो. गोविन्द लाल माथुर	टींगर-टोली	: शोभा चन्द जझड़
कुबदी चाकर	: श्री गणपत लाल डांगी	माटी री काया	: श्री नारायण दत्त श्रीमाली

निबन्ध

निबन्ध	निबन्धकार	निबन्ध	निबन्धकार
जूना जीवंतां चितराम	: मुरली धर व्यास	सबड़का	: श्री लाल नथमल जोशी
तारां छाई रात	: बी.एल. माली 'अशांत'	बानगी	: भंवर लाल नाहटा
रोवणिया दासा	: सत्येन जोशी	वकील साहब	: ब्रज नारायण पुरोहित

राजस्थान की मुख्य बातें (कथा)

1. पाबूजी री बात
2. ठगरी बेटी री बात
3. चाँद कुँवर री बात
4. राव रिणमल री बात
5. राजा मान्धाता री बात
6. अमरसिंह री बात
7. कानड़दे री बात
8. जोग भारण री बात
9. माल्हांरी री बात
10. कोड़ीधज री बात
11. पतिशाह री बात
12. सयणी चारण री बात

राजस्थान के प्रसिद्ध दोहा साहित्य

1. ढोला मारु रा दूहा
2. प्रिथीराज रा दूहा
3. सोरठ रा दूहा
4. जेठवैरा दूहा
5. गंगाजी रा दूहा
6. रामचन्द्र रा दूहा
7. छत्रसाल रा दूहा
8. सोहणी रा दूहा
9. परियां रा दूहा
10. सरोत रा दूहा
11. ठाकुरजी रा दूहा
12. सज्जन रा दूहा
13. रसालू रा दूहा
14. बींझरे रा दूहा
15. धवला रा दूहा
16. जमले रा दूहा
17. जवानी रा दूहा
18. नागड़ा रा दूहा
19. किवलास रा दूहा
20. खीवरै रा दूहा
21. पीठवै रा दूहा
22. सुहप रा दूहा

प्रमुख दोहा लेखक

1. कुशल लाभ
2. प्रिथीराज
3. फरसो
4. सुहव
5. उदेराम
6. सोनल
7. जसराम
8. अग्रदास
9. जमाल
10. सूरीयो

राजस्थान के प्रमुख मेले

प्रमुख मेले

क्र.सं.	मेले का नाम	स्थान	तिथि/मास
1	2	3	4
1.	कैला देवी का मेला	कैलादेवी मंदिर (करौली)	चैत्रमास की शुक्ल अष्टमी
2.	पुष्कर मेला	पुष्कर (अजमेर)	कार्तिक पूर्णिमा
3.	महावीर जी का मेला	हिंडौन (करौली)	चैत्र मास
4.	गणेश मेला	रणथम्भौर (सवाई माधोपुर)	गणेश चतुर्थी
5.	कपिल मुनि का मेला	कोलायत (बीकानेर)	कार्तिक पूर्णिमा
6.	केशरिया नाथ जी का मेला	धुलेल (मेवाड़)	चैत्र बदी अष्टमी
7.	राणी सती का मेला	झुंझनूं	भादवा मास
8.	शीतला माता का मेला	चाकसू (जयपुर)	चैत्र कृष्णाष्टमी
9.	जम्भेश्वर मेला	मुकाम (नोखा, बीकानेर)	फाल्गुन एवं आसोज माह
10.	रामदेव जी का मेला	पोकरण (जैसलमेर)	भाद्रपद
11.	माता कुंडलनी का मेला	रश्मी (चित्तौड़गढ़)	बैसाख पूर्णिमा
12.	चार भुजा का मेला	चारभुजा (मेवाड़)	भाद्र की शुक्ला एकादशी
13.	करणी माता का मेला	देशनोक (बीकानेर)	चैत्र माह (नवरात्र)
14.	भर्तृहरी का मेला	अलवर	भादो माह
15.	बाणगंगा का मेला	बैराठ (जयपुर)	बैसाख माह
16.	गोगाजी का मेला	गोगामैड़ी (नाहर, गंगानगर)	भाद्रपद नवमीं
17.	बैणेश्वर मेला	आसपुर (डूंगरपुर)	—
18.	तेजाजी का मेला	परबतसर (नागौर)	भाद्र पद
19.	तिलवाड़ा का मेला	तिलवाड़ा	चैत्र मास
20.	वीरपुरी का मेला	मंडोर (जोधपुर)	श्रावण मास
21.	विराटनगर का मेला	विराटनगर (जयपुर)	बैशाख मास
22.	कोलायत मेला	कोलायत (बीकानेर)	कार्तिक पूर्णिमा
23.	दशहरा मेला	कोटा	आश्विन शुक्ला दशमी
24.	खेजड़ली मेला	खेजड़ली (जोधपुर)	भाद्रपद शुक्ला दशमी
25.	जीण माता का मेला	रेवासा (सीकर)	चैत्र व आश्विन नवरात्रि
26.	घुस्मेश्वर का मेला	शिवाड़ (सवाई माधोपुर)	शिवरात्रि
27.	त्रिपुरा सुंदरी मेला	तलवाड़ा (बाँसवाड़ा)	नवरात्रि
28.	कल्याणजी का मेला	डिग्गी (टोंक)	भाद्रपद शुक्ला एकादशी
29.	मचकुण्ड मेला	मचकुण्ड (धौलपुर)	भाद्रपद शुक्ला षष्ठी
30.	साहवा सिख मेला	साहवा (चुरू)	कार्तिक पूर्णिमा
31.	पदमपुरा मेला	पदमपुरा (जयपुर)	—
32.	निम्बोकानाथ मेला	निम्बोकानाथ (डूंगरपुर)	बैशाख पूर्णिमा
33.	पाण्डुपोल हनुमान मेला	पाण्डुपोल (अलवर)	भाद्रपद शुक्ला चतुर्थी
34.	सालेश्वर महादेव मेला	गुढ़ा प्रतापसिंह (पाली)	श्रावण शुक्ला षष्ठी व सप्तमी
35.	सालासर हनुमान मेला	सालासर (चुरू)	चैत्र पूर्णिमा

क्र.सं.	मेले का नाम	स्थान	तिथि/मास
1	2	3	4
36.	परशुराम महादेव मेला	सादड़ी (पाली)	श्रावण शुक्ला सप्तमी
37.	तीज मेला	जयपुर	श्रावण शुक्ला तृतीया व चतुर्थी
38.	दादूजी का मेला	नरायणा (जयपुर)	फाल्गुन शुक्ला पंचमी से एकादशी
39.	गणगौर मेला	जयपुर	चैत्र शुक्ला तृतीया व चतुर्थी
40.	चामुण्डा माता मेला	जोधपुर	आश्विन शुक्ला नवमी
41.	जसनाथजी का मेला	कतरियासर (बीकानेर)	चैत्र शुक्ला सप्तमी
42.	लालदासजी का मेला	धोलीदूब (अलवर)	आश्विन पूर्णिमा
43.	गोतमेश्वर मेला	गोतमेश्वर	बैशाख पूर्णिमा से ज्येष्ठ द्वितीया तक
44.	मातृकुण्डिया मेला	हरनाथपुरा	बैशाख पूर्णिमा
45.	घोटियाआम्बा मेला	बुड़वा (बाँसवाड़ा)	चैत्र अमावस्या से द्वितीया
46.	सारणेश्वर महादेव मेला	सिरोही	भाद्रपद शुक्ला द्वादशी
47.	डोल मेला	बारां	भाद्रपद शुक्ला एकादशी
48.	ऋषभदेवजी का मेला	ऋषभदेव	चैत्र कृष्णा अष्टमी
49.	बोरेश्वर मेला	बोरेश्वर	बैशाख पूर्णिमा
50.	देवजी का मेला	आसीन्द (भीलवाड़ा)	भाद्रपद शुक्ला
51.	सोनाण खेतला मेला	सारंगवास	चैत्र शुक्ला प्रतिपदा एवं द्वितीया
52.	बादशाह मेला	ब्यावर (अजमेर)	चैत्र कृष्णा प्रतिपदा
53.	शाकम्भरी माता मेला	शाकम्भरी	चैत्र व आश्विन नवरात्रि
54.	अन्देश्वर पार्श्वनाथ मेला	अन्देश्वर	कार्तिक पूर्णिमा
55.	बुड्ढा जोहड़ मेला	बुड्ढा जोहड़ (श्रीगंगानगर)	श्रावण अमावस्या

प्रसिद्ध पशु मेले

क्र.सं.	पशु मेले का नाम	स्थान	जिला	नस्ल
1.	जसवंत पशु मेला	भरतपुर	भरतपुर	हरियाणवी
2.	तेजाजी पशु मेला	परबतसर	नागौर	नागौरी
3.	गोगामेड़ी पशु मेला	गोगामेड़ी	हनुमानगढ़	हरियाणवी व राठी
4.	मल्लीनाथ पशु मेला	तिलवाड़ा	बाड़मेर	काँकरेज व थारपारकर
5.	गोमती सागर पशु मेला	झालरापाटन	झालावाड़	मालवी
6.	चित्तौड़गढ़ पशु मेला	चित्तौड़गढ़	चित्तौड़गढ़	—
7.	चन्द्रभागा पशु मेला	झालरापाटन	झालावाड़	मालवी गाय व भेड़
8.	बहरोड़ पशु मेला	बहरोड़	अलवर	मुर्राह
9.	पुष्कर पशु मेला	पुष्कर	अजमेर	गिर
10.	शिवरात्रि पशु मेला	करौली	करौली	हरियाणवी
11.	बलदेव पशु मेला	मेड़तासिटी	नागौर	नागौरी
12.	रामदेव पशु मेला	नागौर	नागौर	नागौरी

कला एव संस्कृति

पृष्ठभूमि के आधार पर राजस्थानी चित्रकला का विभाजन

✸ कपड़े पर निर्मित चित्र	— पटचित्र, फड़
✸ मानव शरीर पर निर्मित चित्र	— गुदना, मेंहदी
✸ कागज पर निर्मित चित्र	— पाना
✸ पक्की मिट्टी के पात्रों पर निर्मित चित्र	— खिलौने, मृद्भांड
✸ लकड़ी पर निर्मित चित्र	— भित्ति, पथवारी
✸ भूमि पर निर्मित चित्र	— मांडणा, रंगोली

राजस्थानी चित्रकला की शैलियाँ

1. मारवाड़ शैली	2. उनियारा शैली	3. मेवाड़ शैली
4. डूंगर शैली	5. नाथद्वारा शैली	6. कोटा शैली
7. अजमेर शैली	8. अलवर शैली	9. किशनगढ़ शैली
10. बीकानेरी शैली	11. जयपुर शैली	12. देवगढ़ शैली, और
13. बूंदी शैली		

लोक चित्रकला

1. गुदना—इस लोक कला में शरीर पर नाम, बेल व बूटे आदि खुदवाये जाते हैं।

2. पाना—राजस्थान में कागज पर बने देवी–देवताओं के चित्रों को 'पाना' कहा जाता है।

3. कावड़—यह मन्दिर जैसी काष्ठ कलाकृति होती है।

4. फड़—कपड़े पर किये गये चित्रांकन को 'फड़' कहा जाता है।

5. पथवारी—गाँवों में पथरक्षक रूप में पूजा जाने वाला स्थल जिस पर चित्र बने होते हैं।

6. सांझी—यह गोबर से आँगन, पूजा-स्थल अथवा चबूतरे पर बनाई जाती है।

7. माँडणा—यह लोक चित्रकला की एक परम्परा है। माँडणा प्रायः सभी त्योहारों एवं मांगलिक अवसरों पर पूजा–स्थल अथवा चौक पर बनाया जाता है।

राजस्थानी चित्रकला—एक विवरण

स्कूल	क्षेत्र	विषय	कलाकार	प्रमुख रंग
1. मेवाड़ स्कूल	उदयपुर, नाथद्वारा चित्तौड़, भीलवाड़ा	रामायण, पुराण, भागवत कथा, महाभारत, गीत गोविन्द, सूरसागर, हरिवंश योग वशिष्ठ, पंचतंत्र, कादम्बरी, रसिक प्रिया, कालिया दमन, गजेन्द्रमोक्ष आदि	कृपाराम, मनोहर रामप्रताप, अमरा नयनचन्द्र, रघुनाथ शिवदयाल, साहिबदीन आदि।	लाल एवं काला

स्कूल	क्षेत्र	विषय	कलाकार	प्रमुख रंग
2. मारवाड़ स्कूल	जोधपुर, बीकानेर किशनगढ़, जैसलमेर पाली, नागौर	ठोलामारू, रामायण, महाभारत, भागवत कथा, श्रृंगार रस से प्रेरित चित्र, दरबारी, शबीहें	नारायण दास भाटी, किशन दास भाटी, शिवदास वीर जी, देवदास	पीला एवं सफेद
3. हडौंती स्कूल	कोटा, बूंदी, झालावाड़	पौराणिक कथायें, संस्कृत काव्य, बारहमासा, कृष्ण लीला, नख शिख भेद, नायिका भेद, राग-रागिनी, दरबारी दृश्य, शिकारी दृश्य, युद्ध कला एवं रास	अहमद, कृष्ण सूरजन, डालू मीरबगस, मुमानी शेख लागू, हंसराज जोशी	लाल हरा एवं सफेद
4. ढूंणंड स्कूल	जयपुर, आमेर, शेखावटी अलवर, करौली	बारहमासा, नायक नायिका, नायिका भेद, रास लीला, राग–रागिनी, प्रेम क्रीड़ायें, नख शिख, कृष्ण लीला, धार्मिक प्रसंग, राजाओं के चित्र, सरदारों के शाही दरबार	हुकुमचन्द मुरली, बनवास, लालचन्द, साहिबराम, मन्नालाल गंगाबख्स, महमूद शाह, साहिबराम, रामजीदास, गोविन्द हीरानंद	सुनहरा, नीला, हरा, पीला लाल

चित्रकला के प्रमुख संग्रहालय

1. अलवर संग्रहालय	– अलवर	2. कोटा संग्रहालय	– कोटा
3. जैन भण्डार	– जैसलमेर	4. पुस्तक प्रकाश	– जोधपुर
5. सरस्वती भण्डार	– उदयपुर	6. पोथीखाना	– जयपुर

विभिन्न शैलियों के कलाकार

1. मेवाड़ शैली	गंगाराम, भैंरोंराम, कृपाराम, साहिबदीन, मनोहर व नासिरुद्दीन।
2. मारवाड़ शैली	भाटी देवदास, भाटी शिवदास, भाटी किशनदास।
3. नाथद्वारा शैली	खूबीराम, घासीराम, रेवाशंकर व पुरुषोत्तम।
4. किशनगढ़ शैली	निहालचन्द, अमीरचन्द, धन्ना व छोटू।
5. अलवर शैली	गुलाम अली, सालिगराम, नन्दराम, बलदेव, जमुनादास डालचन्द व छोटे लाल।
6. बीकानेर शैली	मथेरणा परिवार व उस्ता परिवार।
7. जयपुर शैली	सालिगराम, लक्ष्मणराम व साहबराम।
8. कोटा शैली	गोविन्द, लक्ष्मीनारायण, लालचन्द व रघुनाथ दास।
9. बूँदी शैली	रामलाल, अहमद अली, श्रीकृष्ण व सुरजन।

विभिन्न शैलियों के प्रमुख चित्र

1.	सुन्दर श्रृंगार	मेवाड़ शैली	2. रागमाला	मेवाड़ शैली (नासिरुद्दीन)
3.	रागिनी बसंत	मेवाड़ शैली	4. भागवत पुराण	मेवाड़ शैली (साहिबदीन)
5.	एकादशी माहात्म्य	मेवाड़ शैली	6. रास मण्डल	जयपुर शैली
7.	चोर पंचशिखा	मेवाड़ शैली	8. आर्ष रामायण	मेवाड़ शैली (मनोहर)
9.	सूकर क्षेत्र माहात्म्य	मेवाड़ शैली	10. बिहारी सतसई	जयपुर शैली
11.	गोवर्धन धारण	जयपुर शैली	12. रामायण	मेवाड़ शैली (मनोहर)
13.	गोवर्धन पूजा	जयपुर शैली	14. उतराध्यान सूत्र	मारवाड़ शैली
15.	कल्याण रागिणी	मारवाड़ शैली	16. वासुकसज्जा नायिका	बूँदी शैली
17.	दीपावली	किशनगढ़ शैली (निहालचन्द)	18. सुपासनाह चरित्रम्	अपभ्रंश शैली
19.	सावगपड़िकमण	अपभ्रंश शैली	20. कृष्ण लीला	किशनगढ़ शैली (निहालचन्द)
21.	बणी–ठणी	किशनगढ़ शैली (निहालचन्द)	22. बसन्त रागिनी	बूँदी शैली

सांस्कृतिक केन्द्र एवं अकादमियाँ

1. भारतीय लोक कला मंडल, उदयपुर–स्थापना-1952

2. जयपुर कत्थक केन्द्र, जयपुर–स्थापना-1978

3. रूपायन संस्थान, बोरुंदा, जोधपुर–स्थापना-1960

4. अरबी–फारसी शोध संस्थान, टोंक–स्थापना-1978

5. राजस्थान संगीत नाटक अकादमी, जोधपुर–स्थापना-1957

6. महाराजा स्कूल ऑफ आट्र्स, जयपुर–स्थापना-1866

7. राजस्थान हिन्दी ग्रन्थ अकादमी

8. राजस्थान प्राच्य विद्या प्रतिष्ठान, जोधपुर–स्थापना-1950

9. पश्चिम क्षेत्र सांस्कृतिक केन्द्र, उदयपुर–स्थापना-1986

10. राजस्थान कला संस्थान

11. जवाहर कला केन्द्र, जयपुर

12. राजस्थान संगीत संस्थान, जयपुर

13. रवीन्द्र रंगमंच, जयपुर

14. गैलरी ऑफ मॉडर्न आर्ट

15. गुरु नानक संस्थान, जयपुर

16. राजस्थान राज्य अभिलेखाकर (मुख्यालय बीकानेर, शाखायें–अलवर, अजमेर, जोधपुर, उदयपुर, कोटा एवं भरतपुर)

17. राजस्थान राज्य क्रीड़ा परिषद्

राष्ट्रीय पुरस्कार प्राप्त शिल्पी

क्र॰सं॰	हस्तशिल्पी	स्थान	कलाक्षेत्र	वर्ष
1.	श्री श्रवण लाल मिश्र	जयपुर	तारकशी	1966
2.	श्री राम प्रसाद सोनी	प्रतापगढ़	थेवा कार्य	1966
3.	श्री कुदरत सिंह	जयपुर	मीनाकारी	1966
4.	श्री हिसामुद्दीन उस्ताद	बीकानेर	केमल हाइड	1967
5.	श्री कृपाल सिंह शेखावत	जयपुर	ब्ल्यू पॉटरी	1867
6.	श्री अब्दुल गफूर खाँ	जयपुर	पीतल पर खुदाई	1967
7.	श्री उस्ताद इम्तियाज अली	जयपुर	पीतल पर खुदाई	1968
8.	श्री दीन दयाल मीनाकर	जयपुर	मीनाकार	1968
9.	श्री गोवर्द्धन	जयपुर	लकड़ी पर पीतल का काम	1969
10.	श्री दुर्गेश कुमार जोशी	भीलवाड़ा	फड़ पैंटिंग	1969
11.	श्री अब्दुल करीम	जयपुर	इनेमिल वर्क	1969
12.	श्री अय्याज मोहम्मद	जयपुर	लाख का काम	1970
13.	श्री काशीनाथ वर्मा	जयपुर	इनेमिल वर्क	1970
14.	श्री शंकरलाल राजसोनी	प्रतापगढ़	थेवा कार्य	1970
15.	श्री मालचन्द जांगीड़	चुरू	चन्दन की लकड़ी पर खुदाई	1970
16.	श्री बेनीराम सोनी	प्रतापगढ़	थेवा कार्य	1972
17.	श्री चौथमेल जांगीड़	चुरू	चन्दन की लकड़ी पर खुदाई	1973
18.	श्री मदनलाल शर्मा	जयपुर	तारकशी	1973
19.	श्री मुन्नालाल शर्मा	जयपुर	मीनाकारी	1974-75
20.	श्री राम बिलास सोनी	प्रतापगढ़	थेवा कार्य	1974-75
21.	श्री जगदीश लाल सोनी	प्रतापगढ़	थेवा कार्य	1977
22.	श्री अब्दुल रजाक कुरेशी	जयपुर	पीतल पर खुदाई	1977-78
23.	श्री बसन्ती लाल सोनी	प्रतापगढ़	थेवा कार्य	1978-79
24.	श्री नरोत्तम नारायण शर्मा	नाथद्वारा	पिछवाई पेन्टिंग	1981
25.	श्री राम निवास सोनी	प्रतापगढ़	थेवा कार्य	1981
26.	श्री खेमराज कुम्हार	नाथद्वारा	मूर्तिकला	1981
27.	श्री तिलक गिताई	जयपुर	आइवरी पेन्टिंग	1982
28.	श्री मोहनलाल सोनी	जयपुर	चमड़े पर पेन्टिंग	1982
29.	श्री विट्ठलदास	नाथद्वारा	पिछवाई पेन्टिंग	1982
30.	श्री बी. जी. शर्मा	उदयपुर	आइवरी पेन्टिंग	1983
31.	श्री गोपाल लाल बी. लुहार	उदयपुर	धातु पच्चीकारी	1983
32.	श्री श्रीलाल जोशी	भीलवाड़ा	वाल पेन्टिंग	1984
33.	श्री वेदपाल शर्मा	जयपुर	मिनिएचर पेन्टिंग	1984
34.	श्री घनश्याम शर्मा	उदयपुर	आइवरी पेन्टिंग	1984
35.	श्री द्वारका लाल जांगीड़	नाथद्वारा	पिछवाई पेन्टिंग	1984
36.	श्री भंवरलाल अंगीरा	उदयपुर	मारबल पर इनले	1985
37.	श्री राधामोहन उदयवाल	सांगानेर	वस्त्र पर हाथ की छपाई	1985
38.	श्री प्रदीप मुकर्जी	जयपुर	फॉक पेन्टिंग	1985
39.	श्री ईश्वर सिंह भाटी	जैसलमेर	ऊँट की कमरबंध	1986
40.	श्री हरिशंकर शर्मा	जयपुर	तारकशी	1986

क्र॰सं॰	हस्तशिल्पी	स्थान	कलाक्षेत्र	वर्ष
41.	श्री बद्रीलाल चित्रकार	भीलवाड़ा	मिनिएचर पेन्टिंग	1986
42.	श्री महावीर स्वामी	बीकानेर	परम्परागत चित्रकारी	1986
43.	श्री इकरामुद्दीन नीलगर	जयपुर	लहरिया बंधनी कार्य	1987
44.	श्री रामगुलाम छीपा	बगरू	वस्त्र पर हाथ की छपाई	1987
45.	श्री रामकिशोर छीपा	बगरू	वस्त्र पर हाथ की छपाई	1987
46.	श्री लालसिंह भाटी	जोधपुर	चमड़े पर सुनहरी नक्काशी	1987
47.	श्री श्याम शर्मा	उदयपुर	शीशे पर चित्रकारी	1966

राजस्थान के प्रमुख लोकनृत्य

1. घूमर	7. तेराताली	13. शंकरिया नृत्य
2. गीदड़ नृत्य	8. अग्नि नृत्य	14. भवाई नृत्य
3. कच्छी घोड़ी नृत्य	9. गैर नृत्य	15. फड़ नृत्य
4. घुड़ला नृत्य	10. ढप नृत्य	16. गौरी नृत्य
5. डांडिया नृत्य	11. इण्डोणी नृत्य	17. चकरी नृत्य
6. झूमर नृत्य	12. वालर नृत्य	

प्रमुख नृत्य एवं जातियां/क्षेत्र

क्रम	जातियां/क्षेत्र	नृत्य	क्रम	जातियां/क्षेत्र	नृत्य
1.	भील	घूमर, गेर, नेजा, गौरी	5.	जालौर क्षेत्र	ढोल नृत्य
2.	कालबेली	इण्डोणी, शंकरिया, बागड़िया, पणिहारी	6.	जसनाथी सिद्ध	अग्नि नृत्य
			7.	मारवाड़ क्षेत्र	डांडिया
3.	गरसिया	घूमर, गरबा, वालर चंग, गीदड़, डांडिया	8.	अलवर एवं भरतपुर	बम नृत्य
4.	शेखावटी क्षेत्र		9.	मारवाड़ क्षेत्र	गीदड़

वाद्य यंत्र

राजस्थान की संगीत प्रस्तुति एवं नृत्य कला को इस मुकाम पर स्थापित करने में इसके पारंपरिक वाद्य यंत्रों की भूमिका काफी अहम् रही है। वाद्य यंत्रों को चार श्रेणियों में रख कर देखा जा सकता है। प्रथम 'तत् श्रेणी' जिनमें तार लगे होते है; दूसरी 'अनवद्ध श्रेणी' जो चमड़े से ढक कर निर्मित किए जाते हैं; तृतीय 'शुषिर श्रेणी' जो फूंक कर बजाये जाते हैं एवं चतुर्थ 'धन श्रेणी' जिनका निर्माण धातुओं से हुआ है।

वाद्य श्रेणियां एवं प्रमुख वाद्य यंत्र

क्र॰सं॰	वाद्य श्रेणियां	वाद्य यंत्र
1.	तत् श्रेणी	इकतारा, रावण हत्था, सारंगी, जन्तर खाज, कायादन्ता, अपंग, तन्दूरा, चौतारा, निशान, चिकारा, दांतारा एवं कमाइचा।
2.	अनवद्ध श्रेणी	ढोलक, मंजरी, खंजरी, चंग, नगाड़ा, मृदंग, ढोल, नौबत, मादल, डफ, ढाक, डमरू, तासा, मटकी, घोंसा, कुंडी एवं घेरा।
3.	शुषिर श्रेणी	शहनाई, सतारा, जूंगी, अलगोजा, बांसुरी, नड़, मौरचंग, मशक, तुरही, सिंगी, बांकिया, मुरली, एवं शंख।
4.	धन श्रेणी	तासली, थाली, ताल, झालर, घुंघरू, डांडिया, झांझ, ताल, करताल, झाल, चीपिया, मंजीरा, घंटा एवं चूंडिया।

लोकगीत

1. भक्ति रचनायें एवं धार्मिक गीत—इन धार्मिक गीतों में भक्त द्वारा भगवान की आराधना एवं पूजन गीत शैली में की जाती है। इसमें मुख्य देवताओं यथा—लक्ष्मी, सरस्वती, गणेश, दुर्गा, शीतला, शिव, पार्वती के साथ—साथ जम्भोजी, तेजाजी, गोगाजी, पाबूजी, रामदेव जी आदि लोक देवताओं के आराधना गीत गाये जाते हैं।

2. पेशेवर गीत—राजस्थान की बहुत जातियों द्वारा संगीत को पेशे के रूप में पारंपरिक तौर पर अपनाया गया है। इनमें लंगा, मंगणियार, भोपे, जोगी, कामण, कांगड, ढोली, मिटासी, मेव आदि जातियां प्रमुख है। इनके द्वारा गाँव—गाँव में घूमकर लोक गीत गाने की परंपरा रही है। वर्तमान समय में प्रदर्शनियों, विदेशी—देशी मंचों पर भी इसका आयोजन किया जा रहा है। पर्यटकों को रिझाने में इसका काफी महत्त्व इन दिनों रहा है।

3. आदिवासी गीत—यह राजस्थानी लोक संगीत की सबसे पुरानी परंपराओं में से एक है। यह संगीत का काफी सरल एवं सहज लयात्मक रूप है, जिसे समुदाय विशेष के सभी उम्र के लोग सम्मिलित रूप से गाते हैं। त्योहारों, खुशी के विशेष अवसरों एवं सांस्कृतिक कार्यक्रमों पर इसको गाया जाता है। संगीत के साथ—साथ वाद्य-यंत्रों के तालों एवं नृत्य की भाव—भंगिमाओं का सम्मिश्रण अद्भुत वातावरण प्रस्तुत करता है। इन लोक—गीतों में तीन और पांच स्वरों का संयोजन होता है।

4. पर्वोत्सव गीत—राजस्थान में त्योहार एवं पर्वों को मनाये जाने का रीति-रिवाज काफी विस्तृत है। इन पर्व-त्योहारों पर विशिष्ट लोक गीत गाये जाते हैं। राजस्थान में **गणगौर** के अवसर पर घुड़लों, पणिहारी, चौपड़ों, खिपोली, चवरों, गोबलियो, जुहॉर आदि गीत गाये जाते हैं। ''खेलण दो गणगौर भंवर म्हानें खेलण दो गणगौर'' एक प्रसिद्ध गणगौर गीत है। इसी तरह **तीज** के अवसर पर हिण्डोली, पीपली, मुरलो, लहरियों, डागलियों, पांख पखेर आदि और **होली** के अवसर पर चंग, निम्बुवो, खाण्डो, बावची, दड़ी, आदि गीत गाये जाते हैं।

5. गृहस्थों के मांगलिक एवं पारिवारिक गीत—सामाजिक रीति-रिवाज, वैदिक संस्कारों के अवसरों पर लोकगीतों का यहाँ काफी चलन रहा है। शादी-विवाह, गृहप्रवेश, शिशु-जन्म के अलावा अन्तर्संबंधी चुहल ननद-भाभी, देवर-भाभी, जीजा-साली आदि के लिए भी लोकगीतों की एक स्वस्थ परंपरा यहाँ है। इन गीतों में लोरी, जवंई, कलेवो, बना-बनी, फेरे, भांगड़ली, जनेऊ, विदाई, गाडलू आदि प्रसिद्ध हैं। इसे सामूहिक रूप से गाया जाता है। इसकी सहजता इसे गति प्रदान करने में सहायक होती है।

लोक नाट्य (नृत्य, गीत मिश्रित)

1. ख्याल—ख्याल राजस्थान के लोक नाट्य की सबसे लोकप्रिय विधा है। इनमें अनेक वीरों की कहानियाँ इस तरह समाविष्ट हैं कि ये वीर रस प्रधान होते हुए भी अन्य रसों को व्यक्त करते हैं। पद्मनी रो ख्याल, अमरसिंह रो ख्याल, रूठी राणी रो ख्याल, पार्वती रो ख्याल आदि प्रसिद्ध हैं।

2. रम्मत—रम्मत लोक नाट्य कला का विकास बीकानेर में हुआ। रम्मत में मुख्य वाद्य नगाड़ा तथा ढोलक होते हैं। चौमासा, रामदेवजी का भजन, लावणी, गणपति वन्दना आदि रम्मत के प्रमुख विषय हैं।

3. तमाशा—जयपुर की गौरवशाली परम्परा के रूप में प्रसिद्ध तमाशा का प्रारम्भ 19वीं शताब्दी के पूर्व मध्यकाल में महाराजा प्रताप सिंह के काल में हुआ। जयपुर का भट्ट परिवार तमाशा से मुख्य रूप से जुड़ा हुआ है।

4. फड़—यह भोपों द्वारा खेली जाती है। भोपा अपने प्रिय वाद्य रावण हत्था को बजाता हुआ स्वयं भी नाचता–गाता रहता है। फड़ से संबंधित दो लोकप्रिय चित्रकथाएं पाबूजी और देवजी की फड़ें ही हैं।

5. लीलाएं—इस विधा के द्वारा लोक संस्कृति के सामाजिक, धार्मिक और सामुदायिक पक्ष का चित्रण किया जाता है। राम लीला और रास लीला प्रसिद्ध लीलाएं हैं।

6. नौटंकी—नौटंकी का खेल मुख्य रूप से भरतपुर और धौलपुर में दिखाया जाता है।

7. स्वांग—यह कला भरतपुर की प्राचीन मनोरंजक विधा है। शाब्दिक दृष्टि से स्वांग का अर्थ किसी विशेष पौराणिक, ऐतिहासिक, प्रसिद्ध लोक देवता या किसी विख्यात चरित्र की नकल करना है। इसका मंचन खुले स्थानों पर किया जाता है।

प्रमुख आभूषण

क्र.सं.	शरीर के अंग	आभूषण
1.	मस्तक	टीका, फीणा, मांग टीका, सांकली, खैंचा एवं बोरला
2.	कान	कर्णपत्ती, झुमका, टॉपस, कुंडल, बाली, सुरलिया, लूंग एवं पत्ती
3.	सिर	शीशफूल
4.	गला	मटरमाला, हंसली, हार, कंठी, तिमणियां, पंचलड़ी, जंजीर
5.	नाक	नथ, नथनी, कांटा, भोगली, लौंग
6.	बाजू	बाजूबंध, बट्टा, तकया, ठड्डा, तकमा
7.	कलाई	कंगण, चूंग, चूड़ी, बंद, पूंचियां, हथफूल, बंगड़ी, पछेली
8.	कमर	करधनी, कणकती, तागड़ी
9.	अँगुलियां	अंगूठी, छल्ला, मूंदड़ी
10.	पैर	पायल, पैजणियां, पाजेब, कड़ा
11.	पैर की अँगुलियां	बिछिया

प्रमुख त्योहार एवं तिथियाँ

प्रमुख त्योहार	तिथि एवं तारीख
(अ) हिन्दू पर्व	
1. संक्रांति	14 जनवरी
2. महाशिवरात्रि	फाल्गुन कृष्ण पक्ष 13
3. होली	फाल्गुन शुक्ल पक्ष 15
4. गणगौर	फाल्गुन शुक्ल 15 से चैत्र शुक्ल पक्ष 3 तक
5. शीतलाष्टमी	चैत्र कृष्ण पक्ष अष्टमी
6. रामनवमी	चैत्र शुक्ल पक्ष नवमी
7. महावीर जयंती	चैत्र शुक्ल पक्ष 13
8. नाग पंचमी	श्रावण मास कृष्ण पक्ष पंचमी
9. रक्षा बंधन	श्रावण शुक्ल पक्ष 15
10. जन्माष्टमी	भाद्रपद कृष्ण पक्ष 8
11. झुलना एकादशी	भाद्र पद शुक्ल पक्ष एकादशी
12. गणेश चतुर्थी	भाद्रपद शुक्ल पक्ष 4
13. अनन्त चतुर्दशी	भाद्रपद शुक्ल पक्ष 14
14. नवरात्र	आश्विन शुक्ल पक्ष प्रथमा
15. दशहरा	आश्विन शुक्ल पक्ष दशमी
16. दीपावली	कार्तिक अमावस्या
(ब) मुस्लिम पर्व	
1. ईद-उल-फितर	रमजान के बाद शव्वाल की पहली तारीख
2. मुहर्रम	मुहर्रम माह की 10वीं तारीख
3. बरावफात	मुहर्रम के दो माह बाद
(स) ईसाई पर्व	
1. क्रिसमस डे	25 दिसम्बर
2. गुड फ्राइडे	ईसा मसीह को सलीब पर लटकाये जाने की याद में
3. ईस्टर	गुड फ्राइडे के बाद वाले रविवार को
4. न्यू ईयर डे	1 जनवरी
(द) सिख पर्व	
1. गुरु नानक जयन्ती	कार्तिक शुक्ल पक्ष 14
2. बैशाखी	अप्रैल-मई महीने में बैशाख प्रथमा तिथि को
3. गुरु गोविन्द सिंह जयन्ती	जनवरी में
(य) राष्ट्रीय पर्व	
1. गणतंत्र दिवस	26 जनवरी
2. स्वतंत्रता दिवस	15 अगस्त
3. गांधी जयन्ती	2 अक्टूबर

राजस्थान में ऊर्जा के स्रोतों को दो भागों में बाँटा जा सकता है—

1. परम्परागत स्रोतः तापीय विद्युत (कोयला, खनिज तेल व प्राकृतिक गैस आधारित स्रोत) व जल विद्युत।

2. गैर-परम्परागत स्रोतः सौर ऊर्जा, बायोगैस, पवन चक्की, लकड़ी आदि।

राज्य में दिसम्बर, 2016 तक विद्युत उत्पादन की कुल अधिष्ठापित क्षमता 17,894.18 मेगावाट तक पहुँच गई है। राज्य में दिसम्बर, 2016 तक 1,304.10 मेगावाट क्षमता के सौर ऊर्जा उत्पादन संयंत्र अधिष्ठापित किए जा चुके हैं। देश में राजस्थान को सौर ऊर्जा के मुख्य केन्द्र के रूप में स्थापित करने में राजस्थान सौर ऊर्जा नीति, 2014 और नेशनल सोलर मिशन प्रमुख साधन साबित हुए हैं। राज्य में पवन ऊर्जा की 18,770 मेगावाट की सम्भाव्य क्षमता है, जिसमें से दिसम्बर, 2016 तक 4,229.00 मेगावाट क्षमता ₹ 25,374.00 करोड़ राशि के विनियोजन के द्वारा अधिष्ठापित कर ली गई है।

राज्य में ऊर्जा की स्थापित क्षमता

क्र. सं.	विवरण	ऊर्जा स्रोत	उत्पादन क्षमता (मेगावाट में)
(A)	स्व-स्वामित्व अथवा राजस्थान राज्य विद्युत मण्डल द्वारा संचालित		
1.	कोटा सुपर तापीय परियोजना	तापीय	1045.000
2.	सूरतगढ़ लघु पन परियोजना	जलविद्युत्	4.000
3.	अनूपगढ़ लघु पन परियोजना	जलविद्युत्	9.000
4.	माही दायीं मुख्य नहर–प्रथम	जलविद्युत्	0.800
5.	माही दायीं मुख्य नहर–द्वितीय	जलविद्युत्	0.165
6.	माही परियोजना	जलविद्युत्	140.000
7.	मांगरोल लघु पन परियोजना	जलविद्युत्	6.000
8.	बीरसलपुर लघु पन परियोजना	जलविद्युत्	0.535
9.	पूगल लघु पन परियोजना–प्रथम	जलविद्युत्	1.500
10.	पूगल लघु पन परियोजना–द्वितीय	जलविद्युत्	0.650
11.	चारणवाला लघु पन परियोजना	जलविद्युत्	1.200
12.	रामगढ़ संयुक्त चक्र गैस तापीय परियोजना	गैस	110.000
13.	सूरतगढ़ ताप परियोजना	तापीय	1250.000
14.	अमर सागर पवन विद्युत् परियोजना, जैसलमेर	पवन ऊर्जा	2.000
15.	देवगढ़ पवन ऊर्जा परियोजना, चित्तौड़गढ़	पवन ऊर्जा	2.225
16.	फलौदी पवन विद्युत परियोजना, बींथड़ी, फलौदी (जोधपुर)	पवन ऊर्जा	2.100
17.	रंगपुर बायोमास ऊर्जा संयंत्र, कोटा	बायोमास	7.5
18.	चन्देरिया बायोमास ऊर्जा संयन्त्र, चित्तौड़गढ़	बायोमास	15.00
19.	पदमपुर, गंगानगर	बायोगैस	7.00

क्र. सं.	विवरण	ऊर्जा स्रोत	उत्पादन क्षमता (मेगावाट में)
(B)	अन्तर्राज्यीय परियोजनाएं एवं उनमें राज्य का हिस्सा		
1.	चम्बल (50%)	जलविद्युत्	193.000
	(a) गांधी सागर		57.500
	(b) राणा प्रताप सागर		86.000
	(c) जवाहर सागर		49.500
2.	देहर (20%)	जलविद्युत्	198.000
3.	पोंग (58.5%)	जलविद्युत्	210.600
4.	भाखड़ा और व्यास (15.22%)	जलविद्युत्	656.976
5.	सतपुड़ा (40%)	तापीय	125.000
(C)	केन्द्रीय सरकार द्वारा संचालित एवं राज्य को आबंटित		
1.	राजस्थान अणु विद्युत परियोजना	आणविक	782.110
2.	सिंगरौली (उत्तर प्रदेश)	तापीय	300.000
3.	अन्ता (राजस्थान)	गैसीय	81.600
4.	रिहन्द (उत्तर प्रदेश)	तापीय	95.000
5.	औरैया (उत्तर प्रदेश)	गैसीय	60.830
6.	नरौरा (उत्तर प्रदेश)	आणविक	42.110
7.	दादरी (उत्तर प्रदेश)	गैसीय	76.170
8.	दादरी (उत्तर प्रदेश)	तापीय	149.000
9.	उड़ी (जम्मू–कश्मीर)	जलविद्युत्	32.25
10.	ऊंचाहार (उत्तर प्रदेश)	तापीय	20.000
11.	सलाल (जम्मू–कश्मीर)		
12.	चमेरा (हिमाचल प्रदेश)	जलविद्युत्	46.400
13.	टनकपुर (उत्तराखंड)	जलविद्युत्	8.640

ऊर्जा संबंधी प्रमुख तथ्य : एक दृष्टि में

- कोटा थर्मल पॉवर स्टेशन राजस्थान का सर्वाधिक विद्युत उत्पादित करने वाला केंद्र है।
- राजस्थान परमाणु बिजली घर देश का दूसरा तथा प्रदेश का प्रथम बिजलीघर है।
- वर्ष 1951 में राज्य की विद्युत उत्पादन क्षमता मात्र 8 मेगावाट थी। राज्य की केवल 42 बड़ी बस्तियाँ ही विद्युतीकृत थीं।
- केन्द्र सरकार द्वारा अन्ता (बारां) में संचालित गैस विद्युत परियोजना से राज्य को 81.600 मेगावाट विद्युत शक्ति उपलब्ध होती है।
- राजस्थान परमाणु विद्युत गृह चित्तौड़गढ़ जिले में रावतभाटा के समीप स्थित है। इसका निर्माण परमाणु ऊर्जा कनाडा लिमिटेड की सहायता से किया गया है।
- सूरतगढ़ ताप विद्युत गृह राज्य का प्रथम तथा कोटा ताप विद्युत गृह राज्य का दूसरा सुपर ताप विद्युत गृह है।
- राज्य में कुटीर ज्योति योजना 1988-89 से प्रारम्भ हुई। इस योजना के अन्तर्गत गरीबी रेखा से नीचे जीवन यापन करने वाले पिछड़े वर्ग के परिवारों को एक लाइट का घरेलू कनेक्शन प्रदान किया जाता है।
- राज्य में राजस्थान ऊर्जा विकास अभिकरण (**REDA**) और राजस्थान स्टेट पावर कॉर्पोरेशन लिमिटेड (**RSPCL**) का एकीकरण कर उसे राजस्थान अक्षय ऊर्जा निगम (**RREC**) नाम दिया गया है।
- राज्य के उदयपुर जिले में गोबर गैस संयंत्रों की सबसे अधिक संख्या है।
- राज्य में ऊर्जीकृत कुओं की सबसे अधिक संख्या जयपुर जिले में है।
- राजस्थान में नवीन एवं नवीकरणीय ऊर्जा मंत्रालय, भारत सरकार के आकलन के अनुसार सौर स्रोतों से 142 गीगावाट सौर ऊर्जा उत्पादन की क्षमता है।

परिवहन

राजस्थान में परिवहन : एक दृष्टि में

- राजस्थान में 31 मार्च, 2016 तक सभी प्रकार की सड़कों की कुल लम्बाई 2,17,705.25 किमी थी।
- वर्ष 1951 में राज्य में सड़कों की कुल लम्बाई 18,300 किमी थी।
- राज्य में कुल सड़क लम्बाई में सर्वाधिक हिस्सा ग्रामीण सड़कों (73%) का है। इसके पश्चात् अन्य जिला सड़कें (13.5%), राजकीय उच्च मार्ग (6%), मुख्य जिला सड़कें (4.1%) तथा राष्ट्रीय राजमार्ग 3.3%) हैं।
- राज्य की प्रथम सड़क नीति की घोषणा 1994 में की गई थी।
- राजस्थान में सड़क–घनत्व (प्रति 100 वर्ग किमी क्षेत्र में सड़कों की कुल लम्बाई) 63.61 किमी है। यह सड़क–घनत्व राष्ट्रीय घनत्व 166.47 किमी से काफी कम है।
- राजस्थान में राष्ट्रीय राजमार्गों की कुल लम्बाई 78016.18 किमी है।
- राजस्थान में 20 राष्ट्रीग राजमार्ग तथा 85 राज्यीय राजमार्ग है।
- राज्य में सर्वाधिक संख्या में राष्ट्रीय राजमार्ग अजमेर जिले में हैं।
- राज्य में हनुमानगढ़ और झुंझुनूं जिलों से होकर कोई भी राष्ट्रीय राजमार्ग नहीं गुजरता है।
- राजस्थान में राष्ट्रीय राजमार्गों की सर्वाधिक लम्बाई जोधपुर (505 किमी) जिले में है।
- राज्य में राष्ट्रीय राजमार्ग संख्या-15 सर्वाधिक लम्बा (874 किमी) है।
- राज्य में कुल आबाद गाँवों (2011 की जनगणनानुसार) के 52 प्रतिशत गाँव ही अब तक सड़कों से जुड़ पाए हैं। राज्य में सड़कों से जुड़े सर्वाधिक गाँव गंगानगर जिले तथा सबसे कम गाँव सवाई माधोपुर जिले में हैं।
- राजस्थान राज्य पथ परिवहन निगम का मुख्यालय जयपुर में है। यह आठ सम्भागों में बँटा है। इसके अन्तर्गत 38 डिपो आते हैं।
- राज्य में जिलानुसार सड़कों की सर्वाधिक लम्बाई वाले 5 जिले (अवरोही क्रम में) क्रमशः जोधपुर, नागौर, पाली, बाड़मेर और बीकानेर हैं।
- राजस्थान में सड़कों की सबसे कम लम्बाई धौलपुर जिले में है।
- राज्य में 25 दिसम्बर, 2002 को प्रधानमंत्री ग्रामोदय सड़क योजना का शुभारंभ किया गया।
- मार्च 2015 के अंत तक राज्य में रेलमार्गों की कुल लम्बाई 5,898 किमी थी, जो देश के रेलमार्गों की कुल लम्बाई का 8.93 प्रतिशत है।
- राज्य में रेलमार्गों की कुल लम्बाई में से 3,028 किमी (57.1) ब्रॉडगेज, 2,803 किमी (41.3%) मीटर गेज तथा 89 किमी नेरो गेज है।
- राज्य की पहली रेलवे लाइन अप्रैल 1874 में आगरा फोर्ट से बाँदीकुई के मध्य शुरू हुई थी।
- सन् 1947 में राज्य में 4,989 किमी लम्बा रेलमार्ग था।
- राजस्थान में देश की पहली ब्रॉडगेज रेल बस सेवा नागौर जिले में मेड़ता रोड़ एवं मेड़ता सिटी के बीच शुरू की गई थी।
- राज्य में बांसवाड़ा एकमात्र ऐसा जिला है जिसमें कोई रेलमार्ग नहीं है।
- पैलेस ऑन व्हील्स (पहियों पर राजमहल) रेलगाड़ी को वर्ष 1982 में भारतीय रेलवे व राजस्थान पर्यटन विकास निगम ने पर्यटकों के लिए आरम्भ किया था।
- राज्य में 1-10-2002 से उत्तर–पश्चिमी रेलवे क्षेत्र ने प्रशासनिक दृष्टि से कार्य आरम्भ कर दिया है। इसका मुख्यालय जयपुर में है।
- राज्य में 3 जून 2015 से जयपुर में मेट्रो ट्रेन सेवा शुरू हो गई है।

राज्य में से होकर गुजरने वाले राष्ट्रीय राजमार्ग

क्र. सं.	राष्ट्रीय राजमार्ग संख्या	कहां से कहां को	राज्य में सम्बन्धित जिले
1.	3	आगरा-धौलपुर-मुम्बई	धौलपुर
2.	8	दिल्ली-जयपुर-उदयपुर-मुम्बई	अलवर, जयपुर, अजमेर, राजसमन्द, उदयपुर, डूंगरपुर
3.	11	आगरा-जयपुर-बीकानेर	भरतपुर, करौली, दौसा, जयपुर, सीकर, चुरू, बीकानेर
4.	11 A	दौसा-मनोहरपुर-वाया घटवाड़ी	दौसा, जयपुर
5.	11 AA	दौसा-लालसोट-कैथून	दौसा, टोंक
6.	11 B	लालसोट-गंगापुर-करौली-धौलपुर	दौसा, धौलपुर, करौली, सवाई माधोपुर
7.	12	जयपुर-कोटा-झालावाड़-भोपाल	जयपुर, टोंक, बूंदी, कोटा, झालावाड़
8.	14	ब्यावर-आबूरोड-काण्डला	अजमेर, पाली, सिरोही
9.	15	पठानकोट-बीकानेर-काण्डला	गंगानगर, बीकानेर, जैसलमेर, बाड़मेर, जोधपुर, जालौर
10.	65	अम्बाला-नागौर-पाली	सीकर, चुरू, नागौर, जोधपुर, पाली
11.	76	पिण्डवाड़ा-कोटा-शिवपुरी	सिरोही, उदयपुर, चित्तौड़गढ़, भीलवाड़ा, बूंदी, कोटा, बारां
12.	79	अजमेर-बिजौलियां-चित्तौड़गढ़	अजमेर, भीलवाड़ा, चित्तौड़गढ़
13.	79 A	किशनगढ़-नसीराबाद	अजमेर
14.	89	अजमेर-नागौर-बीकानेर	अजमेर, नागौर, बीकानेर
15.	90	बारां-अकलेरा	बारां, झालावाड़
16.	112	बिलाड़ा-जोधपुर-बाड़मेर	जोधपुर, पाली, बाड़मेर
17.	113	निम्बाहेड़ा-बांसवाड़ा-दाहोद	चित्तौड़गढ़, बांसवाड़ा
18.	114	जोधपुर-पोकरन	जोधपुर, जैसलमेर
19.	116	टोंक-सवाई माधोपुर	टोंक, सवाई माधोपुर

राज्य में सड़कों की लम्बाई

विवरण	सड़कों की कुल लम्बाई (किमी)	विवरण	सड़कों की कुल लम्बाई (किमी)
1960-61	26,693	31 मार्च, 2009 तक	1,86,806
1990-91	58,350	31 दिसम्बर, 2010 तक	1,87,810
1997-98	79,147	31 मार्च, 2011 तक	1,88,534
31 मार्च, 2002 तक	1,50,814	31 मार्च, 2012 तक	1,89,402
31 मार्च, 2004 तक	1,58,240	31 मार्च, 2013 तक	1,90,000
31 मार्च, 2005 तक	1,63,952	31 दिसम्बर, 2014 तक	2,05,003
31 मार्च, 2006 तक	1,66,970	31 दिसम्बर, 2015 तक	2,08,484
31 मार्च, 2008 तक	1,80,000	31 मार्च, 2016 तक	2,17,705.25

हवाई अड्डे

1. सांगानेर हवाई अड्डा	–	जयपुर	2. डबोक हवाई अड्डा – उदयपुर	
3. कोटा हवाई अड्डा	–	कोटा	4. रातानाड़ा हवाई अड्डा – जोधपुर	

प्रमुख वायुमार्ग

1. दिल्ली–आगरा–जयपुर
2. दिल्ली–जयपुर–जोधपुर–उदयपुर–अहमदाबाद–मुम्बई
3. दिल्ली–जयपुर–उदयपुर–औरंगाबाद–मुम्बई
4. दिल्ली–जयपुर–जैसलमेर

रेलमार्ग

1. दिल्ली–भरतपुर–मुम्बई रेलमार्ग	2. दिल्ली–अलवर–अहमदाबाद रेलमार्ग
3. दिल्ली–फुलेरा रेलमार्ग	4. जयपुर–लोहारु रेलमार्ग
5. सीकर–चुरू–रेलमार्ग	6. आगरा–बाँदीकुई–जोधपुर रेलमार्ग
7. आगरा–बाँदीकुई–बीकानेर रेलमार्ग	8. दिल्ली–जोधपुर रेलमार्ग
9. दिल्ली–बीकानेर रेलमार्ग	10. बीकानेर–श्रीगंगानगर रेलमार्ग
11. उदयपुर–मारवाड़ रेलमार्ग	12. उदयपुर–अजमेर रेलमार्ग
13. उदयपुर–हिम्मत नगर रेलमार्ग	14. पोखरण–जैसलमेर रेलमार्ग
15. श्रीगंगानगर–हिन्दूमलकोट रेलमार्ग	16. अलवर–मथुरा रेलमार्ग
17. जयपुर–सवाई माधोपुर रेलमार्ग	

राज्य में चलने वाली प्रमुख रेलगाड़ियाँ

रेलगाड़ियों के नाम	स्थल
1. पिंक सिटी एक्सप्रेस	दिल्ली–जयपुर–उदयपुर
2. गंगानगर एक्सप्रेस	जयपुर–बीकानेर–श्रीगंगानगर
3. मरुधर एक्सप्रेस	जोधपुर–जयपुर–लखनऊ–वाराणसी
4. चेतक एक्सप्रेस	उदयपुर–दिल्ली
5. आश्रम एक्सप्रेस	दिल्ली–अहमदाबाद
6. शताब्दी एक्सप्रेस	अजमेर–दिल्ली
7. पूजा एक्सप्रेस	जयपुर–जम्मूतवी
8. चेन्नई सुपर फास्ट	जयपुर–चेन्नई
9. सैनिक एक्सप्रेस	दिल्ली–सीकर
10. इन्टरसिटी एक्सप्रेस	जोधपुर–जयपुर
11. मुम्बई सुपर फास्ट	जयपुर–मुम्बई
12. पैलेस ऑन व्हील्स	दिल्ली–जयपुर–आगरा
13. मीनाक्षी एक्सप्रेस	जयपुर–काछीगुड़ा
14. जोधपुर–जयपुर–हावड़ा सुपर फास्ट	जोधपुर–हावड़ा

विशिष्ट सेना पदक से सम्मानित राज्य के निवासी

परमवीर चक्र विजेता

1.	हवलदार मेजर पीरू सिंह (मरणोपरान्त)	1948	झुन्झुनू
2.	मेजर शैतान सिंह (मरणोपरान्त)	1962	जोधपुर

महावीर चक्र विजेता

1.	कर्नल किशनसिंह राठौड़	1948	चुरू
2.	सूबेदार चूनाराम	1948	सीकर
3.	राइफलमैन ढोंकलसिंह (मरणोपरान्त)	1948	जोधपुर
4.	ब्रिगेडियर रघुवीर सिंह	1965	टोंक
5.	कर्नल उदयसिंह	1971	जोधपुर
6.	ले॰ कर्नल हणूतसिंह	1971	बाड़मेर
7.	ले॰ कर्नल भवानीसिंह	1971	जयपुर
8.	ग्रुप कैप्टन चन्दनसिंह	1971	जोधपुर
9.	नायक सुगनसिंह (मरणोपरान्त)	1971	नागौर
10.	नायक दिगेन्द्र कुमार	1999	सीकर

कीर्ति चक्र

1.	नायक हरिसिंह	1992	झुंझुनूं
2.	पायनियर मूलसिंह	1968	जयपुर
3.	सूबेदार कोपाराम	1992	सीकर
4.	कैप्टन सज्जनसिंह मल्लिक (मरणोपरान्त)	2005	चुरू

अशोक चक्र

1.	हवलदार शम्भूपालसिंह	1961	नागौर
2.	सूबेदार लालसिंह	1962	नागौर
3.	सूबेदार मानसिंह	1962	अलवर
4.	कैप्टन महेन्द्रसिंह (मरणोपरान्त)	1965	सीकर
5.	सेकिण्ड लेफ्टी॰ पी॰एन॰ दत्त	1998	जयपुर
6.	सूबेदार सुरेशचन्द्र यादव	2003	अलवर

वीर चक्र

1.	स्क्वाड्रन लीडर अजय आहूजा (मरणोपरान्त)	1988	कोटा
2.	सूबेदार भंवरलाल	1999	नागौर
3.	नायब सूबेदार मंगेज सिंह	1999	नागौर
4.	हवलदार सिसराव गिल	1999	झुंझुनूं
5.	नायब सूबेदार रामपाल सिंह	1999	जयपुर
6.	राइफलमैन जयरामसिंह	1999	सीकर

शौर्य चक्र			
1.	मेजर दयानन्द	1999	झुंझुनूं
2.	मेजर भूपेश हाड़ा	1999	बूंदी
3.	हवलदार वेन सिंह गुजर	1999	करौली
4.	हवलदार सुजान सिंह	1999	भरतपुर
5.	लेफ्टिनेंट अरविन्द कुमार	2002	जयपुर
6.	लांस नायक पप्पूराम चौधरी (मरणोपरान्त)	2005	अलवर

राजस्थान के समाचार-पत्र एवं पत्रिकाएं

समाचार-पत्रों के नाम	भाषा	स्थान
दैनिक		
1. राजस्थान पत्रिका	हिन्दी	जयपुर, जोधपुर, उदयपुर, बीकानेर, कोटा
2. दैनिक नवज्योति	हिन्दी	अजमेर, जयपुर, कोटा
3. राष्ट्रदूता	हिन्दी	जयपुर
4. राजपूताना टाइम्स	हिन्दी	जयपुर
5. नवभारत टाइम्स	हिन्दी	जयपुर
6. तरुण देश	हिन्दी	भीलवाड़ा
7. सीमा संदेश	हिन्दी	श्रीगंगानगर
8. प्रताप काल	हिन्दी	उदयपुर
9. जलते दीप	हिन्दी	जोधपुर
10. ताज भारती	हिन्दी	टोंक
11. जय राजस्थान	हिन्दी	उदयपुर
12. अंगद	हिन्दी	बूंदी
13. भास्कर संदेश	हिन्दी	जयपुर
14. भोर	हिन्दी	श्रीगंगानगर
15. सिटी प्लेस पत्रिका	हिन्दी	जयपुर
16. चौथा दौर	हिन्दी	बलोत्रा
17. दौसा समाचार	हिन्दी	जयपुर
18. दिशा दृष्टि	हिन्दी	जयपुर
19. गुलाबी हलचल	हिन्दी	सवाई माधोपुर
20. गुरु शिखर टाइम्स	हिन्दी	सिरोही
21. जयपुर समाचार सम्पर्क	हिन्दी	जयपुर
22. जलनेकाल पत्रिका	हिन्दी	जयपुर
23. जंगजू	हिन्दी	चित्तौड़गढ़
24. महरज्ञान	हिन्दी	जैसलमेर
25. पक्षी का संदेश	हिन्दी	जयपुर
26. पिंक स्पार्क	हिन्दी	टोंक
27. प्रभात अभिनन्दन	हिन्दी	जयपुर
28. प्रगतिशील न्याय	हिन्दी	अजमेर
29. राजसमन्द पत्रिका	हिन्दी	राजसमन्द
30. राज सृजन	हिन्दी	कोटा

समाचार-पत्रों के नाम	भाषा	स्थान
दैनिक		
31. सच्ची कलम	हिन्दी	जयपुर
32. सान्ध्य ज्योति दर्पण	हिन्दी	अलवर
33. साराचार गरिया एक्सप्रेस	हिन्दी	जयपुर
34. शताब्दी के पार	हिन्दी	चित्तौड़गढ़
35. तीसरा प्रहार	हिन्दी	पाली
36. तीसरी शक्ति	हिन्दी	जयपुर
साप्ताहिक		
1. एशिया जगत समाचार	हिन्दी	जयपुर
2. ऐतिहासिक लौहगढ़ संदेश	हिन्दी	भरतपुर
3. अनुपम राजस्थान	हिन्दी	जयपुर
4. इतवारी पत्रिका	हिन्दी	जयपुर
5. एकता विचार वार्ता	हिन्दी	जयपुर
6. राज विधान	हिन्दी	जयपुर
7. अर्थ की दुनिया	हिन्दी	जयपुर
8. अरावली ऑबजर्वर	हिन्दी	राजसमन्द, उदयपुर
9. हल्कारो	हिन्दी	शेखावटी
10. गंगानगर जगत	हिन्दी	गंगानगर
पाक्षिक		
1. आज की नवज्योति	हिन्दी	अजमेर
2. आज का सम्राट	हिन्दी	अजमेर
3. आज की आंधी	हिन्दी	अजमेर
4. आधुनिक उड़ान	हिन्दी	बीकानेर
5. अबला की आवाज	हिन्दी	सूरतगढ़
6. आधुनिक	हिन्दी	अजमेर
7. बालहंस	हिन्दी	जयपुर
8. भ्रष्टाचार की हथकड़ी	हिन्दी	जयपुर
9. भंवर पत्रिका	हिन्दी	सवाई माधोपुर
मासिक पत्रिका		
1. मधुमती	हिन्दी	उदयपुर
2. माणिक	हिन्दी	जोधपुर
3. नई गुदगुदी	हिन्दी	जयपुर

वस्तुनिष्ठ प्रश्नोत्तर

भौतिक स्वरूप एवं संरचना

1. भारतीय स्वतंत्रता के समय राजस्थान की देशी रियासतों के संदर्भ में निम्नांकित में से कौन-से कथन सही नहीं हैं?
A. राजस्थान में कुल 20 देशी रियासतें थीं
B. अजमेर अंग्रेज शासित प्रदेश था
C. कुशलगढ़, लाखा एवं नोह तीन प्रमुख ठिकाने थे
D. टोंक रियासत मुसलमान शासक के अंतर्गत थीं

2. सुमेलित करें:

1. मत्स्य संघ		*(a)* 18.4.1948
2. राजस्थान संघ		*(b)* 25.3.1948
3. संयुक्त राजस्थान		*(c)* 10.4.1949
4. संयुक्त विशाल राजस्थान		*(d)* 30.3.1949
5. बिशाल राजस्थान		*(e)* 17.3.1948

	1	2	3	4	5
A.	*(c)*	*(e)*	*(c)*	*(a)*	*(d)*
B.	*(b)*	*(e)*	*(c)*	*(a)*	*(d)*
C.	*(e)*	*(b)*	*(a)*	*(d)*	*(c)*
D.	*(e)*	*(b)*	*(a)*	*(c)*	*(d)*

3. विशाल राजस्थान के रूप में राजस्थान की मौलिक एवं महत्त्वपूर्ण इकाई का गठन होने के कारण इस दिन को प्रतिवर्ष 'राजस्थान दिवस' के रूप में मनाया जाता है। वह दिन कौन-सा है?
A. 30 मार्च   B. 17 मार्च   C. 25 मार्च   D. 30 अप्रैल

4. विभिन्न चरणों में गठित राजस्थान की इकाइयों एवं उनकी राजधानियों को सुमेलित करें:

1. मत्स्य संघ		*(a)* कोटा
2. राजस्थान संघ		*(b)* अलवर
3. संयुक्त राजस्थान		*(c)* जयपुर
4. विशाल राजस्थान		*(d)* उदयपुर

	1	2	3	4
A.	*(b)*	*(a)*	*(c)*	*(d)*
B.	*(b)*	*(a)*	*(d)*	*(c)*
C.	*(c)*	*(d)*	*(b)*	*(a)*
D.	*(c)*	*(d)*	*(a)*	*(b)*

5. 1 नवम्बर, 1956 के दिन राजस्थान अपने वर्तमान स्वरूप में आया। इस दिन कौन-से नए क्षेत्र राजस्थान में शामिल किए गए?
A. आबू एवं सूनेल टप्पा   B. सूनेल टप्पा एवं सिरोंज क्षेत्र
C. आबू, सूनेल टप्पा एवं सिरोंज   D. मंदसौर का कुछ भाग एवं सिरोंज क्षेत्र

1.C   **2.**D   **3.**A   **4.**A   **5.**A

6. वृहत्तर राजस्थान में शामिल हुई रियासतों का क्षेत्रफल के अनुसार घटता हुआ सही क्रम है:
A. जयपुर, उदयपुर, जोधपुर, बीकानेर एवं जैसलमेर
B. बीकानेर, जयपुर, डूंगरपुर, उदयपुर एवं जोधपुर
C. जयपुर, डूंगरपुर, जोधपुर, बीकानेर एवं उदयपुर
D. बीकानेर, जोधपुर, जैसलमेर, जयपुर एवं उदयपुर

7. राजस्थान की वर्तमान भौगोलिक संरचना का विस्तार किन अक्षांशों एवं देशांतरों के मध्य अवस्थित है?
A. 23°3′ N से 30° 12′ N एवं 63°30′ से 76°17′ E
B. 23°3′ N से 30° 12′ N एवं 63°30′ से 78°17′ E
C. 23°3′ N से 31° 12′ N एवं 63°30′ से 78°17′ E
D. 23°3′ N से 31° 12′ N एवं 65°30′ से 68°17′ E

8. राजस्थान राज्य के चार जिलों की सीमाएं भारत की अंतर्राष्ट्रीय सीमा रेखा का भाग हैं, वे जिले हैं:
A. गंगानगर, जालौर, जैसलमेर, बाड़मेर
B. गंगानगर, बीकानेर, बाड़मेर, चुरू
C. बीकानेर, बाड़मेर, जैसलमेर, अजमेर
D. बाड़मेर, जैसलमेर, बीकानेर, गंगानगर

9. राजस्थान की कुल स्थलीय सीमा एवं पश्चिमी सीमा में लगी अंतर्राष्ट्रीय सीमा की कुल लम्बाई क्रमशः है:
A. 6170 कि.मी. एवं 1070 कि.मी.
B. 5920 कि.मी. एवं 1070 कि.मी.
C. 5920 कि.मी. एवं 1060 कि.मी.
D. 6170 कि.मी. एवं 1060 कि.मी.

10. राजस्थान राज्य की पूर्व से पश्चिम की लम्बाई एवं उत्तर से दक्षिण की चौड़ाई क्रमशः है:
A. 869 कि.मी. एवं 826 कि.मी.
B. 869 कि.मी. एवं 823 कि.मी.
C. 889 कि.मी. एवं 726 कि.मी.
D. 889 कि.मी. एवं 823 कि.मी.

11. राजस्थान राज्य के संदर्भ में निम्नांकित में से कौन-से कथन सत्य है?
(a) राजस्थान का कुल क्षेत्रफल 3,42,239 वर्ग कि.मी. है
(b) राजस्थान का विस्तार भारत के कुल क्षेत्रफल के 10.41 प्रतिशत भाग पर है
(c) राजस्थान क्षेत्रफल की दृष्टि से भारत का तीसरा सबसे बड़ा राज्य है
(d) राजस्थान की आकृति असमान चतुर्भुज के समान है
(e) राजस्थान के कुल क्षेत्र का 62 प्रतिशत भाग मरुभूमि है
A. केवल *(a)*, *(b)* एवं *(d)*
B. केवल *(a)*, *(b)*, *(c)* एवं *(e)*
C. केवल *(a)*, *(b)* एवं *(c)*
D. उपर्युक्त में से सभी

12. राजस्थान की सीमा निम्नलिखित में से किन राज्य समुच्चयों से लगती हैं?
A. गुजरात, हरियाणा, दिल्ली, पंजाब
B. मध्यप्रदेश, हरियाणा, उत्तर प्रदेश, पंजाब
C. गुजरात, महाराष्ट्र, हरियाणा, पंजाब, मध्यप्रदेश
D. दिल्ली, पंजाब, गुजरात, मध्यप्रदेश

6.D	7.B	8.D	9.B	10.A	11.A	12.B

13. राजस्थान के क्षेत्रों को उनके प्राचीन नामों से सुमेलित करें:

1. बीकानेर और जोधपुर का क्षेत्र			*(a)* व्याघ्रधार	
2. जयपुर एवं टोंक का क्षेत्र			*(b)* यौद्धेय	
3. डूंगरपुर एवं बांसवाड़ा का क्षेत्र			*(c)* जाँगल	
4. जोधपुर एवं पाली का क्षेत्र			*(d)* विराट	
5. गंगानगर के समीपवर्ती क्षेत्र			*(e)* गुर्जरत्रा	

	1	2	3	4	5
A.	*(c)*	*(d)*	*(e)*	*(b)*	*(a)*
B.	*(c)*	*(d)*	*(a)*	*(e)*	*(b)*
C.	*(a)*	*(b)*	*(e)*	*(c)*	*(d)*
D.	*(a)*	*(b)*	*(c)*	*(d)*	*(e)*

14. राजस्थान के प्राचीन क्षेत्रीय नामों को उनके क्षेत्र से सुमेलित करें:

1. शूरसेन		*(a)* जैसलमेर व बाड़मेर का क्षेत्र	
2. हडौंती		*(b)* कोटा-बूंदी का समीपवर्ती क्षेत्र	
3. माँड		*(c)* भरतपुर, करौली, एवं धौलपुर क्षेत्र	
4. बांगड़		*(d)* सिरोही का कुछ हिस्सा	
5. आर्बूद		*(e)* डूंगरपुर एवं बांसवाड़ा का समीपवर्ती क्षेत्र	

	1	2	3	4	5
A.	*(b)*	*(d)*	*(c)*	*(b)*	*(e)*
B.	*(a)*	*(d)*	*(b)*	*(c)*	*(e)*
C.	*(c)*	*(b)*	*(c)*	*(e)*	*(a)*
D.	*(c)*	*(b)*	*(a)*	*(e)*	*(d)*

15. क्षेत्रफल की दृष्टि से राजस्थान का सबसे बड़ा एवं छोटा जिला है:

A. जैसलमेर एवं पाली   B. जैसलमेर एवं धौलपुर
C. बीकानेर एवं सिरोही   D. बीकानेर एवं पाली

16. अरावली पर्वत श्रेणी एवं दक्षिण-पूर्व का पठारी भाग का संबंध किस प्राचीनतम भू-खण्ड से है?

A. अंगारा लैंड   B. गोंडवाना लैंड   C. स्वांजी लैंड   D. टेथिस सागर

17. राजस्थान की प्रसिद्ध अरावली पर्वत श्रेणी के विस्तार की दिशा है:

A. पूर्व से पश्चिम में   B. उत्तर से दक्षिण में
C. दक्षिण-पश्चिम से उत्तर-पूर्व में   D. दक्षिण-पूर्व से उत्तर-पश्चिम में

18. राजस्थान राज्य को तीन भौतिक विभागों में विभक्त किया गया है, निम्नलिखित में कौन-सा एक उनमें नहीं है?

A. उत्तर-पश्चिमी मरुस्थलीय भाग   B. अरावली श्रेणी एवं मध्य पहाड़ी भाग
C. डेकन का लावा निर्मित पठार   D. उत्तरी-पूर्वी मैदानी भाग

13.B   **14.D**   **15.B**   **16.B**   **17.C**   **18.C**

19. राजस्थान के तीनों भौतिक विभागों में सबसे बड़े क्षेत्र में किसका विस्तार है?
   A. उत्तर-पश्चिमी मरुस्थलीय भाग
   B. अरावली श्रेणी एवं मध्य पहाड़ी भाग
   C. उत्तरी-पूर्वी मैदानी भाग
   D. मेवाड़ का चट्टानी भाग एवं दक्कन का लावा पठार

20. मरुस्थलीय राजस्थान के बांगर क्षेत्र को कई लघु प्रदेशों के रूप में इंगित किया गया है। निम्नांकित में से कौन-सा लघु प्रदेश उनमे शामिल नहीं है?
   (a) लूनी बेसिन एवं नागौर उच्च भूमि   *(b)* शेखावटी प्रदेश एवं घग्गर का मैदान
   (c) छप्पन बेसिन एवं चम्बल बेसिन   *(d)* लूनी बेसिन एवं बालूकास्तूप युक्त भूमि
   A. केवल *(a)*   B. केवल *(a)* एवं *(b)*
   C. केवल *(a)*, *(b)* एवं *(c)*   D. उपर्युक्त सभी युग्म समूह

21. राजस्थान राज्य के दो प्रमुख भू-भागों-रेतीले शुष्क मैदान एवं अर्द्ध-शुष्क मैदान को विभाजित करने वाली रेखा को कहते हैं:
   A. 40 से॰मी॰ वर्षा रेखा   B. 25 से॰मी॰ वर्षा रेखा
   C. 60°C की ताप रेखा   D. 30°C की ताप रेखा

22. राजस्थान के पूर्वी मैदानी भाग को मुख्यतः तीन नदी बेसिन में विभक्त किया गया है। निम्नलिखित में से कौन एक उनमें शामिल नहीं है?
   A. चम्बल बेसिन   B. छप्पन बेसिन   C. बनास बेसिन   D. सांभर बेसिन

23. राजस्थान की सबसे ऊँची चोटी गुरुशिखर की ऊँचाई एवं उसके जिले की स्थिति को कौन सही रूप से सूचित करता है?
   A. 1722 मी॰ (सिरोही)   B. 1727 मी॰ (पाली)
   C. 1737 मी॰ (पाली)   D. 1737 मी॰ (सिरोही)

24. राजस्थान के प्रमुख पर्वत शिखरों की ऊँचाई एवं जिले की स्थिति को सुमेलित करें:
   1. रघुनाथ गढ़   *(a)* 873 मीटर (अजमेर)
   2. तारागढ़   *(b)* 920 मीटर (जयपुर)
   3. रवो   *(c)* 1055 मीटर (अजमेर)
   4. बाबाई   *(d)* 780 मीटर (जयपुर)

	1	2	3	4
A.	*(d)*	*(b)*	*(a)*	*(c)*
B.	*(b)*	*(d)*	*(a)*	*(c)*
C.	*(c)*	*(a)*	*(b)*	*(d)*
D.	*(c)*	*(a)*	*(d)*	*(b)*

25. राजस्थान में 'ऊपरमाल' (उच्च पठार या पथरीला) के नाम से जाना जाने वाला क्षेत्रः
   A. चित्तौड़, डूंगरपुर, सवाई माधोपुर एवं झालावाड़
   B. कोटा, बूंदी, झालावाड़ एवं सवाई माधोपुर
   C. भीलवाड़ा, बूंदी, कोटा, अजमेर एवं टोंक
   D. नागौर, सीकर, जयपुर एवं बूंदी

---

26. निम्नांकित में कौन सुमेलित नहीं है?
   A. अरावली पर्वत शृंखला की लम्बाई = 692 कि.मी.
   B. आबू पर्वत शृंखला पर स्थित अचलागढ़ की ऊँचाई = 1530 मी.
   C. भोराट में पठार की ऊँचाई = 1225 मी.
   D. दक्षिण-पूर्वी पठार की औसत ऊँचाई = 680 मी.

27. उदयपुर के उत्तर पश्चिम में स्थित कुम्भलगढ़ तथा गौगुंदा के बीच के पठार को किस नाम से जाना जाता है?
   A. हडौंली का पठार
   B. मेवाड़ का पठार
   C. लासड़िया का पठार
   D. भोराट का पठार

28. उत्तरी-पश्चिमी मरुस्थलीय भाग के अंतर्गत राज्य का करीब 55 प्रतिशत क्षेत्र आता है। इस क्षेत्र में कुल राज्य की जनसंख्या का कितना भाग निवास करता है?
   A. एक-चौथाई भाग
   B. एक-तिहाई भाग
   C. आधा भाग
   D. दो-तिहाई भाग

29. अरावली पर्वत शृंखलाओं की सबसे ऊँची पहाड़ियाँ किनके मध्य में स्थित हैं?
   A. नागौर एवं पाली के मध्य
   B. उदयपुर, पाली एवं भीलवाड़ा के मध्य
   C. गोगुन्दा एवं कुंभलगढ़ के मध्य
   D. अजमेर एवं जयपुर के मध्य

30. राजस्थान के अधिकांश पश्चिमी एवं उत्तरी-पूर्वी भाग को जिसमें मरुस्थलीय प्रदेश स्थित है, भूगर्भ विज्ञानियों के द्वारा किस प्राचीन भू-खंड का अंग माना गया है?
   A. टेथिस महासागर   B. अंगारा लैंड   C. गोण्डवाना लैंड   D. स्वांजी लैंड

31. राजस्थान के किन क्षेत्रों में 'बालूका स्तूप' की भू-आकृतियाँ सर्वाधिक संख्या में पायी जाती हैं?
   A. जैसलमेर के चारों ओर
   B. भारत एवं पाक के सीमा क्षेत्र में
   C. बीकानेर के उत्तरी हिस्से में
   D. अरावली के पश्चिमी किनारे में

32. 'कांठल' एवं 'गरवा' नाम से क्रमशः किस भू-भाग को जाना जाता है?
   A. माही नदी के पास प्रतापगढ़ भू-भाग एवं उदयपुर का पहाड़ी प्रदेश
   B. आबू पर्वत से लगा क्षेत्र एवं दक्षिणी पठारी क्षेत्र
   C. जरगा पहाड़ी क्षेत्र एवं भोराट पठार का निचला क्षेत्र
   D. कुम्भलगढ़ एवं गोगुन्दा के मध्य पठारी क्षेत्र एवं बनास बेसिन की ऊपरी भूमि

जलवायु, नदियां एवं झीलें

33. बीगोंद एवं माण्डलगढ़ के मध्य में तीन प्रमुख नदियां आपस में मिलती हैं जिसे त्रिवेणी कहा जाता है। ये नदियां हैं:
   A. कोठारी, बेड़च एवं बनास
   B. बेड़च, बनास एवं मैनाल
   C. चम्बल, माही एवं बनास
   D. चम्बल, माही एवं मैनाल

26.D   **27.**D   **28.**A   **29.**C   **30.**A   **31.**B   **32.**A   **33.**B

34. प्रमुख नदियों को उनके पर्यायवाची नामों से सुमेलित करें:

1. चम्बल नदी   *(a)* आचड़ नदी
2. बेड़च नदी   *(b)* कामधेनु नदी
3. जाकनी नदी   *(c)* मसरूदी नदी

	1	2	3
A.	*(a)*	*(b)*	*(c)*
B.	*(b)*	*(c)*	*(a)*
C.	*(b)*	*(a)*	*(c)*
D.	*(c)*	*(a)*	*(b)*

35. राजस्थान राज्य के जिन जिलों से होकर कोई नदी प्रवाहित नहीं होती है, वे जिले हैं:

A. बूंदी एवं चुरू   B. बीकानेर एवं चुरू
C. धौलपुर एवं बीकानेर   D. धौलपुर एवं बूंदी

36. नदियों को उनके उद्गम स्थल से सुमेलित करें:

1. माही नदी   *(a)* बीछामेड़ा (उदयपुर)
2. सोम नदी   *(b)* खमनौर पहाड़ी
3. बनास नदी   *(c)* अममोरू (मध्य प्रदेश)
4. कोठारी नदी   *(d)* गोगुन्दा की पहाड़ियों से
5. बेड़च नदी   *(e)* दिवेर (उदयपुर)

	1	2	3	4	5
A.	*(c)*	*(a)*	*(b)*	*(e)*	*(d)*
B.	*(c)*	*(a)*	*(e)*	*(b)*	*(d)*
C.	*(b)*	*(d)*	*(a)*	*(c)*	*(e)*
D.	*(b)*	*(c)*	*(d)*	*(a)*	*(e)*

37. बंगाल की खाड़ी में समाहित होने वाली राजस्थान की नदियां हैं:

A. लूनी, बनास, माही, चम्बल   B. सोम, चम्बल, बाणगंगा, साबी
C. चम्बल, बनास, साबरमती, कालीसिंध   D. चम्बल, बनास, कालीसिंध, बाणगंगा

38. अरब सागर में समाहित होने वाली प्रमुख नदियां हैं:

A. माही, कोठारी, काकनी, मोरेल   B. लूनी, साबरमती, सोम, माही
C. पार्वती, मोरेल, लूनी, कालीसिंध   D. साबरमती, सोम, माही, बाणगंगा

39. राज्य में आंतरिक प्रवाह वाली नदियां हैं:

A. कालीसिंध, मोरेल, पार्वती, सोता   B. कोठारी, पार्वती, चम्बल, कांकनी
C. सागी, सोम, कान्तली, बनास   D. सहीदी, बराहा, सोता, कान्तली

40. चम्बल नदी राजस्थान के अलावा किन-किन राज्यों से होकर प्रवाहित होती है?

A. उत्तर प्रदेश एवं मध्य प्रदेश   B. उत्तर प्रदेश एवं महाराष्ट्र
C. गुजरात एवं महाराष्ट्र   D. मध्य प्रदेश एवं गुजरात

34.C   **35.**B   **36.**A   **37.**D   **38.**B   **39.**D   **40.**A

41. चम्बल नदी की प्रमुख सहायक नदियां हैं:
A. बनास, कालीसिंध, पार्वती, बामानी, बेड़च   B. बनास, गम्भीरी, कोठारी, बाड़च, माही
C. बेड़च, कालीसिंध, पार्वती, बमानी, गम्भीरी   D. पार्वती, कालीसिंध, माही, बेड़च, बनास

42. घग्घर नदी अंत में:
A. खम्भात की खाड़ी में जाकर गिरती है
B. भटनेर के पास रेगिस्तान में विलीन हो जाती है
C. सांभर झील में जाकर गिरती है
D. पाकिस्तान की सीमा में प्रवेश करती है

43. 'बुज झील' का निर्माण किस नदी पर होता है?
A. माही नदी   B. कान्तली नदी   C. काकनी नदी   D. कालीसिंध नदी

44. दूसरे राज्यों से निकलकर राजस्थान में प्रवाहित होने वाली नदियां हैं:
A. घग्घर, पार्वती, कालीसिंध, माही   B. पार्वती, बनास, चम्बल, बाणगंगा
C. बाणगंगा, कालीसिंध, पार्वती, घग्घर   D. बेड़च, पार्वती, बाणगंगा, माही

45. जयपुर नगर को पेयजल उपलब्ध कराने के लिए किस नदी के जल का उपयोग किया जाता है?
A. बनास   B. खारी   C. बाणगंगा   D. कालीसिंध

46. नदियां एवं उनकी लम्बाई को सुमेलित करें:

1. बाणगंगा नदी	*(a)* 330 कि॰मी॰
2. लूनी नदी	*(b)* 80 कि॰मी॰
3. चम्बल नदी	*(c)* 380 कि॰मी॰
4. खारी नदी	*(d)* 966 कि॰मी॰

	1	2	3	4
A.	*(a)*	*(b)*	*(d)*	*(c)*
B.	*(c)*	*(a)*	*(d)*	*(b)*
C.	*(c)*	*(b)*	*(d)*	*(a)*
D.	*(a)*	*(d)*	*(b)*	*(c)*

47. राजस्थान में स्थित प्रमुख खारे पानी की झीलें हैं:
A. सांभर, डीडवाना, पंचभद्रा, लूनकरणसर, सिलिसेढ़
B. सांभर, सिलिसेढ़, कोलायत, लूनकरणसर
C. सांभर, लूनकरणसर, पंचभद्रा, डीडवाना
D. सिलिसेढ़, डीडवाना, कोलायत, लूनकरणसर

48. राजस्थान में मीठे पानी की झीलों में प्रमुख झीलें हैं:
A. पिछौला, पुष्कर, जयसमंद, लूनकरणसर
B. जयसमंद, राजसमंद, पिछौला, कोलायत
C. जयसमंद, राजसमंद, कोलायत, पिछौला, फलोदी
D. फलोदी, पिछौला, सिलिसेढ़, राजसमंद

| 41.A | 42.B | 43.B | 44.A | 45.B | 46.B | 47.C | 48.B |

49. 'बाबा का भागड़ा' तथा 'प्यारी' टापू का संबंध किस झील से है?

    A. राजसमंद   B. जयसमंद   C. सांभर   D. पिछौला

50. झीलों एवं उनके निर्माणकर्ताओं को सुमेलित करें:

1. जयसमंद झील	*(a)* अनाजी
2. राजसमंद झील	*(b)* राणा लाखा के शासन काल में एक बनजारा
3. अनासागर झील	*(c)* महाराजा राजसिंह
4. पिछौला झील	*(d)* राणा जयसिंह

	1	2	3	4
A.	*(d)*	*(c)*	*(b)*	*(a)*
B.	*(c)*	*(d)*	*(b)*	*(a)*
C.	*(c)*	*(d)*	*(a)*	*(b)*
D.	*(d)*	*(c)*	*(a)*	*(b)*

51. संगमरमर के 25 शिलालेख, जिन पर मेवाड़ का इतिहास संस्कृत भाषा में लिखा गया है, किस झील के उत्तरी-भाग में स्थित हैं:

    A. राजसमंद झील   B. अनासागर झील   C. पिछौला झील   D. जयसमंद झील

52. किस झील के किनारे विश्व प्रसिद्ध ब्रह्माजी का मंदिर स्थित है?

    A. पुष्कर झील   B. कोलायत झील   C. अनासागर झील   D. सिलिसेढ़ झील

53. निम्नलिखित में से कौन-सा कथन गलत है?

    A. जयसमंद झील के अंतर्गत 7 टापू हैं

    B. सांभर झील का कुल क्षेत्रफल 234 वर्ग किलोमीटर है

    C. सांभर झील की समुद्र तट से ऊँचाई 367 मीटर है

    D. राजस्थान की सबसे बड़ी कृत्रिम झील राजसमन्द है

54. राजसमंद झील में जल-आपूर्ति के लिए किस नदी का पानी फीडर नहर के माध्यम से लाया जाता है?

    A. बनास नदी   B. चम्बल नदी   C. बेड़च नदी   D. माही नदी

55. कौन-सी नदी राजस्थान एवं मध्य प्रदेश के बीच 241 किलोमीटर की सीमा का निर्माण करती है?

    A. चम्बल नदी   B. नर्मदा नदी   C. बनास नदी   D. माही नदी

56. राजस्थान की किस झील का संबंध कपिल मुनि से जोड़ा जाता है, जिसके किनारे इस मुनि का आश्रम था?

    A. सिलिसेढ़ झील   B. पुष्कर झील   C. कोलायत झील   D. अनासागर झील

57. राजकुमार खुर्रम (शाहजहाँ) अपने विद्रोही समय में किस झील में निर्मित महलों को अपनी शरणस्थली के रूप में उपयोग में लाया था?

    A. राजसमंद झील   B. अनासागर झील   C. कोलायत झील   D. पिछौला झील

49.B   **50.**C   **51.**A   **52.**A   **53.**D   **54.**A   **55.**A   **56.**B   **57.**D

58. निम्नलिखित को सुमेलित करें:

1. जगमंदिर एवं जगनिवास		(a) अनासागर झील
2. दौलत बाग		(b) जयसमंद झील
3. ढेबर झील		(c) पिछोला झील
4. ब्रह्माजी का मंदिर		(d) पुष्कर झील

	1	2	3	4
A.	(b)	(c)	(a)	(d)
B.	(b)	(c)	(d)	(a)
C.	(c)	(b)	(a)	(d)
D.	(c)	(a)	(b)	(d)

59. निम्नांकित युग्मों में कौन सुमेलित नहीं है?
   A. फॉयसागर झील — अजमेर   B. जयसमंद झील — उदयपुर
   C. नक्की झील — आबू   D. कायलाना — अलवर

60. निम्नांकित युग्मों में कौन सुमेलित नहीं है?
   A. राज्य में खारे पानी की सबसे बड़ी झील — सांभर
   B. महाराणा प्रताप सिंह द्वारा स्थापित झील — कैलाना
   C. बीकानेर जिले में स्थित प्रसिद्ध झील — सिलिसेढ़ झील
   D. शाहजहाँ द्वारा 378 मीटर लंबे संगमरमर के मुंडेर का निर्माण — अनासागर झील

61. 'मावट' है:
   A. पश्चिम से पूर्व की ओर चलने वाले शीतकालीन चक्रवातों द्वारा वर्षा
   B. गर्मी के मौसम में चलने वाली पश्चिमी हवा
   C. बंगाल की खाड़ी से उठने वाले मानसून से होने वाली वर्षा
   D. अरावली पर्वत श्रेणी के साथ चलने वाली ठंडी हवा

62. राज्य के किस जिले से होकर कर्क रेखा गुजरती है?
   A. बांसवाड़ा   B. गंगानगर   C. भीलवाड़ा   D. उदयपुर

63. थार्नवेट के वर्गीकरण के अनुसार राजस्थान का अधिकांश हिस्सा निम्नांकित में से किस जलवायु प्रदेश का हिस्सा है?
   A. DB' w   B. EA' d   C. DA' w   D. CA' w

64. राजस्थान राज्य में भारतीय मौसम विभाग की वेधशाला कहाँ स्थापित की गई है?
   A. माउंट आबू   B. जैसलमेर   C. बीकानेर   D. जयपुर

65. पश्चिमी राजस्थान में वर्षा किससे होती है?
   A. पश्चिमी विक्षोभ से
   B. हिन्दमहासागर की ओर से आने वाली मानसून से
   C. बंगाल की खाड़ी से आने वाली मानसून से
   D. भूमध्यसागरीय चक्रवातों से

58.D   **59.**D   **60.**C   **61.**A   **62.**A   **63.**C   **64.**D   **65.**B

मृदा, वन एवं ऊर्जा संसाधन

66. राजस्थान के कुल क्षेत्रफल का कितना भाग वनों से आच्छादित है?

A. 12.10 प्रतिशत   B. 11.4 प्रतिशत   C. 4.84 प्रतिशत   D. 5.80 प्रतिशत

67. राजस्थान में सबसे अधिक वन किस जिले में मिलता है?

A. उदयपुर   B. बांसवाड़ा   C. भरतपुर   D. अजमेर

68. शुष्क सागवान वन प्रदेश के अंतर्गत सबसे प्रमुख रूप से किस जिले का भाग आता है?

A. चित्तौड़गढ़   B. बांसवाड़ा   C. बारां   D. उदयपुर

69. राजस्थान के वनों को वैधानिक स्तर पर कितने मंडलों में बांटा गया है?

A. 8   B. 11   C. 9   D. 12

70. निम्नलिखित वनों में से कौन राजस्थान में सबसे बड़े हिस्से में पाया जाता है?

A. शुष्क सागवान वन   B. उष्णकटिबंधीय शुष्क पतझड़ वन

C. उपोष्ण कटिबंधीय सदाबहार वन   D. सालर वन

71. प्रशासनिक दृष्टि से विभक्त वन श्रेणियों के अंतर्गत आने वाले प्रतिशत को सुमेलित करें:

1. सुरक्षित वन   *(a)* 8.48 प्रतिशत
2. रक्षित वन   *(b)* 52.56 प्रतिशत
3. अवर्गीकृत वन   *(c)* 39.26 प्रतिशत

	1	2	3
A.	*(c)*	*(a)*	*(b)*
B.	*(c)*	*(b)*	*(a)*
C.	*(b)*	*(a)*	*(c)*
D.	*(a)*	*(b)*	*(c)*

72. राजस्थान में सबसे कम वन क्षेत्रफल किस जिले में है?

A. कोटा   B. चित्तौड़गढ़   C. बांसवाड़ा   D. जोधपुर

73. जिन वनों में नियमों के अंतर्गत पशुचारण एवं लकड़ी काटने की सुविधा दी जाती है उस वन श्रेणी को कहते हैं:

A. सुरक्षित वन   B. अवर्गीकृत वन   C. रक्षित वन   D. सामान्य वन

74. उष्ण-कटिबंधीय कांटेदार वन मुख्यतः किन जिलों में पाये जाते हैं?

A. कोटा, राजसमंद, बूंदी, चित्तौड़गढ़, सिरोही

B. जोधपुर, बीकानेर, बाड़मेर, पाली, सीकर

C. उदयपुर, बांसवाड़ा, अजमेर, जयपुर, दौसा

D. बांसवाड़ा, नागौर, झुंझुनूं, अलवर, जयपुर

66.C   **67.**A   **68.**B   **69.**D   **70.**B   **71.**B   **72.**D   **73.**C   **74.**B

75. वन एवं जिलों को सुमेलित करें:

1. सागवान वन		*(a)* जैसलमेर
2. सालर वन		*(b)* उदयपुर
3. सदाबहार वन		*(c)* आबू पर्वत
4. शुष्क मरुस्थलीय वन		*(d)* बांसवाड़ा
5. मिश्रित पतझड़ वन		*(e)* अलवर

	1	2	3	4	5
A.	*(d)*	*(b)*	*(c)*	*(a)*	*(e)*
B.	*(d)*	*(e)*	*(c)*	*(a)*	*(b)*
C.	*(e)*	*(c)*	*(a)*	*(b)*	*(d)*
D.	*(c)*	*(b)*	*(c)*	*(d)*	*(b)*

76. तेंदू वृक्ष मुख्यतः राजस्थान के किन-किन जिलों में पाये जाते हैं?

A. उदयपुर, बाड़मेर, झुंझुनूं, पाली

B. उदयपुर, झालावाड़, बांसवाड़ा, चित्तौड़गढ़

C. जयपुर, अलवर, अजमेर, सिरोही

D. बीकानेर, उदयपुर, जैसलमेर, माउंट आबू

77. घास के मैदान एवं चरागाह मुख्यतः किन-किन जिलों में पाये जाते हैं?

A. सीकर, झुंझुनूं, अजमेर एवं भीलवाड़ा

B. मेवाड़, बूंदी, अलवर, आबू खंड

C. चित्तौड़गढ़, उदयपुर, बारां, बांसवाड़ा

D. बीकानेर, गंगानगर, चुरू, बाड़मेर

78. 'बीड़' क्या है?

A. सदाबहार वनों में पाया जाने वाला पेड़

B. घास का मैदान या चरागाह

C. पतझड़ वनों का स्थानीय नाम

D. खेतों के कगार पर लगाई जाने वाली झाड़ियाँ

79. निम्न को सुमेलित करें:

1. जोधपुर वन मंडल		*(a)* सीकर, झुंझुनूं, दौसा
2. भरतपुर वन मंडल		*(b)* गंगानगर, बीकानेर, चुरू
3. जयपुर वन मंडल		*(c)* भीलवाड़ा जिले का पश्चिमी भाग
4. चित्तौड़गढ़ वन मंडल		*(d)* अलवर, धौलपुर
5. बांसवाड़ा वन मंडल		*(e)* डूंगरपुर

	1	2	3	4	5
A.	*(b)*	*(d)*	*(c)*	*(a)*	*(e)*
B.	*(b)*	*(d)*	*(a)*	*(c)*	*(e)*
C.	*(a)*	*(e)*	*(b)*	*(d)*	*(c)*
D.	*(a)*	*(e)*	*(d)*	*(b)*	*(c)*

75.B   **76.B**   **77.A**   **78.B**   **79.B**

80. राजस्थान में विभिन्न स्रोतों से बिजली उत्पादन एवं उनकी प्रतिशत मात्रा को सुमेलित करें:

	1. जल विद्युत		*(a)* 40.3 प्रतिशत
	2. ताप विद्युत		*(b)* 39.6 प्रतिशत
	3. परमाणु विद्युत		*(c)* 20.1 प्रतिशत

	1	2	3
A.	*(b)*	*(a)*	*(c)*
B.	*(c)*	*(a)*	*(b)*
C.	*(a)*	*(b)*	*(c)*
D.	*(b)*	*(c)*	*(a)*

81. राज्य में विद्युतीकृत गांवों का प्रतिशत लगभग कितना है?

   A. 75 प्रतिशत   B. 63.8 प्रतिशत   C. 93.24 प्रतिशत   D. 72.4 प्रतिशत

82. राजस्थान में भारत का प्रथम सौर ऊर्जा फ्रीज कहां स्थापित किया गया है?

   A. गुड़ला (करौली)   B. नसीराबाद   C. टंडवा (बाड़मेर)   D. बालेसर (जोधपुर)

83. राष्ट्रीय बायोगैस विकास योजना की शुरूआत किस वर्ष की गई?

   A. 1980-81   B. 1982-83   C. 1988-89   D. 1983-84

84. राणाप्रताप सागर बांध के जल-विद्युत गृह के निकट रावतभाटा परमाणु शक्ति प्रोजेक्ट किस देश के सहयोग से स्थापित किया गया है?

   A. कनाडा   B. सोवियत संघ   C. फ्रांस   D. संयुक्त राज्य अमेरिका

85. राजस्थान में तेल एवं गैस भंडार होने के संकेत कई स्थलों से प्राप्त हुए हैं, उन्हें सुमेलित करें:

	1. घोटारू		*(a)* जैसलमेर
	2. हजारी		*(b)* सूरतगढ़
	3. बीकमपुर		*(c)* जैसलमेर
	4. तानोट		*(d)* बीकानेर

	1	2	3	4
A.	*(c)*	*(b)*	*(d)*	*(a)*
B.	*(b)*	*(d)*	*(a)*	*(c)*
C.	*(d)*	*(b)*	*(c)*	*(a)*
D.	*(d)*	*(a)*	*(b)*	*(c)*

86. निम्न को सुमेलित करें:

	1. क्षेत्रीय बायो गैस केन्द्र		*(a)* बीकानेर
	2. लिग्नाइट कोयला		*(b)* जोधपुर
	3. हीलियम गैस भंडार		*(c)* अन्ता
	4. गैस आधारित परियोजना		*(d)* जैसलमेर

	1	2	3	4
A.	*(b)*	*(a)*	*(d)*	*(c)*
B.	*(c)*	*(d)*	*(b)*	*(a)*
C.	*(b)*	*(a)*	*(c)*	*(d)*
D.	*(b)*	*(a)*	*(d)*	*(c)*

80.A   **81.**B   **82.**D   **83.**A   **84.**A   **85.**A   **86.**A

87. राजस्थान के किस जिले में गोबर गैस संयंत्रों की सबसे अधिक संख्या है?
A. उदयपुर   B. जोधपुर   C. जैसलमेर   D. जयपुर

88. बीकानेर जिले के बरसिंहसर नामक स्थान पर एक जल-विद्युत परियोजना किसके द्वारा स्थापित की गई?
A. राष्ट्रीय जल-विद्युत निगम   B. नैवली लिग्नाइट निगम
C. राजस्थान राज्य विद्युत निगम   D. केन्द्रीय जल मंत्रालय

89. राजस्थान में किस स्थान पर परमाणु विद्युत ऊर्जा गृह की स्थापना की गई है?
A. जयपुर   B. अलवर
C. रावतभाटा   D. इनमें से कोई नहीं

90. राजस्थान में लाल व पीली मिट्टी मुख्यतः किन जिलों में पायी जाती है?
A. जोधपुर, सिरोही, अजमेर, सवाई माधोपुर   B. भीलवाड़ा, सिरोही, अजमेर, सवाई माधोपुर
C. अलवर, भरतपुर, गंगानगर, भीलवाड़ा   D. चित्तौड़गढ़, डूंगरपुर, बांसवाड़ा, सिरोही

91. राज्य में कच्छारी मिट्टी किन जिलों में मिलती है?
A. भरतपुर, धौलपुर, टोंक, दौसा, जयपुर   B. धौलपुर, चित्तौड़गढ़, गंगानगर, भीलवाड़ा, टोंक
C. भीलवाड़ा, सिरोही, अजमेर, सवाई माधोपुर   D. जोधपुर, नागौर, सीकर, पाली, जालौर

92. आदिवासियों द्वारा पहाड़ी ढ़ालों पर वनों को काट कर कृषि करने की पद्धति को कहा जाता है:
A. वालरा कृषि   B. झूम खेती   C. वन कृषि   D. सघन कृषि

93. मृदा एवं उसके राज्यगत क्षेत्र को सुमेलित करें:
1. लाल रेतीली मिट्टी   (a) नागौर, जोधपुर, पाली
2. लोयस मिट्टी   (b) डूंगरपुर, उदयपुर
3. लेटोजनिक मिट्टी   (c) सवाई माधोपुर, झुंझुनूं
4. लाल लोमी मिट्टी   (d) दक्षिणी पहाड़ी क्षेत्र

	1	2	3	4
A.	(d)	(c)	(b)	(a)
B.	(d)	(a)	(b)	(c)
C.	(a)	(d)	(c)	(b)
D.	(a)	(c)	(d)	(b)

94. मिट्टी जांच प्रयोगशालाओं को स्थानों के साथ सुमेलित करें:
1. समस्याग्रस्त मिट्टी की जांच प्रयोगशाला   (a) जोधपुर एवं दुर्गापुरा
2. सामान्य मिट्टी परीक्षण प्रयोगशाला   (b) जोधपुर
3. मृदा परीक्षण प्रयोगशाला   (c) जयपुर

	1	2	3
A.	(b)	(a)	(c)
B.	(c)	(a)	(b)
C.	(a)	(b)	(c)
D.	(a)	(c)	(b)

87.A   **88.**B   **89.**C   **90.**B   **91.**A   **92.**A   **93.**D   **94.**A

95. 'वालरा कृषि' के मुख्य क्षेत्र हैं:

A. उदयपुर, अलवर, डूंगरपुर, सिरोही
B. उदयपुर, डूंगरपुर, कोटा, बांसवाड़ा
C. कोटा, सवाई माधोपुर, धौलपुर, सिरोही
D. चित्तौड़गढ़, डूंगरपुर, अलवर, उदयपुर

खनिज एवं पशु संसाधन

96. राजस्थान में पाये जाने वाले खनिज एवं देश के कुल उत्पादन में उनके प्रतिशत को सुमेलित करें:

1. चाँदी	*(a)*	35 प्रतिशत
2. फेल्सपार	*(b)*	40 प्रतिशत
3. फायर क्ले	*(c)*	91 प्रतिशत
4. जिप्सम	*(d)*	71 प्रतिशत
5. एस्बेस्टॉस	*(e)*	99 प्रतिशत

	1	2	3	4	5
A.	*(c)*	*(a)*	*(e)*	*(b)*	*(d)*
B.	*(d)*	*(b)*	*(a)*	*(e)*	*(c)*
C.	*(d)*	*(a)*	*(e)*	*(b)*	*(c)*
D.	*(c)*	*(b)*	*(a)*	*(e)*	*(d)*

97. खनिज भंडार के जमाव के रूप में कई नए क्षेत्रों का सर्वेक्षण राजस्थान में किया गया है। इस सर्वेक्षण से संबंधित निम्नांकित युग्मों में कौन सही नहीं है?

A. उदयपुर में बेराइट
B. खेरपुरा (सीकर) में एपेटाइट
C. झामरा-कोटरा (उदयपुर) में रॉक फास्फेट
D. राजपुरा-दरीबा (उदयपुर) में लौह अयस्क

98. राजस्थान में लौह अयस्कों के जमाव मुख्यतः पाये जाते हैं:

A. उत्तरी-पूर्वी और दक्षिणी-पूर्वी भागों में
B. उत्तरी-पश्चिमी और दक्षिणी-पश्चिमी भागों में
C. पश्चिमी और दक्षिणी-पश्चिमी भागों में
D. पूर्वी एवं उत्तरी-पूर्वी भागों में

99. खनिज उत्पादन के लिए प्रसिद्ध क्षेत्रों एवं उनके जिलों को सुमेलित करें:

1. मोरीजा बानेल क्षेत्र	*(a)*	झुंझुनूं
2. खेतड़ी सिंघाना क्षेत्र	*(b)*	अलवर
3. पुर-दरीबा क्षेत्र	*(c)*	जयपुर
4. रवो-दरीबा क्षेत्र	*(d)*	भीलवाड़ा

	1	2	3	4
A.	*(a)*	*(b)*	*(c)*	*(d)*
B.	*(b)*	*(d)*	*(a)*	*(c)*
C.	*(a)*	*(c)*	*(d)*	*(b)*
D.	*(c)*	*(a)*	*(b)*	*(d)*

95.B   **96.**B   **97.**D   **98.**A   **99.**D

100. खनिज एवं उसके उत्पादक जिलों को सुमेलित करें:

1. रॉक फास्फेट		(a) डूंगरपुर
2. फ्लोराइट		(b) बाड़मेर
3. बेन्टोनाइट		(c) अलवर
4. स्लेटपत्थर		(d) उदयपुर
5. जिप्सम		(e) नागौर

	1	2	3	4	5
A.	(d)	(a)	(c)	(b)	(e)
B.	(d)	(a)	(b)	(c)	(e)
C.	(a)	(b)	(e)	(d)	(c)
D.	(a)	(d)	(e)	(b)	(c)

101. उदयपुर में स्थित काल गुमान क्षेत्र किस खनिज उत्पादन के लिए विश्व प्रसिद्ध है?

A. लिग्नाइट   B. पन्ना   C. तामड़ा (garnet)   D. छीया पत्थर

102. राजस्थान में यूरेनियम का उत्पादन किन जिलों में होता है?

A. डूंगरपुर, बांसवाड़ा एवं किशनगढ़   B. उदयपुर, जयपुर एवं झुंझुनूं

C. जयपुर, बांसवाड़ा एवं झुंझुनूं   D. डूंगरपुर, उदयपुर एवं किशनगढ़

103. जस्ता के लिए सुपर स्मेल्टर संयंत्र की स्थापना राजस्थान में ब्रिटिश सहयोग से कहाँ पर की गई है?

A. चंदोरिया (चित्तौड़गढ़)   B. सिदोनिया (बांसवाड़ा)

C. राजपुरा (उदयपुर)   D. बोनली (सवाई माधोपुर)

104. निम्नलिखित युग्मों में से कौन सुमेलित नहीं है?

A. हीरे की खान – केसरपुर   B. हिन्दुस्तान जिंक लिमिटेड – उदयपुर

C. बाल्स्टोनाइट की खान – सिरोही   D. टंगस्टन की खान – बांसवाड़ा

105. टंगस्टन उत्पादन राजस्थान में कहाँ किया जाता है?

A. डेगाना   B. जावर   C. अन्ता   D. बरसिंहसर

106. निम्नांकित खनिज क्षेत्रों को उनके उत्पाद के साथ सुमेलित करें :

1. मोरीजा बानेल क्षेत्र		(a) लौह अयस्क
2. खेतड़ी सिंघाना क्षेत्र		(b) तांबा
3. जाबर क्षेत्र		(c) घीया पत्थर
4. डगोथा-झटना क्षेत्र		(d) सीसा एवं जस्ता

	1	2	3	4
A.	(a)	(b)	(d)	(c)
B.	(a)	(b)	(c)	(d)
C.	(d)	(c)	(b)	(a)
D.	(c)	(d)	(a)	(b)

100.B   **101.**B   **102.**A   **103.**A   **104.**D   **105.**A   **106.**A

107. निम्नलिखित में कौन सुमेलित नहीं है:
A. घीया पत्थर – डूंगरपुर, उदयपुर, भीलवाड़ा, जयपुर
B. अभ्रक – टोंक, भीलवाड़ा, उदयपुर
C. ग्रेनाइट – बाड़मेर, सिरोही, उदयपुर, पाली
D. चूना पत्थर – भीलवाड़ा, जयपुर, जोधपुर

108. खनिज संस्थाओं एवं उनके स्थापना वर्षों में गलत युग्म की पहचान करें :
A. हिन्दुस्तान जिंक लिमिटेड – 1966
B. राजस्थान टंगस्टन विकास निगम – 22 नवम्बर, 1983
C. हिन्दुस्तान कॉपर लिमिटेड – 1966
D. सांभर साल्ट्स लिमिटेड – 30 सितम्बर, 1964

109. राजस्थान में मैंगनीज़ का प्रमुख उत्पादक जिला है:
A. उदयपुर   B. सिरोही   C. बांसवाड़ा   D. नागौर

110. भारत के कुल पशुधन का कितना प्रतिशत राजस्थान में पाया जाता है?
A. 12.8 प्रतिशत   B. 10.13 प्रतिशत   C. 11.2 प्रतिशत   D. 9.7 प्रतिशत

111. राजस्थान के विभिन्न चौपाया जानवरों एवं सबसे अधिक व कम पाये जाने वाले जिलों को सुमेलित करें:

1. भैंस	(a) उदयपुर व धौलपुर
2. गाय	(b) उदयपुर व धौलपुर
3. बकरी	(c) पाली व धौलपुर
4. भेड़	(d) अलवर व जैसलमेर

	1	2	3	4
A.	(a)	(c)	(b)	(d)
B.	(c)	(b)	(d)	(a)
C.	(d)	(b)	(a)	(c)
D.	(b)	(d)	(c)	(a)

112. गुजरात में पायी जाने वाली 'गिर' नस्ल की गायों को राजस्थान में किस नाम से जाना जाता है?
A. रेंडा   B. गौरू   C. मालवी   D. बयानी

113. गायों की राजस्थान में पायी जाने वाली नस्लों में कौन शामिल है?
A. नागौरी, मालवी, मगरा, संचौरी   B. गिर, राठी, चोकला, हरियाणी
C. कांकरेज, संचौरी, थारपारकर, मालवी   D. सांचौरी, थारपारकर, राठी, मगरा

114. निम्नलिखित में से कौन सा कथन सही नहीं है?
A. राजस्थान में सबसे प्रसिद्ध भैंस की नस्ल मुर्रा है
B. भैंसों की दृष्टि से राजस्थान का भारत में छठा स्थान है
C. राजस्थान में समस्त भारत की 10 प्रतिशत गायें पायी जाती है
D. भैंस मुख्यतः राजस्थान के पूर्वी भाग के जिलों में मिलती हैं

107.D   **108.**C   **109.**C   **110.**C   **111.**C   **112.**A   **113.**C   **114.**C

115. 'नाली' नस्ल की भेड़ें मुख्यतः किन जिलों में पायी जाती हैं?
A. गंगानगर एवं बीकानेर
B. बीकानेर एवं नागौर
C. जोधपुर एवं नागौर
D. गंगानगर एवं चुरू

116. राजस्थान में पशु एवं उनके पाये जाने वाले प्रतिशत को सुमेलित करें:
1. ऊँट
2. गाय
3. भेड़
4. बकरियाँ

(a) 65 प्रतिशत
(b) 8 प्रतिशत
(c) 23 प्रतिशत
(d) 18.3 प्रतिशत

	1	2	3	4
A.	(c)	(d)	(a)	(b)
B.	(d)	(c)	(b)	(a)
C.	(a)	(b)	(d)	(c)
D.	(a)	(b)	(c)	(d)

117. विदेशी भेड़ों को प्रजनित करने हेतु कहाँ प्रजनन केन्द्र स्थापित किए गए हैं?
A. चुरू, भीलवाड़ा, झुंझुनूं, जयपुर
B. उदयपुर, हनुमानगढ़, चुरू, पाली
C. हनुमानगढ़, जालौर, भीलवाड़ा, सिरोही
D. जैसलमेर, गंगानगर, झुंझुनूं, बाड़मेर

118. पशुओं की संख्या की दृष्टि से राजस्थान का देश में कौनसा स्थान है?
A. द्वितीय
B. प्रथम
C. तृतीय
D. पंचम

119. निम्नलिखित में दी गई ऊँट संबंधित जानकारियों में कौन सही नहीं है?
A. केन्द्रीय ऊँट प्रजनन केन्द्र रानीवाड़ा में है
B. ऊँट की सबसे उत्तम नस्ल नाचना है
C. राजस्थान में भारत का तीन-चौथाई ऊँट पाया जाता है
D. सवारी की दृष्टि से सबसे अच्छा ऊँट गोमठ है

120. भारत में किस पक्षी अभयारण्य को 'विश्व धरोहर' की सूची में सम्मिलित किया गया है?
A. दुधवा पक्षी अभयारण्य
B. केवला देव घाना पक्षी अभयारण्य
C. कनक सागर पक्षी अभयारण्य
D. सुंदरवन पक्षी अभयारण्य

121. 'आकल वुड फासिल पार्क' किस राष्ट्रीय उद्यान का एक भाग है?
A. सरिस्का राष्ट्रीय उद्यान (अलवर)
B. रणथम्भौर राष्ट्रीय उद्यान (सवाई माधोपुर)
C. राष्ट्रीय मरुउद्यान (जैसलमेर)
D. कनक सागर पक्षी अभयारण्य (दुगारी)

122. राजस्थान में घोषित प्रथम 'राष्ट्रीय उद्यान' कौन है?
A. रणथम्भौर राष्ट्रीय उद्यान (सवाई माधोपुर)
B. सरिस्का वन्य जीव अभयारण्य (अलवर)
C. घाना पक्षी अभयारण्य (भरतपुर)
D. राष्ट्रीय मरुउद्यान (जैसलमेर)

123. गजनेर अभयारण्य (बीकानेर) में कौन प्रवासी पक्षी प्रमुखता से आते हैं?
A. इम्पीरियल सैण्ड ग्राउज
B. साइबेरियन क्रेन
C. व्हाइट स्टार्क बीजंस
D. शावर्ल्स

115.A 116.D 117.A 118.A 119.C 120.B 121.C 122.A 123.A

124. घड़ियालों की संख्या वृद्धि के लिए किस अभयारण्य की स्थापना की गई है?
A. सीतामाता अभयारण्य (चित्तौड़गढ़)
B. डोलधावा अभयारण्य (जोधपुर)
C. जवाहर सागर अभयारण्य (कोटा)
D. दर्रा वन्य अभयारण्य (कोटा)

125. 'स्कूल ऑफ डेजर्ट साइंस' (School of Desert Science) नामक संस्था की स्थापना कहाँ की गई है?
A. जैसलमेर   B. बाड़मेर   C. बीकानेर   D. जोधपुर

126. निम्न को सुमेलित करें:
1. उड़न गिलहरी   (a) डोल धावा अभयारण्य
2. हरे कबूतर   (b) सरिस्का वन्य अभयारण्य
3. कृष्ण एवं मृग   (c) सीतामाता अभयारण्य

	1	2	3
A.	(a)	(c)	(b)
B.	(b)	(a)	(c)
C.	(a)	(b)	(c)
D.	(c)	(b)	(a)

127. केवला देव घाना पक्षी राष्ट्रीय उद्यान किस राष्ट्रीय राजमार्ग पर स्थित है?
A. दिल्ली-जयपुर राजमार्ग   B. मुम्बई-दिल्ली राष्ट्रीय राजमार्ग
C. आगरा-बीकानेर राष्ट्रीय राजमार्ग D. पठानकोट से कांडल राष्ट्रीय राजमार्ग

128. इम्पीरियल सैंड ग्राउज (तिलोर) नामक प्रवासी पक्षी किन देशों से राजस्थान में आते हैं?
A. ब्लूचिस्तान एवं पाकिस्तान   B. चीन एवं ताइवान
C. इंडोनेशिया एवं मलेशिया   D. रूस एवं मंगोलिया

सिंचाई एवं नदी घाटी परियोजना

129. राजस्थान में सिंचित क्षेत्र कुल कृषि योग्य क्षेत्र का कितना प्रतिशत है?
A. 37 प्रतिशत   B. 32.32 प्रतिशत   C. 25 प्रतिशत   D. 36 प्रतिशत

130. राज्य में सबसे अधिक एवं सबसे कम सिंचित क्षेत्रफल वाला जिला है:
A. श्रीगंगानगर एवं जैसलमेर   B. कोटा एवं बीकानेर
C. श्रीगंगानगर एवं बाड़मेर   D. उदयपुर एवं जैसलमेर

131. राज्य में 'जल-ग्रहण विकास एवं भू-संरक्षण विभाग' की स्थापना किस वर्ष की गई?
A. 1991 में   B. 1987 में   C. 1994 में   D. 1995 में

124.C   **125.**D   **126.**D   **127.**C   **128.**A   **129.**C   **130.**A   **131.**A

132. राज्य के कुल सिंचित कृषि क्षेत्र में विभिन्न साधनों द्वारा की जा रही सिंचाई के प्रतिशत के साथ सुमेलित करें:

1. कुएं एवं नलकूप	*(a)* 2.70 प्रतिशत
2. तालाब	*(b)* 59.75 प्रतिशत
3. नहर	*(c)* 37.45 प्रतिशत

	1	2	3
A.	*(c)*	*(b)*	*(a)*
B.	*(b)*	*(a)*	*(c)*
C.	*(a)*	*(b)*	*(c)*
D.	*(c)*	*(a)*	*(b)*

133. राजस्थान में तालाब से सिंचाई किए जाने वाले क्षेत्र स्थित हैं:
A. पूर्वी-दक्षिणी भाग में   B. दक्षिणी-पश्चिमी भाग में
C. मध्य भाग में   D. दक्षिण एवं दक्षिण-पूर्वी भाग में

134. राज्य के दो सबसे प्रसिद्ध झील कौन-से हैं, जिनसे नहर निकाल कर सिंचाई की जाती है?
A. राजसमंद एवं पिछोला   B. राजसमंद एवं जयसमंद
C. पिछोला एवं फतेहसागर   D. उदयसागर एवं राजसमंद

135. राज्य में तालाबों द्वारा सींचे जाने वाले क्षेत्र का अधिकतम क्षेत्र (22 प्रतिशत) किस जिले में है?
A. बांसवाड़ा   B. भीलवाड़ा   C. झालावाड़   B. कोटा

136. गंगनहर का निर्माण 1927 ई॰ में बीकानेर रियासत के किस राजपूत नरेश द्वारा कराया गया?
A. महाराजा श्री गंगा सिंह   B. महाराजा गंगाराव
C. महाराजा राव बीका   D. राव जोधा

137. गंगनहर लिंक चैनल का निर्माण इंदिरा गांधी नहर से गंगनहर में जलापूर्ति के लिए किया गया है। इसका उद्गम स्थल कहाँ है?
A. हनुमानगढ़   B. ओखला
C. लौहगढ़ (हरियाणा)   D. भरतपुर

138. यमुना नदी के पानी का मानसून काल में उपयोग करने के लिए हरियाणा एवं राजस्थान सरकार द्वारा संयुक्त रूप से किस नहर का निर्माण किया जा रहा है?
A. भरतपुर लिंक नहर   B. गुड़गांवा नहर
C. ओखला फीडर नहर   D. गंगनहर लिंक चैनल

139. उत्तर प्रदेश एवं राजस्थान के संयुक्त उपयोग वाली भरतपुर नहर किस नदी से जल प्राप्त करती है?
A. यमुना नदी   B. हिंडन नदी   C. सतलुज नदी   D. चम्बल नदी

132.B   **133.**D   **134.**D   **135.**B   **136.**A   **137.**C   **138.**B   **139.**A

140. चम्बल घाटी परियोजना के अंतर्गत किन-किन बांधों का निर्माण किया गया है?
A. गांधी सागर बांध, राणा प्रताप सागर बांध एवं जवाहर सागर बांध
B. गांधी सागर बांध, राणा प्रताप सागर बांध एवं चूलिया बांध
C. जवाहर सागर बांध, कोटा बैराज एवं इंदिरा गांधी बांध
D. इंदिरा गांधी बांध, राणा प्रताप सागर बांध एवं जवाहर सागर बांध

141. चम्बल घाटी परियोजना से किन-किन राज्यों को लाभान्वित किया जाता है?
A. उत्तर प्रदेश, राजस्थान, हरियाणा
B. हरियाणा, मध्य प्रदेश, राजस्थान
C. उत्तर प्रदेश, राजस्थान, मध्यप्रदेश
D. मध्यप्रदेश, राजस्थान, उत्तर प्रदेश, दिल्ली

142. निम्नलिखित बांधों एवं उनके स्थानों को सुमेलित करें:
1. राणा प्रताप सागर बांध (a) भीलवाड़ा
2. उम्मेद सागर बांध (b) पाली
3. बजाज सागर बांध (c) चित्तौड़गढ़
4. जवाई नदी बांध (d) कोटा

	1	2	3	4
A.	(a)	(d)	(c)	(b)
B.	(a)	(c)	(d)	(b)
C.	(b)	(a)	(c)	(d)
D.	(b)	(c)	(d)	(a)

143. रावी और व्यास नदियों का जल उपयोग करने के लिए व्यास परियोजना के अंतर्गत किन राज्यों की भागीदारी है?
A. राजस्थान, हरियाणा, उत्तर प्रदेश
B. राजस्थान, पंजाब, मध्य प्रदेश
C. राजस्थान, पंजाब, हरियाणा
D. उत्तर प्रदेश, हरियाणा, राजस्थान

144. नदी परियोजना एवं नदियों के युग्मों को सुमेलित करें:
1. बांकली बांध (a) बनास नदी
2. बीसलपुर परियोजना (b) सूकड़ी नदी
3. अड़वान बांध (c) मान्सी नदी
4. पोंग बांध (d) व्यास नदी

	1	2	3	4
A.	(c)	(d)	(a)	(b)
B.	(d)	(c)	(b)	(a)
C.	(a)	(b)	(d)	(c)
D.	(b)	(a)	(c)	(d)

145. माही बजाज सागर परियोजना का विस्तार किन राज्यों में है?
A. राजस्थान एवं हरियाणा
B. राजस्थान, पंजाब एवं हरियाणा
C. राजस्थान एवं गुजरात
D. राजस्थान, गुजरात एवं महाराष्ट्र

140.A **141.**C **142.**B **143.**C **144.**D **145.**C

146. उदयपुर जिले के कोटड़ा तहसील में निर्मित सेई परियोजना को किस नदी के जल से मिलाया जा रहा है?

A. बनास नदी   B. जवाई नदी   C. ओराई नदी   D. जाखम नदी

147. बांध परियोजनाओं एवं उनके जिलों को सुमेलित करें?

1. गुढ़ा बांध योजना   (a) भीलवाड़ा
2. मेजा बांध योजना   (b) बूंदी
3. पार्वती बांध योजना   (c) डूंगरपुर
4. सोम-कमला-अंबा सिंचाई परियोजना   (d) सवाई माधोपुर
5. मोरेल बांध योजना   (d) धौलपुर

	1	2	3	4	5
A.	(a)	(b)	(c)	(d)	(e)
B.	(b)	(a)	(e)	(c)	(d)
C.	(a)	(e)	(c)	(b)	(d)
D.	(b)	(a)	(e)	(d)	(c)

148. इंदिरा गांधी नहर कहां तक ले जायी जाएगी?

A. गदरा रोड (बाड़मेर)   B. मसीतावाली
C. मोहनगढ़   D. रामगढ़ (जैसलमेर)

149. इंदिरा गांधी नहर हरिके बांध से किन दो नदियों के संगम स्थल से निकाली गई है?

A. सतलुज और व्यास   B. सतलुज एवं रावी नदी
C. रावी और चम्बल   D. रावी एवं व्यास नदी

150. रावी एवं व्यास नदी के जल के बंटवारे पर 1986 में भारत सरकार द्वारा किस आयोग का गठन किया गया था?

A. श्रीकृष्ण आयोग   B. मोहनलाल आयोग
C. इराड़ी आयोग   D. अलख आयोग

151. भाखड़ा-नांगल परियोजना एवं व्यास परियोजना में किस राज्य की भागीदारी नहीं है?

A. हरियाणा   B. राजस्थान   C. पंजाब   D. गुजरात

152. करौली जिले के गुड़ला गांव के निकट पांच नदियों भद्रावती, बटखेड़ा, ऊँटा, माची तथा मैसावट के संगम पर कौन-सी परियोजना स्थापित की गई है?

A. पंचभद्रा परियोजना   B. जोधपुर लिफ्ट नहर
C. पांचना परियोजना   D. इंदिरा लिफ्ट परियोजना

153. पश्चिम बनास घाटी परियोजना के अंतर्गत कौन-सी परियोजना स्थित नहीं है:

A. कादम्बरी, भूला एवं खैर   B. खैर, भण्डारा एवं कादम्बरी
C. भण्डारा, खैर एवं पिंडवारा   D. भूला, खैर एवं भण्डारा

146.B   147.A   148.A   149.A   150.C   151.D   152.C   153.C

उद्योग एवं व्यापार

154. राजस्थान में औद्योगिक विकास में सहयोग देने वाली संस्थाओं एवं उनके स्थापना वर्षों को सुमेलित करें:

1. औद्योगिक विकास एवं विनियोजन निगम (रीको)		(a) 1969
2. राजस्थान लघु उद्योग निगम		(b) 1965
3. राजस्थान वित्त निगम		(c) 1969
4. कृषि उद्योग निगम		(d) 1961

	1	2	3	4
A.	(a)	(b)	(c)	(d)
B.	(a)	(b)	(d)	(c)
C.	(c)	(d)	(b)	(a)
D.	(c)	(b)	(d)	(a)

155. राजस्थान में सर्वप्रथम स्थापित दो सूती मिल कौन-कौन सी हैं?
A. उम्मेद सिंह मिल्स और मेवाड़ टेक्सटाइल मिल्स
B. दी कृष्णा मिल्स और एडवर्ड मिल्स
C. दी कृष्णा मिल्स और महालक्ष्मी मिल्स
D. एडवर्ड मिल्स और उम्मेद सिंह मिल्स

156. निम्नलिखित उपक्रमों में से कौन-सा केन्द्रीय सरकार द्वारा स्थापित उपक्रम नहीं है?
A. हिन्दुस्तान जिंक लिमिटेड, देबारी   B. हाइटेक प्रीसीजन ग्लास लिमिटेड, धौलपुर
C. इन्स्ट्रूमेंटेशन लिमिटेड, कोटा   D. सांभर साल्ट्स लिमिटेड, सांभर

157. निम्नांकित में से कौन राज्य सरकार का सार्वजनिक क्षेत्र का औद्योगिक उपक्रम नहीं है?
A. फ्लोरस्पार बेनिफीशियेशन प्लॉट, डूंगरपुर   B. साल्ट वर्क्स, डीडवाना एवं पंचभद्रा
C. मार्डन बेकरीज लिमिटेड, जयपुर   D. राजस्थान स्टेट केमिकल वर्क्स, डीडवाना

158. पाली का मेंहदी उद्योग, बांसवाड़ा का आम पापड़ तथा जोधपुर नागौर क्षेत्र का मेथी उद्योग प्रमुख हैं। ईसबगोल व जीरा उद्योग कहाँ का प्रमुख उद्योग है?
A. झालावाड़   B. उदयपुर   C. जालौर   D. अजमेर

159. सुमेलित करें:

1. हिन्दुस्तान मशीन टूल्स		(a) कोटा
2. मॉर्डन फूड इंडस्ट्रीज (इ.) लिमिटेड		(b) अजमेर
3. पैन एशिया समूह की टैक्सटाइल्स इकाई		(c) जयपुर
4. जे.के. सिंथेटिक्स		(d) कोटपुतली
5. जे.के. इंडस्ट्रीज (टायर एवं ट्यूब)		(e) कांकरौली

	1	2	3	4	5
A.	(e)	(d)	(a)	(b)	(c)
B.	(e)	(d)	(a)	(c)	(b)
C.	(b)	(c)	(d)	(e)	(a)
D.	(b)	(c)	(d)	(a)	(e)

154.C   **155.B**   **156.B**   **157.C**   **158.C**   **159.D**

160. बहुराष्ट्रीय कंपनियों ने अपने उत्पाद के लिए राजस्थान में अपनी परियोजनायें लगायी हैं। इन नामों को संबंधित उत्पाद से सुमेलित करें:

1. जिलेट (जर्मनी)   *(a)* शेविंग सेट, भिवाड़ी
2. वॉश एंड लॉम्बस (अमेरिका)   *(b)* कान्टेक्ट लेंस, भिवाड़ी
3. किंजले (जर्मनी)   *(c)* डिजिटल घड़ियों के मॉड्यूल्स
4. इडर (जर्मनी)   *(d)* वेटिंग मशीन

	1	2	3	4
A.	*(a)*	*(b)*	*(c)*	*(d)*
B.	*(a)*	*(b)*	*(d)*	*(c)*
C.	*(b)*	*(a)*	*(c)*	*(d)*
D.	*(c)*	*(d)*	*(a)*	*(b)*

161. औद्योगिक सम्भावनाओं के आधार पर राज्य की चार श्रेणियों में 'ए' के अंतर्गत कौन-कौन से शहर आते हैं?
A. भीलवाड़ा, कोटा, अजमेर, अलवर
B. जयपुर, बीकानेर, गंगानगर, सिरोही
C. जयपुर, अजमेर, कोटा, भीलवाड़ा
D. उदयपुर, कोटा, अलवर, भीलवाड़ा

162. चुकन्दर से चीनी उत्पादन की योजना 1968 ई. में कहाँ शुरू की गई है?
A. उदयपुर शुगर मिल्स, उदयपुर   B. गंगानगर शुगर मिल्स लिमिटेड
C. मेवाड़ शुगर मिल्स, भोपाल नगर   D. केशोरायपाटन शुगर मिल्स, बूंदी

163. राजस्थान में सर्वप्रथम वनस्पति घी का कारखाना किस शहर में स्थापित किया गया है?
A. जयपुर   B. कोटा   C. भीलवाड़ा   D. उदयपुर

164. नमक बनाने के लिए कई पद्धतियों का इस्तेमाल किया जाता है। निम्नांकित में से कौन एक उनमें नहीं है?
A. क्यार नमक   B. सूखा नमक   C. रेशता नमक   D. कड़ाली नमक

165. रासायनिक खाद्य का कारखाना राज्य में कहाँ स्थित है?
A. कोटा और देबारी   B. जयपुर और भीलवाड़ा
C. देयरी और उदयपुर   D. कोटा और जयपुर

166. हिन्दुस्तान कॉपर लिमिटेड औद्योगिक उपक्रम के अंतर्गत राज्य में कौन-सी तीन परियोजनाएं कार्यरत हैं?
A. खेतड़ी कॉपर काम्पलेक्स, खेतड़ी   B. चांदमारी ताम्र परियोजना, झुंझुनूं
C. जयपुर मेटल्स, जयपुर   D. दरीबा ताम्र परियोजना, अलवर

167. 'माचिस उद्योग' राज्य में मुख्यतः कहाँ स्थित हैं?
A. अजमेर और अलवर   B. जयपुर एवं अलवर
C. अजमेर और जोधपुर   D. जयपुर एवं जोधपुर

160.A   **161.**D   **162.**B   **163.**C   **164.**B   **165.**A   **166.**C   **167.**A

168. 'देवल' क्या है?
   A. सरकारी वित्त संस्था द्वारा दिया गया ऋण
   B. नमक के निर्माण में संलग्न निजी संस्थायें
   C. नमक निर्माण के लिए बड़े-बड़े खेत
   D. हस्तशिल्प से जुड़ी छोटी-छोटी संस्थायें

169. सुमेलित करें:
   1. अवन्ती स्कूटर　　　　　　　　　　(a) अलवर
   2. राजस्थान टेलीफोन इंडस्ट्रीज　　　　(b) कोटा
   3. श्रीराम रेयन　　　　　　　　　　　(c) भिवाड़ी
   4. हिन्दुस्तान मशीन टूल्स　　　　　　(d) उदयपुर
   5. हिन्दुस्तान जिंक लिमिटेड　　　　　(e) अजमेर

	1	2	3	4	5
A.	(c)	(d)	(e)	(b)	(a)
B.	(a)	(b)	(e)	(d)	(c)
C.	(b)	(e)	(a)	(c)	(d)
D.	(a)	(c)	(b)	(e)	(d)

170. उद्योगों की स्थापना में सहायता करना एवं औद्योगिक विकास हेतु अनुकूल सुविधाएं उपलब्ध करना किस निगम का मुख्य उद्देश्य है?
   A. राजस्थान राज्य लघु उद्योग निगम (RAJSICO)
   B. राजस्थान वित्त निगम (RFC)
   C. राजस्थान राज्य औद्योगिक विकास एवं विनियोजन (RIICO)
   D. राजस्थान कन्सल्टेंसी ऑर्गेनाइजेशन लिमिटेड (RAJCON)

171. औद्योगिक स्तर पर ऊन का उपयोग करने के लिए राज्य में दो कारखाने कहाँ-कहाँ स्थापित किए गए हैं?
   A. जालौर एवं नागौर　　　　　　B. लाडनूं एवं चुरू
   C. बीकानेर एवं जोधपुर　　　　　D. कोटा एवं बीकानेर

172. सीमेंट कारखानों एवं उनके 'ब्रांड' को सुमेलित करें:
   1. चेतक　　　　　　　　　(a) मोड़क
   2. त्रिशूल　　　　　　　　(b) सवाई माधोपुर
   3. श्री सीमेंट्स　　　　　　(c) चित्तौड़गढ़
   4. मंगलम　　　　　　　　(d) ब्यावर

	1	2	3	4
A.	(c)	(d)	(a)	(b)
B.	(c)	(b)	(d)	(a)
C.	(b)	(c)	(d)	(a)
D.	(a)	(b)	(c)	(d)

168.B　　　　**169.D**　　　　**170.C**　　　　**171.C**　　　　**172.B**

173. 'गंगानगर शुगर मिल्स' शराब बनाने का कार्य भी करती है, जिसके केन्द्र हैं :
A. अजमेर, अलवर, सिरोही और अटरू   B. जोधपुर, उदयपुर, अलवर और बांसवाड़ा
C. अजमेर, अटरू, प्रतापगढ़ और जोधपुर   D. जयपुर, अजमेर, झालावाड़ और सिरोही

174. राज्य में वृहद आकार की सबसे अधिक औद्योगिक इकाइयाँ किस जिले में हैं?
A. अलवर   B. जयपुर   C. उदयपुर   D. कोटा

175. गोल्डन हिल ब्रेवरीज लिमिटेड द्वारा किस जगह पर बीयर बनाने का संयंत्र स्थापित किया गया है?
A. झागरावास (नागौर)   B. शिवाड़ (सवाई माधोपुर)
C. पीपलवा (झालावाड़)   D. केशोरायपाटन (बूंदी)

176. राजस्थान में टायर एवं ट्यूब बनाने का सबसे बड़ा कारखाना कहाँ स्थापित है?
A. केलवा   B. करौली   C. कोटपुतली   D. कांकरोली

177. निम्नांकित को सुमेलित करें:
1. सूत से बुना गया कपड़ा   (a) तापड़िया
2. कैथून से बुनी गयी राड़ी   (b) मसूरिया
3. पावरलूम पर बनी साड़ी   (c) सूती मसूरिया
4. सूत एवं रेशम से बुना गया कपड़ा   (d) कोटा डोरिया

	1	2	3	4
A.	(c)	(d)	(a)	(b)
B.	(a)	(b)	(c)	(d)
C.	(c)	(d)	(b)	(a)
D.	(a)	(b)	(d)	(c)

178. कोयला एवं कोक का आयात राजस्थान किन राज्यों से करता है?
A. उड़ीसा, प॰ बंगाल और गोवा   B. महाराष्ट्र, उत्तर प्रदेश और बिहार
C. बिहार, पश्चिम बंगाल एवं मध्यप्रदेश   D. मध्यप्रदेश, उत्तर प्रदेश और उड़ीसा

179. राजस्थान अंतर्राष्ट्रीय बाजार में सर्वाधिक मात्रा में किसका निर्यात करता है?
A. पेंटिंग एवं हस्तशिल्प   B. आभूषण एवं जवाहरात
C. कुटीर उद्योग में निर्मित वस्तुएं   D. सोने चांदी के बर्तन

180. औद्योगिक संभावनाओं की दृष्टि से विभाजित चार श्रेणियों की विशिष्ट श्रेणी के अंतर्गत एक मात्र नाम किसका है?
A. बीकानेर   B. जयपुर   C. कोटा   D. अजमेर

181. राजस्थान राज्य संगठन विकास लिमिटेड के अंतर्गत दो योजनाएं कहाँ-कहाँ कार्यशील हैं?
A. बाल्दा (सिरोही) एवं निम्बाहेड़ा (चित्तौड़गढ़)
B. खेत (नागौर) एवं बाल्दा (सिरोही)
C. बनास (सिरोही) एवं खेत (नागौर)
D. चांदमारी (झुंझुनू) एवं बनास (सिरोही)

173.C   174.A   175.B   176.D   177.A   178.C   179.B   180.B   181.B

182. जर्मनी की किंजले कंपनी द्वारा मार्बल व ग्रेनाइट टाईल्स एवं मशीनरी बनाने का कारखाना कहां लगाया गया है?

A. भिवाड़ी
B. सोमलपुर (करौली)
C. जोधपुर
D. जयपुर

परिवहन एवं पर्यटन

183. राष्ट्रीय राजमार्गों की लम्बाई की दृष्टि से देश में राजस्थान का कौन-सा स्थान है?

A. पहला   B. तीसरा   C. दूसरा   D. चौथा

184. राजस्थान में प्रति सौ वर्ग किलोमीटर क्षेत्र पर सड़कों की लम्बाई कितनी है?

A. 30.81 किलोमीटर   B. 22 किलोमीटर   C. 40.23 किलोमीटर   D. 63.61 किलोमीटर

185. अरावली पर्वत श्रृंखला के पूर्वी भाग के अंतर्गत राज्य का 37 प्रतिशत क्षेत्रफल है। इस क्षेत्र में राज्य की कुल सड़क का प्रतिशत अंश है:

A. 50 प्रतिशत   B. 60 प्रतिशत   C. 30 प्रतिशत   D. 47 प्रतिशत

186. राजस्थान से गुजरने वाला NH-15 राष्ट्रीय राजमार्ग किन स्थानों से होकर गुजरता है?

A. गंगानगर, बीकानेर, जैसलमेर, बाड़मेर
B. ब्यावर, झालावाड़, कोटा, बूंदी, टोंक, जयपुर
C. अजमेर, जयपुर, गंगानगर, बीकानेर
D. ब्यावर, भीलवाड़ा, उदयपुर, आबूरोड

187. राजस्थान से होकर जाने वाले राष्ट्रीय राजमार्ग में सबसे कम एवं अधिक लम्बाई क्रमशः किसकी है?

A. NH-11 'क' और NH-8
B. NH-8 और NH-11 'क'
C. NH-15 और NH-3
D. NH-3 और NH-15

188. राजस्थान परिवहन विभाग का मुख्यालय किस शहर में स्थित है?

A. अजमेर   B. जयपुर   C. उदयपुर   D. अलवर

189. राजस्थान से होकर गुजरने वाला NH-3 राष्ट्रीय राजमार्ग किस एक मात्र जिले से निकलता है?

A. भरतपुर   B. धौलपुर   C. झालावाड़   D. बांसवाड़ा

190. निम्न युग्मों को सुमेलित करें:

1. सीमा सड़क विकास मंडल   *(a)* 1959
2. राजस्थान स्टेट रोडवेज   *(b)* 1960
3. राजस्थान राज्य पथ परिवहन निगम   *(c)* 1964
4. राज्य परिवहन प्राधिकरण   *(d)* 1988

	1	2	3	4
A.	*(b)*	*(a)*	*(d)*	*(c)*
B.	*(b)*	*(a)*	*(c)*	*(d)*
C.	*(c)*	*(b)*	*(d)*	*(a)*
D.	*(a)*	*(b)*	*(c)*	*(d)*

182.C   **183.**C   **184.**D   **185.**B   **186.**A   **187.**D   **188.**B   **189.**B   **190.**B

191. राजपूताना में अप्रैल 1874 में जयपुर रियासत में प्रथम रेल सेवा की शुरूआत किन स्थानों के मध्य प्रारम्भ की गई?

A. बांद्रीकुई और जयपुर

B. आगरा फोर्ट और जयपुर

C. आगरा फोर्ट और बांदीकुई

D. जयपुर और जोधपुर

192. राजस्थान की सभी रियासतों के रेलमार्गों को भारत सरकार ने अपने नियंत्रण में कर उसका पुनर्गठन किस वर्ष किया?

A. 1950   B. 1949   C. 1956   D. 1951

193. राजस्थान में प्रति हजार वर्ग किलोमीटर पर रेल मार्ग की औसत लम्बाई कितनी है:

A. 18.80 किलोमीटर

B. 12.81 किलोमीटर

C. 17.05 किलोमीटर

D. 16.71 किलोमीटर

194. राजस्थान में भारतीय रेलवे का कौन-सा रेल मार्ग नहीं है?

A. उत्तरी रेलवे   B. मध्य रेलवे   C. पश्चिमी रेलवे   D. उत्तरी-पश्चिमी रेलवे

195. निम्नलिखित रेलगाड़ियों में कौन-सी रेलगाड़ी राजस्थान से होकर नहीं गुजरती है?

A. आश्रम एक्सप्रेस   B. सैनिक एक्सप्रेस   C. पठानकोट एक्सप्रेस   D. पैलेस-ऑन-व्हील्स

196. सुमेलित करें :

1. जयपुर
2. उदयपुर
3. कोटा
4. जोधपुर

       (a) कोटा एयरपोर्ट
       (b) सांगानेर एयरपोर्ट
       (c) डबोक एयरपोर्ट
       (d) रातानाड़ा एयरपोर्ट

	1	2	3	4
A.	(a)	(b)	(c)	(d)
B.	(b)	(d)	(a)	(c)
C.	(b)	(c)	(a)	(d)
D.	(c)	(d)	(a)	(b)

197. वायु परिवहन के क्षेत्र में हुए विकास एवं उनके वर्षों को सुमेलित करें :

1. महाराजा उम्मेद सिंह द्वारा फ्लाइंग क्लब की स्थापना   (a) 1946
2. वायु परिवहन का राष्ट्रीयकरण   (b) 1929
3. बीकानेर-जोधपुर के मध्य इंडियन नेशनल एयरवेज द्वारा वायुसेवा प्रारम्भ   (c) 1933
4. जयपुर-दिल्ली के मध्य सिटी लिंक एयरवेज द्वारा विमान सेवा प्रारम्भ   (d) 1992

	1	2	3	4
A.	(b)	(c)	(d)	(a)
B.	(b)	(c)	(a)	(d)
C.	(a)	(d)	(b)	(c)
D.	(d)	(a)	(c)	(b)

191.C   **192.**A   **193.**C   **194.**B   **195.**C   **196.**C   **197.**B

198. राज्य के प्रमुख तीन वायुमार्गों में निम्नलिखित में कौन शामिल नहीं हैं?

A. दिल्ली, जयपुर, जोधपुर, उदयपुर, अहमदाबाद, मुम्बई

B. दिल्ली, जयपुर, अजमेर, आगरा

C. दिल्ली, जयपुर, उदयपुर, औरंगाबाद, मुम्बई

D. दिल्ली, आगरा, जयपुर

199. डाक सेवा को सुचारु रूप से कार्य करने के लिए एक परिमंडल की स्थापना करके किन दो भागों में विभाजित किया गया है?

A. पूर्वी एवं पश्चिमी क्षेत्र

B. उत्तरी एवं दक्षिणी क्षेत्र

C. उत्तर-पूर्वी एवं दक्षिण-पश्चिमी क्षेत्र

D. उत्तर-पश्चिमी एवं पूर्वी क्षेत्र

200. वर्ष 1952 में प्रथम बार राजकीय बस सेवा का प्रारम्भ किस जिले में हुआ?

A. भीलवाड़ा   B. टोंक   C. अजमेर   D. जोधपुर

201. राजस्थान सरकार द्वारा पर्यटन के विकास के लिए 'डेजर्ट-ट्रैंगल' (desert triangle) योजना में कौन-से-तीन जिले शामिल किए गए हैं?

A. जयपुर, उदयपुर, जोधपुर

B. जोधपुर, बीकानेर एवं जैसलमेर

C. जयपुर, अजमेर एवं सवाई माधोपुर

D. भरतपुर, अलवर एवं जयपुर

202. राजस्थान में पर्यटन के विकास को प्रोत्साहन देने के लिए राज्य सरकार द्वारा कब इसे उद्योग का दर्जा दिया गया?

A. वर्ष 1985-86 के प्रारम्भ में

B. वर्ष 1983-84 के अंत में

C. वर्ष 1988-89 के अंत में

D. वर्ष 1987-88 के प्रारम्भ में

203. राजस्थान पर्यटन विकास निगम की स्थापना किस वर्ष की गई?

A. 1 जनवरी, 1983

B. 1 अप्रैल, 1978

C. 1 अप्रैल, 1979

D. 1 अप्रैल, 1981

204. सुमेलित करें :

1. ढाई दिन का झोपड़ा   (a) जयपुर
2. ब्रह्माजी का मंदिर   (b) अजमेर
3. वेधशाला जन्तर-मन्तर   (c) कर्णी माता का मंदिर
4. 66 छतरियों से युक्त क्षरबाग   (d) बूंदी
5. चूहों की पूजा वाला मंदिर   (e) पुष्कर

	1	2	3	4	5
A.	(b)	(e)	(a)	(d)	(c)
B.	(c)	(b)	(e)	(d)	(a)
C.	(a)	(b)	(c)	(d)	(e)
D.	(e)	(b)	(c)	(a)	(d)

198.B   **199.A**   **200.C**   **201.B**   **202.C**   **203.C**   **204.A**

205. सुमेलित करें :

1. मेवाड़ समारोह		*(a)* उदयपुर
2. डेजर्ट फेस्टिवल		*(b)* बीकानेर
3. ऊँट समारोह		*(c)* जैसलमेर
4. ग्रीष्म समारोह		*(d)* माउंट आबू

	1	2	3	4
A.	*(d)*	*(b)*	*(a)*	*(c)*
B.	*(b)*	*(d)*	*(c)*	*(a)*
C.	*(a)*	*(b)*	*(c)*	*(d)*
D.	*(a)*	*(c)*	*(b)*	*(d)*

206. निम्नलिखित युग्मों में कौन सुमेलित नहीं है?

A. होंगलाज माता का मंदिर — लोद्रवा (जैसलमेर)

B. सास-बहू का मंदिर — उदयपुर

C. दिलवाड़ा का जैन मंदिर — माउंट आबू

D. केशरियानाथ का मंदिर — जयपुर

207. 'राजस्थान का पूर्वी द्वार' के नाम से जाना जाता है:

A. अलवर   B. अजमेर   C. भरतपुर   D. चित्तौड़

208. सुमेलित करें :

1. ख्वाजा साहब की दरगाह	*(a)* जैसलमेर
2. मओटा झील	*(b)* अजमेर
3. उम्मेद भवन	*(c)* आमेर
4. पटवों की हवेली	*(d)* जोधपुर
5. विजय स्तम्भ	*(e)* चित्तौड़गढ़

	1	2	3	4	5
A.	*(b)*	*(c)*	*(d)*	*(e)*	*(a)*
B.	*(b)*	*(c)*	*(d)*	*(a)*	*(e)*
C.	*(a)*	*(b)*	*(c)*	*(d)*	*(e)*
D.	*(c)*	*(a)*	*(b)*	*(e)*	*(d)*

209. दिलवाड़ा में निर्मित जैन मंदिरों के निर्माण से कौन संबंधित नहीं है?

A. विमलशाह   B. वस्तुपाल   C. तेजपाल   D. कुमारपाल

210. निम्नलिखित पर्यटन स्थलों में से कौन उदयपुर में नहीं है:

A. सज्जन निवास बाग (गुलाब बाग)   B. एकलिंग जी का मंदिर

C. नीलकंठ देव का मंदिर   D. जगत मंदिर (लेक गार्डन पैलेस)

205.D   **206.D**   **207.B**   **208.B**   **209.D**   **210.C**

211. 'राजस्थान का खजुराहो' की उपमा राजस्थान के किस स्थापत्य को दी गई है?

    A. सतबीस देवरा   B. पद्मिनी का महल

    C. जगत मंदिर   D. दिलवाड़ा का मंदिर

कृषि एवं सहकारिता आंदोलन

212. 'वालरा कृषि' मुख्यतः राज्य के किन जिला क्षेत्रों में की जाती है?

    A. भीलवाड़ा, चित्तौड़गढ़ एवं बांसवाड़ा   B. उदयपुर, रायसमंद एवं पाली

    C. उदयपुर, बांसवाड़ा एवं डूंगरपुर   D. चित्तौड़गढ़, बांसवाड़ा एवं उदयपुर

213. सुमेलित करें:

1. चीकू		(a) उदयपुर
2. पपीता		(b) सिरोही
3. खरबूजा		(c) बांसवाड़ा
4. केले		(d) टोंक एवं पाली
5. नासपाती		(e) जयपुर

	1	2	3	4	5
A.	(b)	(a)	(d)	(c)	(e)
B.	(d)	(c)	(a)	(b)	(e)
C.	(b)	(d)	(e)	(a)	(c)
D.	(a)	(b)	(c)	(d)	(e)

214. नींबू का सर्वाधिक उत्पादन क्रमशः किन जिलों में होता है?

    A. भरतपुर, गंगानगर और पाली

    B. पाली, सिरोही और गंगानगर

    C. सिरोही, भरतपुर और पाली

    D. भरतपुर, सिरोही और गंगानगर

215. गेहूँ की खेती राजस्थान राज्य के मुख्यतः किस भाग में होती है?

    A. पूर्वी एवं उत्तर-पश्चिमी भाग में   B. पश्चिमी एवं उत्तर-पूर्वी भाग में

    C. पूर्वी एवं दक्षिण-पूर्वी भाग में   D. मध्य एवं पूर्वी भाग में

216. राज्य में गेहूँ के उत्पादन में प्रथम, द्वितीय एवं तृतीय स्थान रखने वाले जिले कौन-से हैं?

    A. श्रीगंगानगर, सवाई माधोपुर एवं चित्तौड़गढ़

    B. श्रीगंगानगर, अलवर एवं भरतपुर

    C. श्री गंगानगर, अलवर, हनुमानगढ़

    D. जयपुर, अलवर एवं कोटा

211.C	212.C	213.A	214.A	215.C	216.C

217. बांसवाड़ा में स्थापित कृषि अनुसंधान संस्थान द्वारा विकसित की गई फसल किस्मों को सुमेलित करें:

1. माही सुगंध		(a) चावल
2. W-105		(b) अंगूर
3. बार एच॰एक्स॰बी॰एस॰ 76		(c) मक्का
4. माही कंचन		(d) मक्का

	1	2	3	4
A.	(a)	(b)	(c)	(d)
B.	(d)	(a)	(c)	(b)
C.	(a)	(c)	(b)	(d)
D.	(b)	(d)	(a)	(c)

218. किस खाद्य फसल का उत्पादन क्षेत्र 80 प्रतिशत मरुस्थलीय क्षेत्र में स्थित है?

     A. ज्वार   B. ग्वार   C. बाजरा   D. चना

219. राज्य के कुल मक्का क्षेत्र का 92 प्रतिशत हिररा निम्नलिखित में से किस भाग के अंतर्गत स्थित है?

     A. पश्चिमी भाग का मरुस्थलीय क्षेत्र   B. पूर्वी एवं दक्षिण-पूर्वी क्षेत्र
     C. अरावली श्रेणी के पहाड़ी प्रदेश एवं बनास बेसिन   D. राज्य का पठारी क्षेत्र

220. राज्य के मक्का उत्पादन का आधे से अधिक हिस्सा किन चार जिलों से प्राप्त होता है?

     A. गंगानगर, बांसवाड़ा, झालावाड़ तथा बारां   B. उदयपुर, राजसमंद, चित्तौड़गढ़ तथा भीलवाड़ा
     C. डूंगरपुर, राजसमंद, उदयपुर तथा बांसवाड़ा   D. बारां, डूंगरपुर, बांसवाड़ा तथा उदयपुर

221. तिल का प्रति हेक्टेयर उत्पादन एवं कुल उत्पादन में क्रमशः किन जिलों को प्रथम स्थापना प्राप्त है?

     A. नागौर एवं कोटा   B. भरतपुर एवं नागौर
     C. नागौर एवं भरतपुर   D. कोटा एवं नागौर

222. राजस्थान की किस फसल को स्थानीय भाषा में 'बाणीयां' कहा जाता है?

     A. चना   B. सरसों   C. कपास   D. तिल

223. सुमेलित करें:

1. मिर्च	(a) झालावाड़
2. संतरा	(b) गंगानगर
3. माल्टा	(c) उदयपुर एवं चित्तौड़गढ़
4. चीकू	(d) सिरोही

	1	2	3	4
A.	(c)	(a)	(b)	(d)
B.	(a)	(c)	(d)	(b)
C.	(b)	(d)	(a)	(c)
D.	(c)	(a)	(d)	(b)

217.C   **218.C**   **219.C**   **220.B**   **221.B**   **222.C**   **223.A**

224. क्षेत्र तथा उत्पादन दोनों दृष्टि से राज्य के किस जिले को तम्बाकू की कृषि में प्रथम स्थान प्राप्त है?

    A. सवाई माधोपुर   B. झुंझुनूं   C. चित्तौड़गढ़   D. अलवर

225. समस्त मादक पदार्थों के उत्पादन के दृष्टिकोण से राज्य के किस जिले को प्रथम एवं द्वितीय स्थान प्राप्त है?

    A. कोटा एवं बीकानेर   B. उदयपुर एवं कोटा
    C. जालौर एवं बाड़मेर   D. बीकानेर एवं उदयपुर

226. राज्य का सबसे बड़ा कृषि फार्म (12,410 हेक्टेयर) कहाँ पर और किसकी सहायता से स्थापित किया गया है?

    A. बाड़मेर (जापान)   B. सिरोही (रूस)   C. सूरतगढ़ (रूस)   D. गंगानगर (जापान)

227. गन्ना उत्पादन में प्रथम एवं द्वितीय स्थान राज्य में किन जिलों को प्राप्त है?

    A. बूंदी एवं उदयपुर   B. गंगानगर एंव कोटा
    C. बूंदी एवं गंगानगर   D. गंगानगर एवं उदयपुर

228. सुमेलित करें :

1. भूमि सुधार एवं जागीर पुनर्ग्रहण अधिनियम	*(a)* 1963
2. राजस्थान राज्य बीज निगम	*(b)* 1952
3. कृषि उपज मंडी निगम	*(c)* 1978
4. जर्मींदारी व विश्वेदारी उन्मूलन अधिनियम	*(d)* 1959

         1   2   3   4
    A. *(a)*   *(b)*   *(c)*   *(d)*
    B. *(b)*   *(a)*   *(d)*   *(c)*
    C. *(c)*   *(b)*   *(d)*   *(a)*
    D. *(b)*   *(c)*   *(a)*   *(d)*

229. निम्नलिखित युग्मों में कौन सही नहीं है?

    A. केन्द्रीय सरकार द्वारा स्थापित कृषि फार्म — जैतसर (गंगानगर)
    B. मृदा परीक्षण प्रयोगशालाएं — जोधपुर, दुर्गापुर (जयपुर)
    C. बीज परीक्षण प्रयोगशालाएं — कोटा एवं जयपुर
    D. अमेरिकी कपास का प्रमुख उत्पादक — गंगानगर

230. सहकारी उपभोक्ता भंडार के अर्तगत जयपुर में कौन-सी दो संस्थायें कार्यरत हैं?

    A. समर्पण एवं बाजार   B. सहयोग एवं आपकी दुकान
    C. उपहार एवं समृद्धि   D. उपहार एवं समर्पण

231. राज्य में 90 प्रतिशत अरंडी का उत्पादन किन चार जिलों में किया जाता है?

    A. बाड़मेर, भीलवाड़ा, सिरोही, जालौर   B. भीलवाड़ा, सिरोही, पाली, बांसवाड़ा
    C. बांसवाड़ा, पाली, जालौर, सिरोही   D. डूंगरपुर, बारां, कोटा, जालौर

224.D   **225.**C   **226.**C   **227.**C   **228.**D   **229.**D   **230.**C   **231.**C

232. सुमेलित करें:

1. सहकारी चीनी मिल		(a) जयपुर
2. सहकारी पशु आहार कारखाना		(b) केशोरायपाटन
3. श्रीगंगानगर सहकारी ऑयल सीड प्रोसेसिंग मिल्स लि॰		(c) हनुमानगढ़
4. राजस्थान सहकारी स्पिनिंग मिल्स लिमिटेड		(d) गजसिंहपुर

	1	2	3	4
A.	(b)	(a)	(d)	(c)
B.	(a)	(b)	(c)	(d)
C.	(a)	(b)	(d)	(c)
D.	(c)	(d)	(b)	(a)

233. किसानों के अनाज सुरक्षित रखने के लिए सहकारिता क्षेत्र के अंतर्गत दो शीत भंडारण केन्द्र की स्थापना कहां की गई है?

A. गंगानगर और बीकानेर
B. अजमेर एवं जयपुर
C. जयपुर एवं अलवर
D. जोधपुर एवं अलवर

234. डेयरी विकास कार्यक्रम के अंतर्गत राज्य सहकारी डेयरी फेडरेशन की स्थापना की गई है। इस संस्था का मुख्यालय कहाँ है?

A. जयपुर
B. अलवर
C. जोधपुर
D. श्रीगंगानगर

235. 'क्रेफीकार्ड योजना' का मुख्य उद्देश्य है:

A. कृषकों को बीजों के लिए ऋण उपलब्ध कराना
B. एक ही स्थान पर सभी प्रकार के ऋण को उपलब्ध कराना
C. अनाजों को उचित मूल्य देकर खरीदना
D. सहकारी संघ का बैंक जिसमें किसान अपना पैसा जमा करते हैं

236. राजस्थान राज्य सहकारी उपभोक्ता संघ की स्थापना कब हुई?

A. 20 मार्च, 1970
B. 1 अप्रैल, 1975
C. 29 मार्च, 1967
D. 1 मई, 1980

237. राजस्थान में सहकारिता की शुरुआत 1904 में किस जिले में हुई?

A. भरतपुर
B. जोधपुर
C. अजमेर
D. जयपुर

238. राजस्थान जनजाति क्षेत्रीय विकास सहकारी संघ (राजससंघ) की स्थापना कब हुई?

A. 1970
B. 1972
C. 1976
D. 1980

232.A	233.C	234.A	235.B	236.C	237.C	238.C

239. सुमेलित करें :

1. राजस्थान राज्य भूमि विकास बैंक		*(a)* 1955
2. राजस्थान राज्य सहकारी संघ		*(b)* 6 मार्च, 1957
3. प्रथम सहकारी समिति, मिनाय में		*(c)* दिसम्बर 1957
4. प्रथम राजस्थान सहकारी समिति विधेयक		*(d)* 1905

	1	2	3	4
A.	*(b)*	*(c)*	*(d)*	*(a)*
B.	*(a)*	*(b)*	*(c)*	*(d)*
C.	*(d)*	*(b)*	*(c)*	*(a)*
D.	*(c)*	*(a)*	*(b)*	*(d)*

240. राजस्थान में कृषकों को तिलहन उत्पादन का उचित मूल्य दिलाने का कार्य करता है:

A. सहकारी उपभोक्ता संघ   B. नागरिक सहकारी बैंक
C. राज्य सहकारी तिलहन संघ   D. राज्य सहकारी तेल क्रय विक्रय भंडार

मानव संसाधन

241. राज्य का जनसंख्या घनत्व 2011 की जनगणना के अनुसार कितना है?

A. 160   B. 190   C. 200   D. 250

242. राज्य में सबसे अधिक जनसंख्या वाले चार जिलों का सही क्रम है:

A. जयपुर, नागौर, अलवर और जोधपुर   B. जयपुर, अलवर, उदयपुर और जोधपुर
C. जयपुर, अलवर, श्रीगंगानगर और उदयपुर   D. जयपुर, जोधपुर, अलवर और नागौर

243. निम्नलिखित युग्मों में कौन सुमेलित नहीं है:

A. राजस्थान की कुल जनसंख्या — 6,85,48,437
B. राज्य की जनसंख्या देश की कुल जनसंख्या का — 5.66 प्रतिशत
C. जनसंख्या की दृष्टि से राजस्थान का स्थान — 10वाँ
D. 2001-2011 में राज्य की जनसंख्या की वृद्धि दर — 21.3 प्रतिशत

244. 2011 की जनगणना के अनुसार जिला एवं उनके घनत्व को सुमेलित करें:

1. जयपुर		*(a)* 503 व्यक्ति प्रतिवर्ग किलोमीटर
2. भरतपुर		*(b)* 595 व्यक्ति प्रतिवर्ग किलोमीटर
3. अलवर		*(c)* 361 व्यक्ति प्रतिवर्ग किलोमीटर
4. झुंझनूं		*(d)* 438 व्यक्ति प्रतिवर्ग किलोमीटर

	1	2	3	4
A.	*(b)*	*(a)*	*(c)*	*(d)*
B.	*(b)*	*(a)*	*(d)*	*(c)*
C.	*(a)*	*(b)*	*(c)*	*(d)*
D.	*(c)*	*(d)*	*(b)*	*(a)*

239.A   **240.**C   **241.**C   **242.**D   **243.**C   **244.**B

245. 2001-2011 के मध्य राज्य में जनसंख्या वृद्धि कितनी रही?
   A. 25.64 प्रतिशत   B. 21.3 प्रतिशत   C. 26.73 प्रतिशत   D. 27.64 प्रतिशत

246. सन् 2011 की जनगणना के अनुसार सबसे अधिक एवं कम जनसंख्या घनत्व वाले जिले हैं:
   A. उदयपुर और जैसलमेर   B. जयपुर और बीकानेर
   C. भरतपुर और बीकानेर   D. जयपुर और जैसलमेर

247. 2011 की जनगणना के अनुसार जनसंख्या वृद्धि दर एवं जिलों को सुमेलित करें:
   1. श्रीगंगानगर   (a) 24.3 प्रतिशत
   2. बीकानेर   (b) 10.0 प्रतिशत
   3. पाली   (c) 11.9 प्रतिशत
   4. जैसलमेर   (d) 31.8 प्रतिशत
   5. जयपुर   (e) 26.2 प्रतिशत

	1	2	3	4	5
A.	(b)	(a)	(c)	(d)	(e)
B.	(d)	(a)	(b)	(c)	(e)
C.	(a)	(b)	(e)	(d)	(c)
D.	(b)	(c)	(a)	(e)	(d)

248. जनसंख्या की दृष्टि से राजस्थान के चार सबसे बड़े जिलों का सही क्रम है:
   A. जोधपुर, जयपुर, कोटा, अजमेर   B. जयपुर, जोधपुर, अजमेर, कोटा
   C. जयपुर, जोधपुर, अजमेर, बीकानेर   D. जयपुर, जोधपुर, अलवर, नागौर

249. राज्य में सबसे अधिक एवं कम लिंगानुपात वाले जिले हैं:
   A. जयपुर एवं झुंझुनूं   B. डूंगरपुर एवं जैसलमेर
   C. डूंगरपुर एवं धौलपुर   D. उदयपुर एवं पाली

250. 2011 में ग्रामीण जनसंख्या एवं नगरीय जनसंख्या का प्रतिशत था—
   A. 65 प्रतिशत एवं 35 प्रतिशत   B. 75.1 प्रतिशत एवं 24.9 प्रतिशत
   C. 60 प्रतिशत एवं 40 प्रतिशत   D. 70.64 प्रतिशत एवं 29.36 प्रतिशत

251. राज्य की जनसंख्या घनत्व के कम रहने का मुख्य कारण पश्चिमी शुष्क क्षेत्र है। इस क्षेत्र की जनसंख्या में कमी आने की प्रवृत्ति किस दिशा में दृष्टिगोचर होती है?
   A. उत्तर से दक्षिण   B. पश्चिम से पूर्व
   C. पूर्व से पश्चिम   D. दक्षिण से उत्तर

252. 2011 की जनगणना के अनुसार किस जिले की साक्षरता सबसे अधिक है?
   A. कोटा   B. जयपुर   C. झालावाड़   D. भीलवाड़ा

253. जनगणना 2011 के अनुसार राजस्थान की नगरीय जनसंख्या का प्रतिशत कितना है?
   A. 24.9   B. 25.67   C. 20.45   D. 30.45

245.B   **246.**D   **247.**A   **248.**D   **249.**C   **250.**B   **251.**D   **252.**A   **253.**A

254. राजस्थान में जनसंख्या की दस वर्षीय वृद्धि दर किस दशक में सर्वाधिक रही है?

A. 1951-61 B. 1981-91

C. 1991-2001 D. 1971-81

255. सेन्ट्रल एरिड जोन रिसर्च इंस्टीट्यूट (काजरी) कहाँ स्थित है?

A. जयपुर B. जैसलमेर

C. जोधपुर D. बीकानेर

256. सूखा से निपटने के लिए सरकार द्वारा चलाये जा रहे कार्यक्रमों को सुमेलित करें:

1. सूखा संभावित क्षेत्र कार्यक्रम *(a)* 1977-78

2. मरु विकास कार्यक्रम *(b)* 1951

3. अकाल सहायता विभाग *(c)* 1974-75

4. विशिष्ट योजना संगठन *(d)* 1970

	1	2	3	4
A.	*(a)*	*(c)*	*(b)*	*(d)*
B.	*(c)*	*(a)*	*(b)*	*(d)*
C.	*(b)*	*(d)*	*(a)*	*(c)*
D.	*(d)*	*(b)*	*(c)*	*(a)*

257. राजस्थान मरुउद्यान किन दो जिलों में स्थापित किया गया है?

A. जैसलमेर-गंगानगर B. बीकानेर-जोधपुर

C. जैसलमेर-बाड़मेर D. बीकानेर-बाड़मेर

258. राज्य में सबसे अधिक एवं कम साक्षरता वाले जिले क्रमशः हैं:

A. जयपुर एवं जैसलमेर B. कोटा एवं बांसवाड़ा

C. अलवर एवं पाली D. उदयपुर एवं सिरोही

259. 2011 की जनगणना के अनुसार राजस्थान में लिंगानुपात है-

A. 900 B. 905

C. 928 D. 915

260. निम्नलिखित में कौन-सा गलत है?

A. राजस्थान साक्षरता का प्रतिशत — 66.1 प्रतिशत

B. पुरुष साक्षरता का प्रतिशत — 79.2 प्रतिशत

C. ग्रामीण साक्षरता का प्रतिशत — 24.08 प्रतिशत

D. स्त्री साक्षरता का प्रतिशत — 52.1 प्रतिशत

254.D **255.**C **256.**B **257.**C **258.**B **259.**C **260.**C

इतिहास एवं स्वतंत्रता संग्राम

261. राजस्थान की निम्नांकित प्राचीन सभ्यता के स्थलों को उनके जिलों के साथ सुमेलित करें:

1. कालीबंगा		(a) श्रीगंगानगर
2. आहड़		(b) जयपुर
3. गणेश्वर		(c) उदयपुर
4. बैराठ		(d) भरतपुर
5. नोह		(e) सीकर

	1	2	3	4	5
A.	(a)	(c)	(b)	(d)	(e)
B.	(a)	(c)	(e)	(b)	(d)
C.	(c)	(b)	(a)	(e)	(d)
D.	(c)	(a)	(d)	(b)	(e)

262. 'ब्रस्तोफेवन लिपि' के रूप में सिंधु घाटी सभ्यता की लिपि को स्थापित करने का श्रेय वी॰बी॰ लाल को है। किस स्थान से प्राप्त लिपि को उन्होंने इसके आधार पर बनाया है?

A. कालीबंगा   B. बनवाली

C. लोथल   D. आहड़

263. निम्न सिन्धु सभ्यता के स्थलों में कहाँ-कहाँ पूर्व हड़प्पाकालीन एवं हड़प्पाकालीन साक्ष्य प्राप्त होते हैं?

A. कालीबंगा   B. सुतकागेंडोर

C. बनवाली   D. लोथल

264. ताम्रयुगीन प्राचीन स्थलों के रूप में राजस्थान के कई स्थलों को चिन्हित किया गया है। निम्नांकित ताम्रयुगीन स्थलों को उनके जिलों के साथ सुमेलित करें:

1. मलाह		(a) नागौर
2. कुटाडा		(b) भरतपुर
3. पिंड पाडलिया		(c) बीकानेर
4. एलाना		(d) चित्तौड़
5. साबणिया एवं पूगल		(e) जालौर

	1	2	3	4	5
A.	(a)	(b)	(d)	(c)	(e)
B.	(b)	(a)	(d)	(e)	(c)
C.	(e)	(a)	(b)	(c)	(d)
D.	(d)	(c)	(e)	(a)	(b)

261.B   **262.**A   **263.**C   **264.**B

265. कालीबंगा से प्राप्त साक्ष्यों में वह कौन-सा साक्ष्य है जो इसे अन्य समकालीन सभ्यता के स्थलों से अलग करता है?

A. अग्नि-कुंडों का निर्माण

B. अनाज रखने के लिए बड़े-बड़े कोठारों का निर्माण

C. कृषि कार्यों के लिए गबरबंदों या नालों का निर्माण

D. हल रेखाओं का साक्ष्य

266. राजस्थान में विभिन्न जनपदों की स्थापना पूर्व मौर्य काल में हुई। इसमें सबसे अधिक सहयोग देने वाला कारण था:

A. सिकंदर के आक्रमण के कारण राजस्थान में आयी जातियां

B. लौह-उपकरणों के प्रयोग में आयी तीव्रता

C. मध्य राजस्थान में कृषि व्यवस्था का समुचित विकास

D. तीन जनपदों का आपसी वैवाहिक संबंध

267. जनपदों एवं उनसे संबंधित क्षेत्रों को सुमेलित करें:

1. शिवि		*(a)* अलवर	
2. शाल्व		*(b)* गिरि	
3. मालव		*(c)* उत्तरी राजस्थान	
4. यौधेय		*(d)* बागरछल	

	1	2	3	4
A.	*(a)*	*(c)*	*(d)*	*(b)*
B.	*(b)*	*(a)*	*(c)*	*(d)*
C.	*(d)*	*(b)*	*(a)*	*(c)*
D.	*(b)*	*(a)*	*(d)*	*(c)*

268. किन क्षेत्रों में खुदाई से प्राप्त बर्तनों से पता चलता है कि इनका संबंध आर्य सभ्यता से था?

A. नोह   B. बड़ौली

C. अनूपगढ़ एवं तरखानवाला डेरा   D. भीनमाल

269. बैराठ से प्राप्त अशोक के शिलालेख में अशोक ने यह घोषणा की है कि:

A. रज्जुकों को अपने कार्य ध्यान से करने चाहिएं

B. धम्म के लिए महामात्रों की नियुक्ति की गई है

C. उसका नाम प्रियदर्शी अशोक है

D. वह बौद्ध धर्म में आस्था रखता है

270. गुप्तकाल में भारत का भ्रमण करने वाले चीनी यात्री फाह्यान ने राजस्थान के किस जगह की यात्रा की थी?

A. विराटनगर   B. आमेर   C. भीनमाल   D. पीर सुल्तान

265.D	**266.**A	**267.**D	**268.**C	**269.**D	**270.**C

271. तोरमाण के उत्तराधिकारी हूण राजा मिहिरकुल ने किस स्थान पर एक शिव मंदिर की स्थापना की थी?

    A. बडोपल   B. बड़ौली   C. नागौर   D. शाकम्भरी

272. जांगल प्रदेश में नागवंशियों का राज्य स्थापित था। इसकी राजधानी कहाँ थी?

    A. नागौर   B. लूणकरणसर   C. कन्नौज   D. वेशनोक

273. राजस्थान के अधिकांश भौगोलिक क्षेत्र को अपने अधिकार क्षेत्र में रखने वाला वर्धन वंश का राजा कौन था?

    A. हर्षवर्धन   B. राजवर्द्धन   C. प्रभाकर वर्द्धन   D. यशोवर्द्धन

274. हुणों के अंतिम राजा मिहिरकुल को परास्त करने वाला राजा थाः

    A. बालादित्य एवं यशोवर्मन   B. प्रभाकरवर्द्धन

    C. समुद्रगुप्त   D. अपरगाम्य

275. निम्नांकित में से कौन अग्निकुल के राजपूत वंश से संबंधित माने जाते हैं, जिनकी उत्पत्ति आबूपर्बत गें बशिष्ट गुनि के द्वारा कराये गए यज्ञ गें हुई थी?

    A. प्रतिहार, परमार, चालुक्य और चौहान   B. प्रतिहार, चौहान, गहड़वाल और तोमर

    C. चौहान, परमार, कछवाहा और हाड़ा   D. प्रतिहार, चौहान, परमार और राठौड़

276. भोज परमार द्वारा निम्नलिखित में से किस पुस्तक की रचना की गई?

    A. आयुर्वेद सर्वस्य   B. योग सूत्र वृत्ति   C. समरांग सूत्रधार   D. उपरोक्त सभी

277. महमूद गजनवी द्वारा भारत पर आक्रमण के समय मौजूद राजवंशों का उनके स्थान के साथ युग्म बनायें:

    (a) परमार   *(i)* जेजाकभुक्ति

    (b) चौहान   *(ii)* मालवा

    (c) चंदेल   *(iii)* शाकम्भरी

    A. *(a)-(i) (b)-(ii) (c)-(iii)*   B. *(a)-(iii) (b)-(i) (c)-(ii)*

    C. *(a)-(ii) (b)-(iii) (c)-(i)*   D. *(b)-(i) (c)-(iii) (a)-(iii)*

278. राजस्थान के विभिन्न राजपूत राजवंशों एवं उनके राज्यक्षेत्रों को सुमेलित करें:

    1. आमेर   *(a)* कछवाहा

    2. चित्तौड़   *(b)* भाटी

    3. आबू   *(c)* मौर्य

    4. जैसलमेर   *(d)* चावड़

    5. मेवाड़   *(e)* गुहिल

	1	2	3	4	5
A.	*(a)*	*(c)*	*(d)*	*(e)*	*(b)*
B.	*(a)*	*(c)*	*(d)*	*(b)*	*(e)*
C.	*(b)*	*(c)*	*(e)*	*(a)*	*(d)*
D.	*(d)*	*(b)*	*(a)*	*(e)*	*(c)*

271.B   272.A   273.A   274.A   275.A   276.D   277.C   278.B

279. चौहान राजपूतों के द्वारा राजधानी परिवर्तनों का क्रमानुसार व्यवस्थित समुच्चय कौन है?
    A. नागौर, सांभर, अजमेर, दिल्ली   B. सांभर, अजमेर, नागौर, दिल्ली
    C. अजमेर, नागौर, सांभर, दिल्ली   D. नागौर, सांभर, दिल्ली, अजमेर

280. पृथ्वीराज चौहान के मुख्य सेनापति का क्या नाम था, जो तराइन की दूसरी लड़ाई के समय कहीं और व्यस्त था?
    A. स्कंध   B. बलवीर   C. हर्षशिव   D. चन्द्रसेन

281. भारतीय इतिहास में 'राजपूत काल' के नाम से जाना जाने वाला काल है:
    A. 750-1200 ई॰   B. 750-1250 ई॰   C. 600-1250 ई॰   D. 800-1200 ई॰

282. पृथ्वीराज चौहान एवं मुहम्मद गोरी के मध्य लड़ा गया तराइन का दूसरा प्रसिद्ध युद्ध किस वर्ष लड़ा गया?
    A. 1191   B. 1193   C. 1192   D. 1194

283. निम्नलिखित में से कौन-सा विचार राजपूतों की उत्पत्ति के संबंध में सबसे अधिक संतोषप्रद है?
    A. वे क्षत्रिय थे जिन्हें धार्मिक नेताओं के विरुद्ध ब्राह्मणों द्वारा संगठित किया गया था
    B. वे विदेशियों और स्थानीय लोगों के संयोग से उत्पन्न हुए थे जिन्हें बाद में हिन्दूधर्म में शामिल कर लिया गया था
    C. मूलतः ये विदेशी मूल के थे
    D. इनका जन्म अग्निकुंड से हुआ था

284. निम्नांकित में से किस स्थान पर चौहानों की शाखा नहीं थी?
    A. लाट और धवलपुरी   B. जबालपुर एवं शाकम्भरी
    C. नाडौल, प्रतापगढ़ और सप्तपुर   D. नागौर एवं करौली

285. निम्नांकित में से कौन सुमेलित नहीं है:
    A. अजमेर की स्थापना — 1113 ई॰   B. जैसलमेर की स्थापना — 1156 ई॰
    C. जयपुर नगर का निर्माण — 1727 ई॰   D. उदयपुर की स्थापना — 1778 ई॰

286. महमूद खिलजी को पराजित कर मालवा पर विजय के उपरांत विजय स्तम्भ का निर्माण किसने करवाया था?
    A. राणा सांगा   B. राणा रत्न सिंह   C. राणा कुम्भा   D. राव मालदेव

287. हल्दी घाटी युद्ध में पराजित होने के बाद महाराणा प्रताप द्वारा अपनी नयी राजधानी की स्थापना कहाँ की गयी?
    A. कुम्भलगढ़   B. मांडलगढ़   C. चांवड़   D. मंडोर

288. शेरशाह और मारवाड़ के राव मालदेव के बीच किस स्थान पर युद्ध हुआ?
    A. मालवा   B. खानवा   C. सेमल   D. चन्देरी

279.A   **280.**A   **281.**A   **282.**C   **283.**B   **284.**D   **285.**D   **286.**C   **287.**C   **288.**C

289. निम्नांकित में से कौन सुमेलित नहीं है?
A. मेवाड़ राज्य की स्थापना — बप्पा रावल
B. चौहान राज्य की स्थापना — वासदेव
C. बूंदी राज्य की स्थापना — हाड़ा देशराज
D. झालावाड़ राज्य की स्थापना — मेहर सिंह झाला

290. राजस्थान में राज्यों एवं उनके संस्थापक राजाओं के नाम को सुमेलित करें:
1. भरतपुर   (a) जगमल सिंह
2. अलवर   (b) माधोसिंह
3. कोटा   (c) प्रतापसिंह
4. बांसवाड़ा   (d) सूरजमल
5. झालावाड़   (e) माधवसिंह

	1	2	3	4	5
A.	(e)	(c)	(b)	(d)	(a)
B.	(d)	(e)	(c)	(b)	(a)
C.	(d)	(c)	(b)	(a)	(e)
D.	(e)	(a)	(c)	(d)	(b)

291. शिवाजी को पुरंदर की संधि करने एवं उन्हें आगरा आकर औरंगजेब से मिलने के लिए बाध्य करने में किसका योगदान था?
A. मिर्जाराजा जयसिंह   B. मिर्जा अमरसिंह
C. सवाई जयसिंह   D. जसवंत सिंह

292. अजीतसिंह को मारवाड़ का राजा नियुक्त कर औरंगजेब के विरुद्ध युद्ध करने वाला वीर कौन था?
A. अमरदास   B. अणोराव   C. दुर्गादास   D. जगतसिंह

293. 1303 में चित्तौड़ पर आक्रमण कर अलाउद्दीन खिलजी ने विजय प्राप्त की; इसमें रानी पद्मिनी द्वारा जौहर धर्म का पालन किया गया। उस समय चित्तौड़ में राजा कौन थे?
A. राजा राय कर्ण   B. राजा मालदेव   C. राजा हमीरदेव   D. राजा रत्न सिंह

294. गहलौत वंश की स्थापना गुहिल द्वारा की गई थी। इस वंश को और किस नाम से जाना जाता है?
A. चालुक्य   B. कलचुरि   C. सोलंकी   D. सिसोदिया

295. 1303 में अलाउद्दीन खिलजी द्वारा चित्तौड़ पर आक्रमण करने का मुख्य कारण क्या था?
A. राजा के द्वारा समर्पण नहीं करना
B. खिलजी के पुत्र खिज्र खाँ का अपमान
C. पद्मिनी की सुंदरता सुन उसे पत्नी बनाने की इच्छा
D. चित्तौड़ के दुर्ग का भौगोलिक एवं सामरिक महत्व

| 289.D | 290.C | 291.A | 292.C | 293.D | 294.D | 295.D |

296. राजपूतों की उत्पत्ति के संबंध में विभिन्न इतिहासविज्ञों के मतों को सुमेलित कीजिए:

1. विलियम कुन एवं स्मिथ   *(a)* प्राचीन क्षत्रियों के वंशज
2. डी॰आर॰ भंडारकर   *(b)* हूण एवं सीथियन जैसी विदेशी आक्रमणकारी जाति
3. गौरी शंकर हीराचंद ओझा   *(c)* भारतीय समाज में विदेशी मूल के लोगों के सम्मिलित होने से संबंधित

	1	2	3
A.	*(b)*	*(a)*	*(c)*
B.	*(b)*	*(c)*	*(a)*
C.	*(a)*	*(c)*	*(b)*
D.	*(c)*	*(a)*	*(b)*

297. सुमेलित करें:

राजवंश   **क्षेत्र**

1. हाड़ा वंश   *(a)* कोटा एवं बूंदी
2. चावड़   *(b)* भरतपुर, करौली एवं धौलपुर
3. यादव   *(c)* जैसलमेर
4. भाटी   *(d)* भीनमाल एवं आबू

	1	2	3	4
A.	*(c)*	*(b)*	*(a)*	*(d)*
B.	*(c)*	*(a)*	*(b)*	*(d)*
C.	*(a)*	*(d)*	*(c)*	*(b)*
D.	*(a)*	*(d)*	*(b)*	*(c)*

298. राजपूत इतिहास में वीरता एवं साहस के लिए प्रसिद्ध दो वीर गोरा एवं बादल का संबंध किस राज्य से है?

A. मारवाड़   B. आमेर   C. मेवाड़   D. जोधपुर

299. पृथ्वीराज चौहान का गढ़वाल नरेश जयचंद के साथ शत्रुता का मुख्य कारण था:

A. पृथ्वीराज द्वारा जयचंद की सीमा पर उपद्रव करना
B. पृथ्वीराज द्वारा जयचंद की पुत्री संयोगिता का अपहरण कर लेना
C. पृथ्वीराज द्वारा कन्नौज के बड़े भाग पर कबजा करना
D. जयचंद द्वारा पृथ्वीराज का अपमान करना

300. पृथ्वीराज द्वारा परमर्दिदेव को परास्त किया गया। इसी युद्ध में आल्हा-ऊदल नामक दो लोक प्रसिद्ध सेनानायकों ने वीरता का परिचय दिया। उपरोक्त राजा किस राजवंश से संबंधित था?

A. बुंदेलखंड का चंदेल   B. गढ़वाल का कन्नौज
C. चित्तौड़ का मौर्य   D. मालवा का परमार

296.A   **297.**D   **298.**B   **299.**C   **300.**A

301. उदयपुर के समीपवर्ती भाग में स्थित 'आहड़ सभ्यता' के उत्खनन का कार्य किसके नेतृत्व में किया गया था?

A. आर॰ भंडारकर

B. एस॰आर॰ राव

C. डा॰ बी॰बी॰ लाल

D. रमन लाल

302. 22 अप्रैल, 1734 ई॰ को बूंदी पर जिन दो मराठों द्वारा अधिकार कर लिया गया था, निम्नलिखित में वे कौन हैं?

A. मल्हारराव होल्कर और राणोजी सिंधिया

B. राणोजी सिंधिया और पेशवा माधवराव

C. बाजीराव द्वितीय और मल्हारराव सिंधिया

D. नाना फडनवीस और बाजीराव द्वितीय

303. सुमेलित करें:

1. भारमल आमेर का शासक बना	*(a)* 1875
2. मेयो कॉलेज की स्थापना	*(b)* 1615
3. अमर सिंह द्वारा मुगलों से संधि	*(c)* 1440
4. राणा कुम्भा द्वारा विजय स्तम्भ का निर्माण	*(d)* 1547

	1	2	3	4
A.	*(a)*	*(d)*	*(b)*	*(c)*
B.	*(a)*	*(b)*	*(c)*	*(d)*
C.	*(b)*	*(d)*	*(c)*	*(a)*
D.	*(d)*	*(a)*	*(b)*	*(c)*

304. 'हरमाड़ा का युद्ध' किनके बीच हुआ था?

A. शेरशाह के सेनानायक हाजी खाँ और उदय सिंह के बीच

B. इस्माइलशाह एवं उदय सिंह के बीच

C. मुबारकशाह एवं मालदेव के बीच

D. शेरशाह एवं मालदेव के बीच

305. 1857 की क्रांति में मेरठ के सैनिक विद्रोह की खबर सुनकर राजस्थान में सर्वप्रथम विद्रोह कहाँ हुआ था?

A. नीमच   B. एरिनपुरा   C. नसीराबाद   D. कोटा

306. 15 अक्टूबर, 1857 को रेजीडेंट मेजर बर्टन एवं उनके दो पुत्रों की हत्या किस शहर में की गई थी?

A. माउण्ट आबू   B. कोटा   C. नसीराबाद   D. अजमेर

307. जून 1858 में अपने विद्रोही सैनिकों के साथ राजस्थान की सीमा में प्रवेश करने के बाद किस रियासत की विद्रोही सेना उनके साथ हो गयी?

A. बांसवाड़ा   B. टोंक   C. झालावाड़   D. बूंदी

301.D   **302.**A   **303.**D   **304.**A   **305.**C   **306.**B   **307.**B

308. निम्नांकित संगठनों एवं उनके संस्थापकों को सुमेलित करें:

संगठन	संस्थापक
1. सभ्य सभा	(a) जयनारायण व्यास
2. जैन वर्द्धमान विद्यालय	(b) गोविंद स्वामी
3. वीर भारत समाज	(c) अर्जुनलाल सेठी
4. मारवाड़ हितकारिणी सभा	(d) भोपसिंह

	1	2	3	4
A.	(a)	(d)	(c)	(b)
B.	(b)	(c)	(a)	(d)
C.	(a)	(d)	(b)	(c)
D.	(b)	(c)	(d)	(a)

309. गांधी जी की सलाह पर वर्धा में 'राजस्थान सेवा संघ' की स्थापना में किनका महत्त्वपूर्ण योगदान था?

(a) अर्जुनलाल सेठी
(b) केसरीसिंह बारहर
(c) विजयसिंह पथिक
(d) माणिक्य लाल वर्मा

A. केवल (a) और (b)
B. केवल (a), (b) और (c)
C. उपर्युक्त में से सभी
D. केवल (a), (b) और (d)

310. अर्जुनलाल सेठी द्वारा किस आंदोलन का नेतृत्व डूंगरपुर, सिरोही, बांसवाड़ा एवं मेवाड़ में किया गया?

A. सविनय अवज्ञा आन्दोलन
B. स्वदेशी आंदोलन
C. रौलट एक्ट विरोध
D. असहयोग आंदोलन

311. राजस्थान में भील आंदोलन के अंतर्गत भोमट में हुए भील आंदोलन का नेतृत्व किस प्रसिद्ध स्वतंत्रता सेनानी ने किया था?

A. मोतीलाल तेजावत
B. जयनारायण व्यास
C. सागरमल गोपा
D. भोगीलाल पांड्या

312. प्रजामंडलों एवं उनके स्थापना वर्षों को सुमेलित करें:

1. भरतपुर राज्य प्रजामंडल	(a) 1934
2. मारवाड़ प्रजामंडल	(b) 1940
3. जैसलमेर प्रजामंडल	(c) 1939
4. बूंदी प्रजामंडल	(d) 1944

	1	2	3	4
A.	(c)	(a)	(d)	(b)
B.	(b)	(d)	(c)	(a)
C.	(d)	(b)	(a)	(c)
D.	(c)	(a)	(b)	(d)

308.D   **309.**B   **310.**B   **311.**A   **312.**D

313. प्रजामंडल एवं उनके संस्थापकों के लिए दिए गए युग्मों में कौन सुमेलित नहीं है?
  A. मेवाड़ प्रजामंडल — माणिक्य लाल वर्मा   B. डूंगरपुर प्रजामंडल — भोगीलाल पांड्या
  C. बूंदी प्रजामंडल — सुखदेव नारायण लाल   D. बीकानेर प्रजामंडल — रघुवर दयाल

314. नीचे दिए गए संगठनों एवं उनकी स्थापना की जगहों को सुमेलित करें:
  1. सिरोही लोक परिषद्   (a) कोलकाता
  2. नागरिक स्वाधीनता संगठन   (b) सिरोही
  3. सभ्य सभा   (c) मुम्बई
  4. बीकानेर लोक परिषद्   (d) जोधपुर

	1	2	3	4
A.	(a)	(c)	(b)	(d)
B.	(c)	(a)	(d)	(b)
C.	(b)	(d)	(a)	(c)
D.	(b)	(d)	(c)	(a)

315. मेवाड़ राज के अमानवीय जुल्मों के खिलाफ चित्तौड़ जिले के किस स्थान पर 'एका आंदोलन' की शुरुआत की गई थी?
  A. भवेसर   B. मातृकुंडिया   C. गंगरार   D. डूंगला खास

316. उदयपुर में हुए 'अखिल भारतीय देशी राज लोक परिषद्' के अधिवेशन की अध्यक्षता किसके द्वारा की गई थी?
  A. सरदार बल्लभ भाई पटेल   B. सेठ दामोदर दास राठी
  C. पंडित जवाहर लाल नेहरू   D. सर॰टी॰ विजय राघवाचार्य

317. नीचे दिए गए आंदोलनों को उनके समय के साथ सुमेलित कीजिए:
  1. सुअर विरोधी आंदोलन   (a) 1918
  2. भोमट भील आंदोलन   (b) 1921
  3. बिजोलिया किसान आंदोलन   (c) 1922
  4. मेवाड़ आंदोलन   (d) 1938

	1	2	3	4
A.	(b)	(c)	(d)	(a)
B.	(b)	(c)	(a)	(d)
C.	(a)	(d)	(b)	(c)
D.	(d)	(a)	(c)	(b)

318. निम्नांकित पुस्तकों में से किन-किन पुस्तकों की रचना राणा कुम्भा द्वारा की गई?
  (a) संगीत मीमांसा   (b) संगीतराज   (c) संगीतामृत   (d) संगीत सुधा
  A. केवल (a), (b) एवं (c) की   B. केवल (a) एवं (c) की
  C. केवल (a) एवं (b) की   D. उपर्युक्त में से सभी की

| 313.C | 314.D | 315.B | 316.C | 317.B | 318.A |

जातियां एवं जनजातियां

319. राज्य में **मीणा जनजाति** की आधी से ज्यादा जनसंख्या किन तीन जिलों में निवास करती है?
A. भरतपुर, बांसवाड़ा और झालावाड़
B. डूंगरपुर, उदयपुर और जयपुर
C. उदयपुर, जयपुर और सवाई माधोपुर
D. जयपुर, सवाई माधोपुर और डूंगरपुर

320. राज्य में **भील जनजाति** की 70 प्रतिशत जनसंख्या किन तीन जिलों में पायी जाती है?
A. बांसवाड़ा, डूंगरपुर एवं उदयपुर
B. झालवाड़ा, अलवर और डूंगरपुर
C. जयपुर, उदयपुर और सवाई माधोपुर
D. बांसवाड़ा, उदयपुर और जयपुर

321. गरसिया जनजाति की जनसंख्या के सर्वाधिक निवास वाले तीन जिलों का सही क्रम है:
A. उदयपुर, सिरोही और पाली
B. उदयपुर, पाली और सिरोही
C. सिरोही, पाली और उदयपुर
D. बांसवाड़ा, उदयपुर और सिरोही

322. डमोट जनजाति एवं **सहरिया जनजाति** के सर्वाधिक निवास वाले जिले क्रमशः हैं:
A. जालौर एवं कोटा
B. डूंगरपुर एवं कोटा
C. कोटा एवं डूंगरपुर
D. कोटा एवं जालौर

323. राजस्थान में संख्या के आधार पर प्रथम तीन स्थानों पर पायी जाने वाली जनजातियाँ हैं:
A. मीणा, भील और गरसिया
B. भील, गरसिया और मीणा
C. भील, मीणा और सहरिया
D. भील, मीणा और गरसिया

324. 'भोपा' क्या है?
A. गरसिया जनजाति का पुरोहित
B. मीणाओं द्वारा बजाया जाने वाला वाद्य यंत्र
C. भील जनजाति का विवाह-पूर्व संस्कार
D. गरसिया जनजाति की कुंवारी लड़कियां

325. किस जनजाति के लोगों में वैवाहिक भेंट को 'ढापा' कहा जाता है?
A. गरसिया
B. सांसी
C. भील
D. मीणा

326. सांसी जनजातियों का प्रथम पुरुष सांसमल किस जिले का निवासी था?
A. उदयपुर
B. बांसवाड़ा
C. भरतपुर
D. झुंझुनूं

327. 'बीजा' और 'माला' किस जनजाति के दो उप-भाग हैं?
A. मीणा
B. गरसिया
C. सांसी
D. डमोर

328. 'सांगड़ी प्रथा' क्या है?
A. विवाह के पूर्व लड़की से यौन संबंध स्थापित करना
B. पति की मृत्यु के बाद देवर से विवाह करना
C. बंधुआ मज़दूर के रूप में जबरन काम कराना
D. दो जनजातियों का आपस में वैवाहिक संबंध बनाना

319.C   **320.**A   **321.**C   **322.**B   **323.**D   **324.**A   **325.**A   **326.**C   **327.**C   **328.**C

329. जनजाति क्षेत्रों के विकास के लिए 'स्वच्छ परियोजना' किसके प्रयास से शुरू की गई है?

A. केन्द्र सरकार और राज्य सरकार

B. केन्द्र सरकार, राज्य सरकार और यूनिसेफ

C. केन्द्र सरकार और यूनिसेफ

D. राज्य सरकार और यूनिसेफ

330. राजस्थान में सबसे ज्यादा एवं सबसे कम जनजातियों की संख्या क्रमशः किन जिलों में निवास करती है?

A. उदयपुर और नागौर

B. उदयपुर और बीकानेर

C. बांसवाड़ा और बीकानेर

D. उदयपुर और चुरू

331. राज्य की कुल जनसंख्या में अनुसूचित जनजाति जनसंख्या का प्रतिशत है:

A. 17.16 प्रतिशत

B. 18.16 प्रतिशत

C. 13.5 प्रतिशत

D. 16.80 प्रतिशत

332. गरसिया जनजाति में प्रचलित वैवाहिक रीति में कौन शामिल नहीं है?

A. मौरबंधिया विवाह रीति

B. फेराना विवाह रीति

C. पहरावना विवाह रीति

D. ताणना विवाह रीति

333. 'चिमाता' एवं 'दजिया' है:

A. भीलों द्वारा वनों को समाप्त कर की जाने वाली खेती

B. गरसियाओं में प्रचलित अंतिम संस्कार की रीति

C. भीलों में प्रचलित लोक कथा

D. मीणाओं के दो मिथक वीर पुरुष

334. कंजर जनजातियों के संदर्भ में कौन-सा कथन सत्य नहीं है?

A. इनके मकानों में किवाड़ नहीं होते

B. राष्ट्रीय पक्षी मोर का मांस इन्हें सर्वाधिक पसंद है

C. तलाक की प्रथा इनमें प्रचलित नहीं है

D. कंजर लोग चोरी, डकैती, एवं राहजनी का कार्य करते हैं

E. मरते समय व्यक्ति के मुंह में शराब डाली जाती है

335. सहरिया जनजाति के गांव एवं मुखिया को क्रमशः कहा जाता है:

A. टोला और पटेल

B. ढाक और मुखिला

C. सहरोल और कोतवाल

D. ढेकला और गृहस्थ

336. परिवर्तित क्षेत्र विकास उपागम (MADA) कार्यक्रम का मुख्य उद्देश्य है:

A. जनजातियों का जीवन स्तर उन्नत करना

B. गरीबी हटाना एवं बेरोजगारी समाप्त करना

C. जनजाति क्षेत्र में आधार तंत्र खड़ा करना

D. सामाजिक संस्कारों को सुरक्षा प्रदान करना

329.D　　**330.**B　　**331.**C　　**332.**B　　**333.**A　　**334.**C　　**335.**C　　**336.**D

337. सहरिया विकास कार्यक्रम बारां जिले की किन दो तहसीलों (विकास खण्डों) के लिए अपनाया गया है?

A. नसोवर एवं रामगंज
B. सीमलवाड़ा एवं शाहाबाद
C. किशनगंज एवं शाहाबाद
D. रामपुरवा एवं किशनगंज

338. रूख भायला कार्यक्रम का मुख्य उद्देश्य है:

A. जनजाति क्षेत्र में आधार तंत्र को मज़बूत करना
B. जनजातीय विद्यार्थियों को शिक्षण एवं स्वास्थ्य सुविधा उपलब्ध कराना
C. जनजाति क्षेत्रों में सामाजिक वानिकी को प्रोत्साहन देना एवं अवैध कटाई को रोकना
D. जनजाति क्षेत्र में पेयजल संसाधनों की वृद्धि एवं स्वच्छता को बढ़ावा देना

339. आदिवासी-बाहुल्य क्षेत्रों में बालकों का विकास करने हेतु विद्यालय, छात्रावास एवं स्वास्थ्य केन्द्रों की स्थापना किस कार्यक्रम के तहत की गयी है?

A. स्वच्छ परियोजना
B. एकलव्य योजना
C. अरुणी योजना
D. माडा क्लस्टर योजना

340. माणिक्य लाल वर्मा आदिम जाति शोध एवं प्रशिक्षण संस्थान की स्थापना कब और कहां की गई है?

A. 2 जनवरी 1964, उदयपुर
B. 2 अक्टूबर 1963, उदयपुर
C. 26 जनवरी 1966, जोधपुर
D. 15 अगस्त 1966, जयपुर

मेले, त्योहार, धर्म एवं नृत्य

341. सुमेलित करें:

1. राणी सती का मेला
2. कपिल मुनि का मेला
3. केशरियानाथ का मेला
4. कैला देवी का मेला
5. महावीर जी का मेला

(a) हिण्डौन (सवाई माधोपुर)
(b) झुंझुनूं
(c) कोलायत (बीकानेर)
(d) धुलेल गांव (मेवाड़)
(e) करौली

	1	2	3	4	5
A.	(a)	(c)	(d)	(b)	(e)
B.	(b)	(c)	(d)	(e)	(a)
C.	(a)	(b)	(c)	(d)	(e)
D.	(b)	(d)	(c)	(e)	(a)

342. अजमेर में उर्स का आयोजन प्रतिवर्ष किस समय किया जाता है?

A. पहली रजब से नौ रजब तक
B. ईद के दिन से नौ दिनों तक
C. रमज़ान के महीने के दसवें दिन
D. मोहर्रम के तीसरे दिन से

337.C   **338.**C   **339.**B   **340.**A   **341.**B   **342.**A

343. सुमेलित करें:

1. धूधरे का मेला	(a) पौष माह
2. माता कुंडलनी का मेला	(b) भाद्रपद नवमी
3. गोगाजी का मेला	(c) भाद्रपद दसवीं
4. तेजाजी का मेला	(d) फागुन एवं आश्विन मास में
5. जाम्भेश्वर मेला	(e) बैशाख पूर्णिमा

	1	2	3	4	5
A.	(b)	(e)	(a)	(c)	(d)
B.	(b)	(c)	(a)	(d)	(e)
C.	(a)	(c)	(b)	(d)	(e)
D.	(a)	(e)	(b)	(c)	(d)

344. करणी माता का मेला चैत्र नवरात्र एवं आश्विन माह में प्रतिवर्ष दो बार कहाँ लगता है?

A. देशनोक (बीकानेर)   B. नोखा (बीकानेर)

C. सांचौर (जालौर)   D. परवतसर (नागौर)

345. ख्वाजा साहेब के उर्स का आयोजन अजमेर में प्रतिवर्ष किस महान सूफी संत की दरगाह पर आयोजित किया जाता है, जिसमें हिन्दू एवं मुस्लिम धर्मावलम्बी भाग लेते हैं?

A. सलीम चिश्ती   B. मोइनुद्दीन चिश्ती

C. बहाउद्दीन जकारिया   D. निजामुद्दीन औलिया

346. 'गण, और 'गौर' की पूजा गणगौर अवसर पर की जाती है। उपर्युक्त नाम किन प्रसिद्ध देवी-देवताओं से संबंधित हैं?

A. शिव और पार्वती   B. गणेश एवं पार्वती

C. कृष्ण एवं राधा   D. विष्णु एवं लक्ष्मी

347. 'घुड़ले का त्योहार' किस प्रसिद्ध त्योहार के साथ-साथ मनाया जाता है?

A. चैत्र अष्टमी के दिन शीतला देवी के पूजन के दिन

B. दीपावली के दो दिन पूर्व 'जमदीप' के दिन

C. बैसाख मास की तृतीया को अक्षय तृतीया के दिन

D. कार्तिक मास में तुलसी पूजन के अवसर पर

348. बालकों एवं विद्यार्थियों के द्वारा कौन-सा त्योहार मनाया जाता है, जिस दिन बच्चे सहपाठियों के घर जाते हैं?

A. अन्नकूट   B. बच्छवारस

C. गणेश चतुर्दशी   D. अनंत पूजन

343.D   **344.**A   **345.**B   **346.**A   **347.**A   **348.**C

349. होली के विभिन्न रंगों को सुमेलित करें:

1. मिनाय की होली   *(a)* इलोजी की सवारी निकलती है
2. ब्यावर की होली   *(b)* देवर-भाभी के बीच खेला जाता है
3. मेवाड़ की होली   *(c)* दो गुटों में कोड़े से प्रहार किया जाता है
4. बाड़मेर की होली   *(d)* गैर नृत्य विशेष रूप से होता है

	1	2	3	4
A.	*(b)*	*(c)*	*(d)*	*(a)*
B.	*(a)*	*(b)*	*(c)*	*(d)*
C.	*(c)*	*(b)*	*(d)*	*(a)*
D.	*(a)*	*(c)*	*(d)*	*(b)*

350. निम्नलिखित त्योहारों को उनकी तिथियों से सुमेलित करें:

1. अनन्त चतुर्दशी   *(a)* श्रावण शुक्ल — 15
2. रामनवमी   *(b)* भाद्र शुक्ल — 4
3. रक्षा बंधन   *(c)* भाद्र शुक्ल — 14
4. गणेश चतुर्थी   *(d)* चैत्र शुक्ल — 9
5. शीतलाष्टमी   *(e)* चैत्र कृष्ण — 8

	1	2	3	4	5
A.	*(a)*	*(d)*	*(e)*	*(d)*	*(c)*
B.	*(c)*	*(d)*	*(a)*	*(b)*	*(e)*
C.	*(c)*	*(a)*	*(d)*	*(b)*	*(e)*
D.	*(b)*	*(a)*	*(e)*	*(d)*	*(c)*

351. राजस्थान के लोकनृत्यों को उनके क्षेत्रों से सुमेलित करें:

1. गीदड़ नृत्य   *(a)* अलवर-भरतपुर
2. बम नृत्य   *(b)* शेखावटी
3. ढोल नृत्य   *(c)* मारवाड़
4. डांडिया   *(d)* जालौर

	1	2	3	4
A.	*(a)*	*(d)*	*(b)*	*(c)*
B.	*(b)*	*(c)*	*(d)*	*(a)*
C.	*(a)*	*(b)*	*(c)*	*(d)*
D.	*(b)*	*(a)*	*(d)*	*(c)*

352. भील जनजाति द्वारा किन नृत्यों को किया जाता है?

A. गैर, घूमर, वालर एवं गवी   B. गीदड़, घूमर, वालर एवं गैर
C. गैर, गौरी, घूमर एवं नेजा   D. गीदड़, गौरी, घूमर एवं नेजा

353. सर पर आग लेकर किए जाने वाले नृत्य 'अग्नि नृत्य' का सम्बन्ध किस धर्म सम्प्रदाय से है?

A. दादू पंथी   B. गोरखनाथ संप्रदाय
C. जसनाथी सम्प्रदाय   D. विश्नोई समाज

349.C   **350.**B   **351.**D   **352.**C   **353.**B

354. निम्नलिखित में कौन कालबेलियों का नृत्य है?
A. शंकरिया, घुड़ला, बागड़िया
B. इण्डोणी, भवाई, शंकरिया
C. इण्डोणी, घुड़ला, भवाई
D. शंकरिया, पणिहारी, इण्डोणी

355. निम्न लोक-वाद्य यंत्रों का प्रयोग में लाने वाली जातियों से सुमेलित करें:
1. सारंगी
2. कामयचा
3. तंदूरे एवं मंजीरा
4. रावण हत्था
(a) कायड़
(b) मंगणियार
(c) लंघा
(d) जोगी धानी

	1	2	3	4
A.	*(a)*	*(b)*	*(c)*	*(d)*
B.	*(d)*	*(b)*	*(a)*	*(c)*
C.	*(b)*	*(a)*	*(c)*	*(d)*
D.	*(d)*	*(a)*	*(b)*	*(c)*

356. किशनगढ़ (अजमेर) के पास सलेमाबाद नामक ग्राम में किस सम्प्रदाय की प्रमुख पीठ की स्थापना की गई है?
A. निम्बार्क सम्प्रदाय
B. जसनाथी सम्प्रदाय
C. रामानुज सम्प्रदाय
D. गोरखपंथी सम्प्रदाय

357. गौड़ीय सम्प्रदाय जिसकी स्थापना गौरांश महाप्रभु चैतन्य द्वारा की गई थी, के अनुयायी सर्वाधिक किस जिले में हैं?
A. जयपुर–जोधपुर
B. नागौर–बीकानेर
C. अलवर–सवाई माधोपुर
D. जयपुर–सवाई माधोपुर

358. धर्म सम्प्रदायों के अनुयाइयों को उनके जिलों से सुमेलित करें:
1. बौद्ध धर्म
2. सिख धर्म
3. दाउदी बोहरा सम्प्रदाय
4. लालवासी सम्प्रदाय
(a) गंगानगर एवं बीकानेर
(b) जयपुर एवं अजमेर
(c) मेवाड़
(d) अलवर

	1	2	3	4
A.	*(a)*	*(b)*	*(c)*	*(d)*
B.	*(b)*	*(a)*	*(d)*	*(c)*
C.	*(b)*	*(a)*	*(c)*	*(d)*
D.	*(d)*	*(b)*	*(a)*	*(c)*

359. गोरखनाथ की दो प्रमुख शाखायें हैं—प्रथम 'बैराग पंथ' एवं दूसरी 'माननाथी पंथ' एवं दोनों के केन्द्र क्रमशः हैं:
A. जालौर एवं सिरोही
B. झालावाड़ एवं नसीराबाद
C. राताडुंगा एवं जोधपुर का महामंदिर
D. गोरखनाथ मंदिर (बीकानेर) एवं भटनेर

354.D   **355.**B   **356.**A   **357.**D   **358.**B   **359.**B

360. वैष्णव सम्प्रदाय की दो प्रमुख गद्दियां राजस्थान में कहाँ स्थापित की गई हैं?

A. नाथद्वारा एवं आबू

B. नाथद्वारा एवं कोटा

C. शाहाबाद एवं कोटा

D. जयपुर एवं सिरोही

361. रामस्नेही सम्प्रदाय की प्रमुख गद्दी बांसवाड़ा में है। इसमें दो प्रमुख गुरुद्वारे स्थापित हैं:

A. कांकरोली एवं बाडोली

B. सिंहथल (बीकानेर) एवं शाहपुर (झालावाड़)

C. किशनगढ़ (अजमेर) एवं राताडुंगा

D. शाहपुरा (झालावाड़) एवं किशनगढ़ (अजमेर)

362. प्रमुख धर्म उपदेशकों एवं उनके जन्म स्थानों को सुमेलित करें:

1. सन्त धन्नाजी
2. दादू दयाल जी
3. जसनाथ जी
4. संत सम्भोजी

(a) जौनपुर (गुजरात)
(b) धुवन (टोंक)
(c) पीपासर (नागौर)
(d) कतरियासर (बीकानेर)

	1	2	3	4
A.	*(b)*	*(a)*	*(d)*	*(c)*
B.	*(a)*	*(b)*	*(c)*	*(d)*
C.	*(c)*	*(d)*	*(a)*	*(b)*
D.	*(d)*	*(c)*	*(b)*	*(a)*

363. निरंजनी सम्प्रदाय, जिसके प्रवर्तक हरिदासजी हैं, के दो प्रकार के अनुयायी हैं:

A. श्वेताम्बर एवं पीताम्बर

B. औघड़ एवं मस्तकलंदरी

C. निहंग एवं घरबारी

D. शांतवृत एवं औघड़

364. निम्न मंदिरों को उनके स्थानों से सुमेलित करें:

1. सास-बहू का मंदिर
2. कपिलदेव जी का मंदिर
3. ऋषभदेव का मंदिर
4. बड़ौली मंदिर

(a) धुलेव
(b) नागवा
(c) कोलायत
(d) उदयपुर

	1	2	3	4
A.	*(a)*	*(b)*	*(c)*	*(d)*
B.	*(b)*	*(a)*	*(d)*	*(c)*
C.	*(c)*	*(b)*	*(a)*	*(d)*
D.	*(b)*	*(c)*	*(a)*	*(d)*

360.B   **361.B**   **362.A**   **363.C**   **364.D**

365. निम्न स्थानों को स्थापित मंदिरों से सुमेलित करें:

1. किशनगढ़		(a) नौ ग्रह मंदिर	
2. पुष्कर		(b) द्वारिकाधीश मंदिर	
3. उदयपुर		(c) रंगनाथ जी का मंदिर	
4. कांकरोली		(d) एकलिंग जी का मंदिर	

	1	2	3	4
A.	(a)	(c)	(d)	(b)
B.	(c)	(d)	(a)	(b)
C.	(d)	(a)	(b)	(c)
D.	(a)	(b)	(c)	(d)

कला, साहित्य एवं भाषा और शिक्षा

366. भारतीय मोनालिसा के रूप में प्रसिद्ध कृति 'बणी-ठणी' का चित्रण किस शैली में एवं किसके द्वारा किया गया है?

A. आमेर-जयपुर शैली (किशन सिंह) B. बीकानेरी शैली (नागरीदास)
C. किशनगढ़ शैली (नागरीदास) D. किशनगढ़ शैली (सुजानदास)

367. 'पिछवाई' राजस्थानी चित्रकला में कहा जाता है:

A. श्रीनाथ जी की प्रतिमा के पीछे कपड़े पर बनाए चित्र
B. मेवाड़ शैली के चित्रों में गहरे रंगों से बनाये गए भित्ति चित्र
C. किनारों पर सोने-चांदी से की गई कढ़ाई
D. जयपुर शैली में चित्रित प्रकृति के दृश्य

368. राजस्थानी चित्रकला का उद्गम किस शैली से माना जाता है?

A. मुगलिया शैली B. पहाड़ी चित्रकला शैली C. अपभ्रंश शैली D. गुजरात शैली

369. भगवान श्रीकृष्ण की रासलीलाओं को किस शैली का प्रमुख विषय बनाया गया है?

A. नाथद्वारा शैली B. आमेर-जयपुर शैली C. किशनगढ़ शैली D. कोटा-बूंदी शैली

370. राजस्थानी चित्रकला में प्राचीन कृतियों के संग्रहालयों को उनके स्थानों से सुमेलित करें:

1. पोथीखाना		(a) उदयपुर	
2. पुस्तक प्रकाश		(b) जैसलमेर	
3. सरस्वती भंडार		(c) जयपुर	
4. जैन मंदिर		(d) जोधपुर	

	1	2	3	4
A.	(c)	(d)	(a)	(b)
B.	(d)	(c)	(b)	(a)
C.	(b)	(a)	(c)	(d)
D.	(d)	(b)	(c)	(a)

365.A	366.C	367.A	368.A	369.A	370.A

371. संगीत की रचनाओं एवं रचनाकारों को सुमेलित करें:

1. राग चंद्रिका		(a) पुंडरीक विट्ठल
2. संगीत-मीमांसा		(b) देवर्षि भट्ट द्वारकानाथ
3. अनूप रत्नाकार		(c) राणा कुम्भा
4. रागमाला		(d) भाव भट्ट

	1	2	3	4
A.	(b)	(c)	(d)	(a)
B.	(a)	(b)	(c)	(d)
C.	(b)	(c)	(a)	(d)
D.	(c)	(b)	(d)	(a)

372. 'भारतीय लोक कला मंडल' की स्थापना देवीलाल समर द्वारा 1952 ई॰ में की गयी। इसके संदर्भ में कौन सही नहीं है?

A. लोक कलाओं एवं पुतलियों के शोध में यह संलग्न है
B. प्रतिवर्ष इसके द्वारा कठपुतली समारोह का आयोजन किया जाता है
C. लोक संस्कृति संग्रहालय इसका खास आकर्षण है
D. इसका मुख्यालय जयपुर से तीन किलोमीटर उत्तर में स्थित है

373. राजस्थानी संस्कृति में संरक्षक सांस्कृतिक संस्थानों को स्थानों से सुमेलित करें:

1. जवाहर कला केन्द्र		(a) बोरूंदा (जोधपुर)
2. राजस्थान संगीत नाटक अकादमी		(b) उदयपुर
3. पश्चिम क्षेत्र सांस्कृतिक केन्द्र		(c) जोधपुर
4. रूपायन संस्था		(d) जयपुर

	1	2	3	4
A.	(c)	(d)	(a)	(b)
B.	(d)	(c)	(b)	(a)
C.	(c)	(d)	(b)	(a)
D.	(a)	(b)	(c)	(d)

374. नाथद्वारा के निकट 'मोलेला' ग्राम राजस्थानी परम्परागत मूर्तिकला के किस रूप के लिए प्रसिद्ध है?

A. टेराकोटा अथवा मिट्टी की मूर्तियों के लिए   B. काष्ठ पटों पर उकेरे गए चित्रों के लिए
C. श्रीकृष्ण की काष्ठ मूर्तियों के लिए   D. जस्ते एवं तांबे की मूर्तियों के लिए

375. काष्ठ मूर्तिकला एवं जस्ते की मूर्ति के लिए क्रमशः प्रसिद्ध है:

A. उदयपुर एवं जयपुर   B. उदयपुर एवं जोधपुर
C. जयपुर एवं उदयपुर   D. नाथद्वारा एवं जोधपुर

376. रूपायन संस्था का संचालक कौन है?

A. कमल कोठारी   B. केशव दास नाहटा
C. विपिन हांडा   D. कृष्ण शेखावत

371.B	372.A	373.C	374.B	375.B	376.B

377. सुमेलित करें:

1. अरबी फारसी शोध संस्थान		*(a)* भरतपुर
2. राजस्थान ब्रज भाषा अकादमी		*(b)* टोंक
3. राजस्थान हिन्दी ग्रन्थ अकादमी		*(c)* बीकानेर
4. राजस्थानी भाषा साहित्य एवं संस्कृत अकादमी		*(d)* जयपुर

	1	2	3	4
A.	*(b)*	*(a)*	*(d)*	*(c)*
B.	*(a)*	*(b)*	*(c)*	*(d)*
C.	*(d)*	*(a)*	*(c)*	*(b)*
D.	*(c)*	*(a)*	*(d)*	*(b)*

378. राज्य की संस्कृत अकादमी द्वारा दिए जाने वाले प्रमुख पुरस्कारों में कौन शामिल नहीं है?
A. माघ पुरस्कार एवं मधुसूदन ओझा पुरस्कार   B. आचार्य नवल किशोर कोका पुरस्कार
C. पंडित पन्नालाल जोशी पुरस्कार   D. अम्बिका दत्त पुरस्कार एवं कालिदास पुरस्कार

379. विभिन्न शोध संस्थानों एवं अकादमियों द्वारा प्रकाशित पत्रिकाओं के युग्मों में कौन सुमेलित नहीं है?
A. राजस्थान उर्दू अकादमी — नखलिस्तान
B. संस्कृत अकादमी — स्वरमंगला
C. राजस्थान भाषा साहित्य एवं संस्कृत अकादमी — जागती जोग
D. राजस्थान हिन्दी ग्रन्थ अकादमी — सरस्वती

380. निम्नलिखित में कौन-से सुमेलित नहीं है?
A. खड़ताल का जादूगर — सद्दीक खाँ   B. मांड की मल्लिका — श्रीमती गवरी देवी
C. लोक चित्रकला पड़ — श्री लाल जोशी   D. कमाइचा वादक — पेपे खाँ

381. राजस्थान की प्रसिद्ध मस्जिद एवं मीनारों की स्थिति के युग्मों में कौन सुमेलित नहीं है?
A. अलाउद्दीन की मस्जिद — जालौर   B. अकबर की मस्जिद — आमेर (जयपुर)
C. सफदर जंग की मीनार — अजमेर   D. उषा मस्जिद — बयाना (भरतपुर)
E. इकमीनार मस्जिद — जोधपुर

382. निम्न को सुमेलित करें:

1. रणथम्भौर का किला		*(a)* आमेर
2. जयगढ़ का किला		*(b)* सवाई माधोपुर
3. गगटौन का किला		*(c)* आबू
4. अचलगढ़ का किला		*(d)* झालावाड़
5. जूनागढ़ का किला		*(e)* बीकानेर

	1	2	3	4	5
A.	*(b)*	*(a)*	*(d)*	*(c)*	*(e)*
B.	*(a)*	*(b)*	*(c)*	*(e)*	*(d)*
C.	*(b)*	*(c)*	*(a)*	*(d)*	*(e)*
D.	*(a)*	*(b)*	*(d)*	*(e)*	*(c)*

377.A   **378.D**   **379.D**   **380.D**   **381.C**   **382.A**

383. स्थापत्य कला और मूर्तिकला संग्रहण में प्रसिद्ध राजपूताना म्यूजियम कहाँ स्थित है?
   A. जयपुर　　　　B. कोटा　　　　C. बीकानेर　　　　D. अजमेर

384. प्रसिद्ध राजाओं की छतरियां एवं स्थान के युग्मों में कौन सुमेलित नहीं है?
   A. राणा प्रताप की छतरी — बाण्डौली　　　B. राजा बख्तावर सिंह की छतरी — अलवर
   C. मंडौर की छतरियां — नाहरगढ़　　　D. आहड़ की छतरियां — उदयपुर
   E. देवकुंड की छतरियां — बीकानेर

385. उत्पत्ति की दृष्टि से राजस्थानी भाषा का उद्भव किससे हुआ है?
   A. शौरसेनी अपभ्रंश से　　　　B. अवहट्ट से
   C. मारवाड़ी अपभ्रंश से　　　　D. प्राकृत से

386. ढूंढाड़ी बोली की प्रमुख उपबोलियां हैं:
   A. तोरावाटी, राजावाटी, चौरासी, किशनगढ़ी
   B. मंडावरी, अहीरवाटी, तोरावाटी, राजावाटी
   C. रांगड़ी, हड़ौती, चौरासी, किशनगढ़ी
   D. खैराड़ी, गोड़वारी, देवड़ावाड़ी, हड़ौती

387. प्रो॰ नरोत्तम दास ने राजस्थानी भाषा का किन चार बोलियों में विभाजन किया था?
   A. हड़ौती, मेवाड़ी, माल्वी एवं ब्रज
   B. पश्चिमी, पूर्वी, उत्तरी एवं दक्षिणी राजस्थानी
   C. उत्तर-पश्चिमी, दक्षिणी, दक्षिण-पूर्वी एवं पश्चिमी राजस्थानी
   D. उपर्युक्त में से कोई नहीं

388. बोलियों एवं उनके क्षेत्रों को सुमेलित करें:
   1. मारवाड़ी　　　　*(a)* उदयपुर, भीलवाड़ा, चित्तौड़गढ़ एवं मेवाड़
   2. मेवाड़ी　　　　*(b)* जोधपुर, जैसलमेर, बीकानेर, शेखावटी
   3. ढूंढाड़ी　　　　*(c)* कोटा, बूंदी, झालावाड़, शाहपुरा एवं उदयपुर
   4. हड़ौती　　　　*(d)* जयपुर, टोंक, किशनगढ़, अजमेर

	1	2	3	4
A.	*(b)*	*(a)*	*(d)*	*(c)*
B.	*(a)*	*(c)*	*(d)*	*(b)*
C.	*(b)*	*(c)*	*(a)*	*(d)*
D.	*(a)*	*(d)*	*(b)*	*(c)*

389. ''चाहे क्षेत्र के आकार की दृष्टि से, चाहे बोलने वालों की संख्या की दृष्टि से राजस्थान की बोलियों में सबसे अधिक महत्त्वपूर्ण स्थान मारवाड़ी का है।'' यह कथन किसका है?
   A. कर्नल टॉड　　　　B. ग्रियर्सन
   C. डॉ॰ मोतीलाल मेनारिया　　　　D. मैक्समूलर

390. राजस्थानी भाषा की किस बोली को 'राठी' एवं बोली क्षेत्र को 'गढ़' के नाम से भी जाना जाता है?
   A. बांगड़ी　　　　B. ढूंढाड़ी
   C. अहीरवाटी　　　　D. मालवी

383.D　　**384.**C　　**385.**A　　**386.**A　　**387.**B　　**388.**A　　**389.**B　　**390.**C

391. निम्नांकित में से कौन सुमेलित नहीं है?
  A. बांगड़ी — बांसवाड़ा, डूंगरपुर, सिरोही, दक्षिण-पश्चिमी उदयपुर
  B. ब्रज — देहली एवं उत्तर प्रदेश की सीमा से लगे क्षेत्र
  C. मालवी — अलवर, भरतपुर, धौलपुर एवं करौली
  D. खेराड़ी — बूंदी एवं शाहपुरा

392. निम्नांकित प्रकाशनों एवं शहरों में कौन सुमेलित नहीं है?
  A. मजहरुल सरूर — जोधपुर
  B. मारवाड़ गजट, 1876 — भरतपुर
  C. रोज-तुल-तालीम, 1856 — कोटा
  D. सर्वहित, 1879 — जयपुर

393. निम्नलिखित कृतियों एवं लेखकों का कौन-सा जोड़ा गलत है?
  A. पृथ्वीराज रासो — चंदरबरदाई
  B. सूरज प्रकाश — करणीदान
  C. बेलि क्रिसन रुकमणी री — पृथ्वीराज राठौड़
  D. खुमाण रासो — सूर्यमल्ल मिश्रण
  E. बीसलदेव रासो — नरपति नाल्ह

394. कौन-सा जोड़ा गलत है:
  A. वेशभास्कर — सूर्यमल्ल
  B. मुहणोत नेन्सी री ख्यात — नैन्सी
  C. मेघदूत — मनोहर प्रभाकर
  D. रणमल छंद — दलपत विजय
  E. सती रासो — सूर्यमल्ल मिश्रण

395. सुमेलित करें:
  1. उसने कहा था   (a) भगवती लाल वर्मा
  2. पगफेरो   (b) चन्द्रधर शर्मा गुलेरी
  3. ग्राम देवता   (c) मणिमधुकर
  4. पतियारो   (d) कन्हैयालाल सेठिया
  5. लीलरास   (e) डॉ॰ नारायण भाटी

	1	2	3	4	5
A.	(a)	(b)	(d)	(c)	(e)
B.	(a)	(c)	(e)	(d)	(b)
C.	(c)	(b)	(e)	(a)	(d)
D.	(c)	(e)	(b)	(d)	(a)

396. राजस्थानी साहित्य में 'पवाड़ा' क्या है?
  A. लघु कथाओं का संग्रह
  B. लोक कथाओं का संग्रह
  C. वीरों के विशेष कार्यों का वर्णन करती रचनायें
  D. राजाओं का अतिशयोक्ति पूर्ण चित्रण

397. राजस्थान का अबुल-फजल किसे कहा जाता है?
  A. मुहणोत नैन्सी   B. राजशेखर   C. दयालदास   D. सूर्यमल्ल मिश्रण

398. राजस्थान प्राच्य विद्या प्रतिष्ठान की स्थापना कब और कहां की गई है?
  A. 1954, जयपुर में
  B. 1952, जयपुर में
  C. 1950, जोधपुर में
  D. 1952, जोधपुर में

391.C   392.C   393.D   394.D   395.B   396.C   397.A   398.C

विभिन्न परीक्षाओं में पूछे गए प्रश्न

399. सर्वाधिक मात्रा में शुष्क-कृषि अत्यन्तता (तीव्रता) (dry farming intensity) वाले जिले हैं:
A. जैसलमेर, बाड़मेर
B. डूंगरपुर, बांसवाड़ा
C. भीलवाड़ा, गंगानगर
D. अजमेर, पाली

400. 'अपना गांव अपना काम' योजना प्रारम्भ की गई:
A. 1 दिसम्बर, 1990 को
B. 15 अगस्त, 1990 को
C. 1 जनवरी, 1991 को
D. 2 अक्टूबर, 1991 को

401. राजस्थान का ऐसा विश्वविद्यालय जिसके अधीन नगर की सीमाओं के बाहर कोई महाविद्यालय नहीं है, वह है:
A. राजस्थान विश्वविद्यालय, जयपुर
B. जोधपुर विश्वविद्यालय, जोधपुर
C. कृषि विश्वविद्यालय, बीकानेर
D. महर्षि दयानन्द विश्वविद्यालय, अजमेर

402. राज्य व राष्ट्रीय लैंड यूज बोर्ड तथा राष्ट्रीय लैंड रिसोर्सेज कन्जर्वेशन एण्ड डेवलपमेंट कमीशन जिन समस्याओं से मुख्यतः जुड़े हुए हैं, उनका सम्बन्ध है:
A. अन्तर्राज्यीय जल विवादों से
B. बंजर भूमि के उचित उपयोग से
C. खेती योग्य भूमि की पहचान व उसके विकास से
D. भूमि व मिट्टी के क्षरण व अवकर्षण से

403. निम्नलिखित में प्रमुख विद्युत परियोजना है:
A. चम्बल परियोजना
B. इंदिरा गांधी नहर परियोजना
C. जवाई सागर परियोजना
D. बीसलपुर परियोजना

404. राजस्थान में खेल जगत का सर्वोच्च सम्मान जिसे 1993-94 से देने की शुरुआत की गयी, वह है:
A. महाराणा प्रताप अवार्ड
B. राजस्थान खेल रत्न अवार्ड
C. गुरु वशिष्ठ अवार्ड
D. जवाहर पुरस्कार

405. कला धरोहर का संरक्षण तथा राज्य के कलाकारों के प्रोत्साहन के लिए जिस कला केन्द्र का उद्घाटन जयपुर में अप्रैल 1993 में किया गया, वह है:
A. इंदिरा कला केन्द्र
B. राजीव गांधी कला केन्द्र
C. जवाहर कला केन्द्र
D. सांस्कृतिक कला केन्द्र

406. राजस्थान में दलित वर्गों के उत्थान के लिए आवश्यक है:
A. वैधानिक संरक्षण
B. अस्पृश्यता निवारण विधान
C. संवैधानिक व्यवस्था
D. विद्यमान विधानों का प्रभावी प्रवर्तन

407. राजस्थान के गांवों को स्वावलम्बी बनाने का प्रभावी माध्यम है:
A. ग्रामीणमुखी आर्थिक योजनाओं का निर्माण
B. शहरीकरण का विकास
C. ग्रामीण शिक्षा का विस्तार
D. ग्रामीण बेरोजगारों को नगरों में नौकरी

399.A   **400.**C   **401.**C   **402.**D   **403.**A   **404.**B   **405.**D   **406.**D   **407.**A

408. पन्नाधाय एवं दुर्गादास के जीवन से जो विशेष प्रेरणा मिलती है:
A. धोखा न देने की
B. देश के लिए बलिदान की
C. सेवा भावना की
D. साहस एवं धैर्य की

409. 1857 ई. की क्रांति में अंग्रेजों व जोधपुर की संयुक्त सेना को पराजित करने वाला था:
A. तात्यां टोपे
B. महाराजा राम सिंह
C. टोंक के नवाब वजीर खाँ
D. आउवा के ठाकुर कुशल सिंह

410. निम्नांकित में से कौन-सा जोड़ा सुमेलित है?
A. बाढला (पानी का बोतल) — जयपुर
B. मसूरिया साड़ी — कोटा
C. नमदा — जोधपुर
D. संगमरमर पर नक्काशी — टोंक

411. राजपूतों के नगरों और प्रसादों का निर्माण पहाड़ियों में हुआ क्योंकि:
A. वहाँ शत्रुओं के विरुद्ध प्राकृतिक सुरक्षा के साधन थे
B. वे प्रकृति-प्रेमी थे
C. वे नगर जीवन से घृणा करते थे
D. वे बर्बर थे

412. संजीवनी योजना किस सहकारी संस्था द्वारा शुरू की गई है?
A. राजफैड
B. कानफैड
C. स्पिनफैड
D. तिलम संघ

413. अरावली विकास परियोजना का मुख्य उद्देश्य है:
A. मिट्टी अवक्रमण को नियंत्रित करना
B. वनों को नष्ट होने से रोकना
C. थार-मरुस्थल के प्रसार को रोकना
D. पारिस्थितिकी स्थिरता को बनाये रखना

414. राजस्थान में बहुधा सूखा एवं अकाल पड़ने का आधारभूत कारण है:
A. अरावली का दक्षिण-पश्चिम से उत्तर-पूर्व की ओर प्रसार
B. अनियमित, अपर्याप्त एवं अनिश्चित वर्षा
C. मिट्टी एवं वनों का अवक्रमण
D. विवेकहीन एवं अवैज्ञानिक ढंग से पानी का उपयोग

415. राजस्थान के प्रत्येक जिले के सहकारी बैंक का नाम है:
A. क्षेत्रीय ग्रामीण बैंक
B. राज्य सहकारी बैंक
C. प्राथमिक सहकारी बैंक
D. केन्द्रीय सहकारी बैंक

416. राजस्थान में भूरी मिट्टी का प्रसार क्षेत्र है:
A. बनास नदी का प्रवाह-क्षेत्र
B. हड़ौली का पठार
C. राजस्थान का दक्षिणी भाग
D. अरावली के दोनों तरफ के भाग

417. कथन A : राजस्थान के पश्चिमी मरुस्थलीय जिलों में आजकल मसूर खाद्यान्न उत्पन्न होती है।

कारण B : इंदिरा गांधी नहर ने जैसलमेर और बाड़मेर जिलों में सिंचाई सुविधायें प्रदान कर दी हैं।
A. कथन सही है और कारण भी सही है
B. कथन गलत है और कारण भी गलत है
C. कथन सही है और कारण गलत है
D. कथन गलत है और कारण सही है

408.B **409.**D **410.**B **411.**A **412.**A **413.**D **414.**B **415.**D **416.**D **417.**D

418. प्राकृतिक संसाधनों की प्रकृति एवं उपलब्धता के आधार पर राजस्थान में उन उद्योगों के विकास की सर्वाधिक सम्भावनाएं हैं, जिनका आधार है:
A. पशुधन　　　　B. खनिज　　　　C. कृषि　　　　D. वन

419. राजस्थान के उस वार्षिक मेले का क्या नाम है जो ऊँट व्यापार के लिए प्रसिद्ध है?
A. कुंभ मेला　　　B. सोनपुर मेला　　　C. पुष्कर मेला　　　D. सूरजकुंड मेला

420. राज्य में सम्पूर्ण ग्रामीण रोजगार योजना शुरू की है:
A. कृषि
B. ऊर्जा (शक्ति)
C. सिंचाई एवं बाढ़ नियंत्रण
D. सामाजिक एवं सामुदायिक सेवाएं

421. राजस्थानी भाषा का उत्पत्तिकाल है:
A. ग्यारहवीं शताब्दी
B. तेरहवीं शताब्दी का प्रारंभिक काल
C. तेरहवीं शताब्दी का उत्तरार्द्ध काल
D. चौदहवीं शताब्दी

422. मई सन् 1994 में सम्पन्न यमुना नदी-जल बंटवारे संबंधी समझौते के अनुसार राजस्थान को मिलने वाले जल की मात्रा है:
A. 800.0 क्यूसेक
B. 70.0 करोड़ घनमीटर
C. 111.9 करोड़ घनमीटर
D. 120.5 करोड़ घनमीटर

423. राजस्थान के ग्रामीण क्षेत्रों में गरीबी उन्मूलन हेतु सबसे महत्त्वपूर्ण कार्यक्रम है:
A. राष्ट्रीय ग्रामीण विकास कार्यक्रम
B. समग्र ग्रामीण विकास कार्यक्रम
C. समन्वित ग्रामीण विकास कार्यक्रम
D. ग्रामीण भूमिहीनों हेतु रोजगार गारंटी योजना

424. वह कौन-से लोक-देवता हैं जिनकी आराधना इसलिए की जाती है क्योंकि उन्होंने गुर्जरों की गायों को मेटों से छुड़वाने हेतु अपने जीवन की आहुति दी?
A. गोगाजी　　　B. पाबूजी　　　C. तेजाजी　　　D. मल्लीनाथ जी

425. नृत्य नाटक 'सूरदास' एवं 'शंकरिया' किस पेशेवर जाति से संबंध रखते हैं:
A. पातर　　　　B. नट　　　　C. भांड　　　　D. भवाई

426. अंग्रेज राजपूत राज्यों में 1857 के विद्रोह को दबाने में सफल रहे, क्योंकि:
A. स्थानीय शासकों ने क्रांतिकारियों का साथ नहीं दिया
B. शिक्षित मध्य वर्ग अंग्रेजों का समर्थन कर रहा था
C. छावनियों के सैनिक राजपूताना से बाहर के क्रांतिकारियों का नेतृत्व स्वीकारने को तैयार नहीं थे
D. समाचार पत्र क्रांतिकारियों के सही उद्देश्यों को नहीं दर्शा पाये

427. 'डांग क्षेत्रीय विकास' कार्यक्रम निम्न जिलों से संबंधित हैं:
A. कोटा, बूंदी, सवाई माधोपुर, धौलपुर
B. जोधपुर, बाड़मेर, पाली, जालौर
C. उदयपुर, बांसवाड़ा, डूंगरपुर, चित्तौड़गढ़
D. नागौर, चुरू, हनुमानगढ़, श्रीगंगानगर

428. राजस्थान में विस्तृत रूप से प्राप्य अज्वलित खनिज ईंधन है:
A. मैगनीज　　　B. क्रोमाइट　　　C. अभ्रक　　　D. बॉक्साइट

418.A　**419.**C　**420.**B　**421.**A　**422.**C　**423.**C　**424.**C　**425.**D　**426.**A　**427.**A　**428.**C

429. सौर ऊर्जा उपक्रम क्षेत्र से संबंधित जिले हैं:

A. जोधपुर, बाड़मेर, जैसलमेर

B. नागौर, जोधपुर, पाली

C. जैसलमेर, जालौर, बाड़मेर

D. जोधपुर, जालौर, बाड़मेर

430. राजस्थान में 'भूरी क्रांति' का संबंध है:

A. खाद्यान्न प्रसंस्करण से

B. ऊन उत्पादन से

C. भैंस से दूध उत्पादन

D. बकरी के बालों का उत्पादन

431. निम्न में से कौन युग्म सही है?

	प्रतिशत मरुस्थल क्षेत्र (राजस्थान)	प्रतिशत जनसंख्या (राजस्थान)
A.	60	40
B.	55	45
C.	50	50
D.	40	60

432. सागवान रोपण हेतु सबसे उपयुक्त जिले हैं:

A. भरतपुर एवं अलवर

B. जालौर एवं सिरोही

C. श्रीगंगानगर एवं बीकानेर

D. बांसवाड़ा एवं उदयपुर

433. राजस्थान का 'रुणेजा मेला' सन्तुष्ट समाज के लिए किस प्रकार योगदान देता है?

A. निरंतर ईश्वर स्मरण द्वारा

B. साम्प्रदायिक सद्भाव द्वारा

C. सत्य बोलने के लिए शिक्षण द्वारा

D. पवित्र जीवन द्वारा

434. भारत में उपलब्ध निम्न परिस्थितियों में से राजस्थान में सर्वाधिक रूप से उपलब्ध है:

A. वायु-तापमान में अतिशयता

B. वर्षा में बहुत अधिक विषमता

C. निम्न सापेक्षिक आर्द्रता

D. सूर्य-धूप की दीर्घावधि

435. पशु-पक्षियों को महत्व देने वाले 'स्कूल ऑफ पेंटिंग' का नाम है:

A. बूंदी शैली   B. नाथद्वारा शैली   C. किशनगढ़ शैली   D. अलवर शैली

436. पर्यटन के दृष्टिकोण से राजस्थान को कितने क्षेत्रों में बांटा गया है?

A. 10 क्षेत्र   B. 9 क्षेत्र   C. 8 क्षेत्र   D. 11 क्षेत्र

437. संशोधित सार्वजनिक वितरण प्रणाली क्रियान्वित है:

A. राजस्थान के सभी जिलों में

B. जनजातीय, मरुस्थलीय एवं सूखाग्रस्त क्षेत्रों में

C. केवल मरुस्थलीय जिलों में

D. इनमें से कोई नहीं

438. जहाँ लिग्नाइट पर आधारित ताप विद्युत गृहों का अस्तित्व होगा वे स्थान हैं:

A. कापूर्डी, जलिया एवं बरसिंगसर

B. पोकरण, कापूर्डी एवं जलिया

C. पलाना, अलवर एवं बरसिंगसर

D. रामगढ़, बरसिंगसर एवं सूरतगढ़

429.A   **430.**B   **431.**A   **432.**D   **433.**C   **434.**C   **435.**D   **436.**A   **437.**B   **438.**A

439. एक संस्था जो लघु उद्योगों तथा शिल्पकारों को उचित कीमत पर कच्चा माल एवं उनके उत्पादों के विपणन के लिए सुविधायें प्रदान करता है एवं प्रदर्शनी व प्रशिक्षण कार्यक्रमों का आयोजन करता है, वह है:

A. राजसीको   B. रीको   C. आर॰एफ॰सी॰   D. आर॰के॰वी॰आई॰बी॰

440. जयपुर जिले में मानपुरा मांचेडी को विकसित किया गया है:

A. साफ्टवेयर कॉम्पलेक्स के रूप में   B. लेदर (चमड़ा) कॉम्पलेक्स के रूप में
C. हार्डवेयर कॉम्पलेक्स के रूप में   D. हैण्डीक्राफ्ट कॉम्पलेक्स के रूप में

441. राजस्थान में 'बारम्बार' होने वाले सूखे एवं अकाल का प्रमुख कारण है:

A. वनों का अवक्रमण   B. अनियमित वर्षा
C. जल का अविवेकपूर्ण उपयोग   D. भूमि का कटान

442. दुग्ध उत्पादन हेतु गाय की प्रसिद्ध नस्लें हैं:

A. थारपारकर एवं राठी   B. राठी और नागौरी
C. मालवी एवं थारपारकर   D. मेवाली एवं मालवी

443. राजस्थान में 'जीवन धारा योजना' का संबंध है:

A. गरीबों के लिए बीमा योजना
B. ग्रामीण गरीबों को बिजली उपलब्ध करवाना
C. सिंचाई कुओं का निर्माण
D. चिकित्सा सहायता उपलब्ध कराना

444. औद्योगिक श्रमिकों के लिए सामान्य उपभोक्ता सूचकांक बनाने के लिए सम्मिलित राजस्थान के दो शहर हैं:

A. कोटा एवं जयपुर   B. कोटा एवं ब्यावर
C. जयपुर एवं अजमेर   D. जयपुर एवं जोधपुर

445. निम्नांकित में से कौन युग्म सही है?

A. बाणगंगा — बनास   B. कोठारी — लूनी
C. सूकड़ी — चम्बल   D. जाखम — माही

446. हड़ौली पठार की मिट्टी है:

A. कछारी जलोढ़   B. भूरी
C. लाल   D. मध्यम काली

447. राजस्थान में 'मावट' संबंधित है:

A. पश्चिम विक्षोभों से   B. बंगाल की खाड़ी के चक्रवातों से
C. दक्षिणी-पश्चिमी मानसून से   D. उत्तरी-पूर्वी मानसून से

448. राज्य सभा में मनोनीत होने वाले पहले राजस्थानी निम्न में से कौन थे?

A. नारायण सिंह माणकलाल   B. भैरोसिंह शेखावत
C. मोहनलाल सुखाड़िया   D. जसवंत सिंह

1804

439.A   440.B   441.B   442.A   443.C   444.C   445.D   446.D   447.A   448.A

www.ingramcontent.com/pod-product-compliance
Lightning Source LLC
LaVergne TN
LVHW020813200726
843506LV00009B/1023